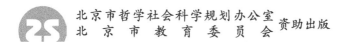
北京市哲学社会科学规划办公室
北京市教育委员会 资助出版

中国特大城市中央商务区（CBD）经济社会发展研究

北京市哲学社会科学CBD发展研究基地2017年度报告

蒋三庚 等 ◎ 著

首都经济贸易大学出版社
Capital University of Economics and Business Press
·北京·

图书在版编目（CIP）数据

中国特大城市中央商务区（CBD）经济社会发展研究：
北京市哲学社会科学 CBD 发展研究基地 2017 年度报告/
蒋三庚等著 . －－北京：首都经济贸易大学出版社，2017.11
　ISBN 978 － 7 － 5638 － 2722 － 0

　Ⅰ.①中…　Ⅱ.①蒋…　Ⅲ.①特大城市—中央商业区—
经济发展—研究报告—中国—2017　Ⅳ.①F72

中国版本图书馆 CIP 数据核字（2017）第 262803 号

中国特大城市中央商务区（CBD）经济社会发展研究
——北京市哲学社会科学 CBD 发展研究基地 2017 年度报告
蒋三庚　等　著

责任编辑	春　杨
封面设计	砚祥志远・激光照排　TEL: 010-65976003
出版发行	首都经济贸易大学出版社
地　　址	北京市朝阳区红庙（邮编 100026）
电　　话	（010）65976483　65065761　65071505（传真）
网　　址	http：//www. sjmcb. com
E － mail	publish@ cueb. edu. cn
经　　销	全国新华书店
照　　排	北京砚祥志远激光照排技术有限公司
印　　刷	人民日报印刷厂
开　　本	787 毫米×1092 毫米　1/16
字　　数	369 千字
印　　张	19.25
版　　次	2017 年 11 月第 1 版　2017 年 11 月第 1 次印刷
书　　号	ISBN 978 － 7 － 5638 － 2722 － 0/F・1518
定　　价	65.00 元

序　言

中国实行改革开放以来，经历了世界上规模最大、速度最快的城镇化进程，城市发展成就举世瞩目。从 1978 年到 2016 年，城镇化率由 17.92% 提高到 57.35%，城镇常住人口由 1.7 亿人增加到 7.9 亿人，城市数量由 193 个增加到 657 个。城市基础设施显著改善，公共服务水平明显提高，城市综合实力显著增强，人居环境持续改善，城市发展布局更加优化。特别是"一带一路"倡议的扎实推进，为促进中国和沿线国家城市共同发展提供了一个包容性巨大的平台。

同时也要看到，随着全球城市化的快速推进，城市在为人类带来繁荣和便利的同时，也带来了人口膨胀、交通拥挤、住房紧张、环境污染、资源紧缺、贫富分化、文化冲突等问题。传统粗放的发展模式已经不能适应城市可持续发展的要求，迫切需要转变城市发展模式。

迈入 21 世纪的城市社会，城市成为人类活动的主要载体和平台。全球化、科技创新和全球经济格局演变，决定全球的城市和城市体系的变化。今后，世界范围内的城市发展主题已经重在"城市治理，开放创新"，开放是城市发展的必然选择，创新是破解城市发展难题、实现城市治理现代化的重要途径。

有资料显示，目前传统的省域经济和行政区经济逐步向城市群经济过渡，城市的集聚效应日益凸显。2015 年，京津冀、长江三角洲、珠江三角洲三大城市群，以 5.2% 的国土面积集聚了 23% 的人口，创造了

39.4%的国内生产总值，成为带动我国经济快速增长和参与国际经济合作与竞争的主要平台。

城市发展的本质是人口的集聚，人口集聚到一定程度之后才会产生外溢。人口集聚的规模大小，往往决定了城市的对外辐射能力，以及基于人口规模基础上的其他产业的发展。因此，拥有最大量人口、最活跃经济、最高产效率的特大城市，正在成为引领区域经济社会发展的主力军。

特别是居于城市发展高端、具有高附加值、高人力资本含量、高技术创新的 CBD——中央商务区的发展程度，正成为衡量特大城市—城市群—区域经济等链条发展的核心要素和高端指标。

结合全球变化、中国发展，我们以点连线、以线带面，深入思考北京、上海等我国 14 个特大城市 CBD 区域的经济社会发展状况和评价指标，并遴选了深圳福田、南京河西和成都锦江三地区的 CBD 进行特色分析，以便从中管窥我国特大城市 CBD 经济社会发展动向，期冀为我国经济社会发展提供观察视角、分析依据和治理参考。

是为序。

蒋三庚

2017 年 9 月 20 日

目 录

上 篇

1 中国城市 CBD 发展概况分析 ………………………………… 3

1.1 2016 年中国城市 CBD 发展建设宏观经济环境分析 …………… 3

1.2 2017 年中国经济展望及城市 CBD 发展条件分析 ………… 42

2 中国特大城市建设现状及发展趋势分析 ……………………… 49

2.1 经济全球化与特大城市未来的发展 ……………… 49

2.2 影响特大城市未来发展的主要因素 ……………… 50

2.3 特大城市未来的发展趋势 ……………… 52

2.4 本章小结 ……………… 56

3 中国特大城市 CBD 发展建设主要评价指标分析 …………… 58

3.1 经济运行评价指标 ……………… 58

3.2 基础设施建设评价指标 ……………… 67

3.3 政府效率评价指标 ……………… 75

3.4 企业效率评价指标 ……………… 76

3.5 民生保障建设评价指标 ……………… 78

3.6 文化创意及科技创新发展评价指标 ……………… 84

4 中国特大城市 CBD 区域发展建设整体状况分析 ·················· 88

   4.1 北京市朝阳区发展建设整体状况分析 ·············· 88

   4.2 上海市静安区发展建设整体状况分析 ·············· 101

   4.3 广州市天河区发展建设整体状况分析 ·············· 110

   4.4 天津市滨海新区发展建设整体状况分析 ·············· 119

   4.5 重庆市渝中区发展建设整体状况分析 ·············· 126

   4.6 成都市武侯区发展建设整体状况分析 ·············· 134

   4.7 武汉市江汉区发展建设整体状况分析 ·············· 142

   4.8 西安市碑林区发展建设整体状况分析 ·············· 152

   4.9 福州市鼓楼区发展建设整体状况分析 ·············· 159

   4.10 长沙市芙蓉区发展建设整体状况分析 ·············· 165

   4.11 沈阳市沈河区发展建设整体状况分析 ·············· 172

   4.12 青岛市市北区发展建设整体状况分析 ·············· 178

   4.13 杭州市下城区（全域中央商务区）发展建设

      整体状况分析 ·············· 183

   4.14 郑州市郑东新区中央商务区发展建设整体状况分析 ·············· 192

   4.15 本章小结 ·············· 200

下　篇

5 深圳市福田 CBD 发展及特色研究 ·············· 205

   5.1 深圳市福田 CBD 概述 ·············· 205

   5.2 深圳市福田 CBD 发展现状 ·············· 209

5.3　深圳市福田 CBD 发展机遇及挑战 ························· 216

5.4　深圳市福田 CBD 发展规划及路径研究 ················· 220

5.5　深圳市福田 CBD 发展特色 ······························· 225

6　南京市河西 CBD 发展及特色研究 ······················· 233

6.1　南京市河西 CBD 简介 ·································· 234

6.2　南京市河西 CBD 发展特色 ··························· 240

6.3　南京市河西 CBD 发展经验借鉴 ····················· 242

7　成都市锦江 CBD 发展及特色研究 ······················· 261

7.1　成都市锦江 CBD 概况 ·································· 261

7.2　成都市锦江 CBD 发展现状 ··························· 264

7.3　成都市锦江 CBD 发展优势 ··························· 273

7.4　成都市锦江 CBD 发展中面临挑战 ···················· 277

7.5　成都市锦江 CBD 发展特色 ··························· 280

参考文献 ··· 287

北京市哲学社会科学 CBD 发展研究基地 2017 年大事记 ·········· 295

后记 ··· 298

上　篇

1 中国城市 CBD 发展概况分析

1.1 2016 年中国城市 CBD 发展建设宏观经济环境分析

近年来，特别是 2012 年以来，受国际经济形势总体复苏较慢、经济结构性调整等因素的影响，我国经济增长总体呈现下行的态势。那么，2016 年中国的宏观经济形势如何呢？

1.1.1 2016 年中国宏观经济形势回顾

2016 年，面对复杂多变的国际环境和国内繁重艰巨的改革、发展、稳定任务，在以习近平同志为核心的党中央的坚强领导下，各地区、各部门全面贯彻党的十八大和十八届三中、四中、五中、六中全会精神，认真落实党中央、国务院决策部署，统筹推进"五位一体"总体布局和协调推进"四个全面"战略布局，坚持稳中求进的工作总基调，坚持新发展理念，以推进供给侧结构性改革为主线，适度扩大总需求，坚定推进改革，妥善应对风险和挑战，引导形成良好的社会预期，经济社会保持平稳健康发展，实现了"十三五"良好开局。

1.1.1.1 2016 年中国宏观经济整体形势

2017 年 1 月 20 日国家统计局公布的数据显示，2016 年全年国内生产总值 744 127 亿元，GDP 增速为 6.7%，相较于 2015 年下降了 0.2 个百分点，总体经济下行压力尚存。但考虑到 2015 年 GDP 增速较 2014 年下降 0.4 个百分点，2016 年 GDP 增速降幅收窄，经济下行的态势有所趋稳。从波动幅度来看，2016 年 1—4 季度我国 GDP 增速波幅更为平缓，1~4 季度的 GDP 同比增速均维持在 6.7%，GDP 同比增速的小幅波动显示经济或正 L 型寻底，宏观经济形势呈现企稳迹象，2016 年 GDP 增速缓中趋稳（见图 1 - 1）。

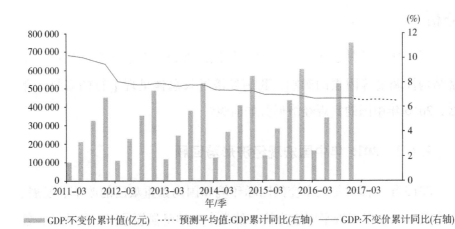

图 1 - 1　2011—2017 年我国 GDP 变动及预测

资料来源：国家统计局网站，www. stats. gov. cn。

2016 年全年，全国固定资产投资累计完成额同比增长 8.1%，相较 2015 年全年固定资产投资同比增速下降了 1.9 个百分点，固定投资增速首次降至个位数。其原因可能在于经济结构调整深化背景下产能过剩及供给侧改革推进对投资形成约束，传统企业经营利润空间相对收窄，固定资产投资边际收益率持续下滑，导致经济主体投资实体经济的积极性下降。

　　2016 年全年，制造业固定资产投资累计增速与新增固定投资累计增速分别为 - 4.5% 与 - 19.9%，分别较 2015 年下降 12.6% 和 35.8%，产能过剩及供给侧改革对传统制造业的制约凸显与实体经济环境偏弱叠加。2015 年以来，传统制造企业收益下行，使传统企业对实体经济投资持悲观预期，抑制了其新增投资的积极性。得益于 2014 年以来楼市刺激政策所驱动的楼市回暖、政府财政扩张加码以及 PPP 项目的推广，2016 年房地产投资与基建投资在年初大幅冲高，之后稳步回调，最终整体优于或大致持平于 2015 年。2016 年全年房地产投资增速与基建投资增速分别为 6.9% 和 15.71%，分别较 2015 年上升了 5.9% 和下降了 1.58%，均处于相对高位。1—12 月，固定资产投资完成额显著下降，制造业固定资产投资与新增固定资产投资增速大幅下滑（见图 1 - 2 和图 1 - 3）。

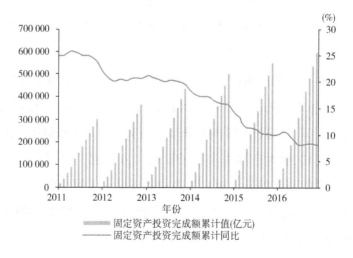

图 1 - 2　2011—2016 年我国固定资产投资变动情况

资料来源：国家统计局网站，www. stats. gov. cn。

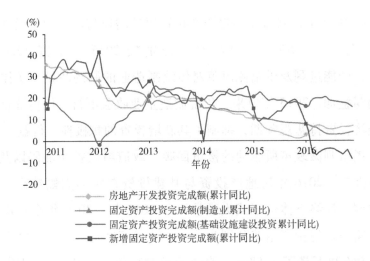

图 1-3　2011—2016 年我国固定资产投资比较分析

资料来源：国家统计局网站，www. stats. gov. cn。

2016 年 12 月，我国 CPI 与 PPI 分别同比增长 2.1% 和 5.5%，相较 2015 年同期分别上升 0.5 和 11.4 个百分点。由于供给侧结构性改革和去产能、去库存的强力推进以及国际大宗商品行情回暖，2016 年下半年以来黑色系与石油系价格出现显著回暖，PPI 同比增速于 2016 年 9 月结束自 2012 年以来的持续下降首次显示为正，并于 11 月超过同期 CPI 增速，最终于 12 月超过 CPI 同比 3.2 个百分点。PPI 涨幅持续扩大显示出 2016 年我国工业生产和需求增长稳定，去产能、去库存政策效果显现，生产活跃度明显提升。而 CPI 同样呈现温和上涨态势，显示通货紧缩周期特征有所减弱，通货膨胀因素或有所增强。2012—2016 年我国 CPI 与 PPI 的分析见图 1-4。

2016 年 12 月中旬召开的中央经济工作会议未明确 2017 年 GDP 增速区间，显示中央决策层更加重视改革成效而非 GDP 增速指标，追求经济增长的"质"而非"量"，追求经济增长的长期改善而非短期增

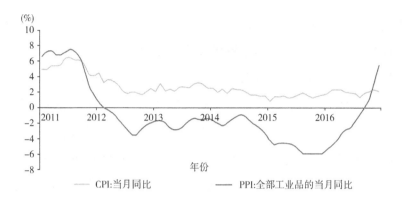

图 1－4　2012—2016 年我国 CPI 与 PPI 分析

资料来源：国家统计局网站，www. stats. gov. cn

长，对 2017 年的经济增长目标或稍有放宽，以减轻改革攻坚背景下稳增长的压力。

此外，2017 年中央经济工作会议明确强调要抑制资产泡沫，防控金融经济风险，2017 年财政政策与货币政策更大概率"稳"字当头，大规模刺激政策出台的可能性较低。根据统计部门对 2017 年 GDP 增速平均值的预测，2017 年 GDP 增长维持在 6.5% 左右的水平。

2016 年，楼市成交呈现空前火热的行情，热点城市房价大幅上涨，强化了住房的投资特征，楼市投机氛围渐浓。受房价上涨推高住房投资收益率驱动，居民与企业杠杆购房意愿增强，购房信贷规模大幅扩张，导致了货币信贷中"房贷独大"的局面，加剧了楼市杠杆化与泡沫风险。此外，2016 年 12 月 15 日，美联储决定上调联邦基金利率 25 个百分点，并预计 2017 年将加息三次，美元再度进入加息通道，中美利差扩大导致我国资本外流压力以及人民币贬值压力加大。在上述背景下，中国人民银行坚持中央经济工作会议要求的稳健中性的货币政策，更加注重倒逼去杠杆、防控金融风险与维稳人民币汇率，资金价格下降的可能性较低，信贷边际收缩以及利率上行几乎是必然选择。利率上行将提高资金使用成本，从而对投资增长构成压力。

2016 年，供给侧改革进度超预期，强化了市场对供需格局改善的预期，大宗商品尤其是去产能重点对象的铁矿石、煤炭与钢铁价格涨幅超出预期，工业企业利润同比增速步入上行通道。工业品价格上涨向工业传递利好信号，工业企业已在 2016 年进入补库存周期。考虑到 2016 年年末大宗商品价格仍延续上涨态势，工业企业补库存将延续到 2017 年第一季度末或第二季度初，这是经济企稳的强有力支撑。

1.1.1.2 2016 年中国宏观经济发展的综合分析

初步核算，2016 年全年国内生产总值 744 128 亿元，比上年增长 6.7%。其中，第一产业增加值 63 671 亿元，增长 3.3%；第二产业增加值 296 236 亿元，增长 6.1%；第三产业增加值 384 221 亿元，增长 7.8%。第一产业增加值占国内生产总值的比重为 8.6%，第二产业增加值占国内生产总值的比重为 39.8%，第三产业增加值占国内生产总值的比重为 51.6%。2016 年全年人均国内生产总值 53 980 元，比上年增长 6.1%；全年国民总收入 742 352 亿元，比上年增长 6.9%（见图 1-5 和图 1-6）。

2016 年年末，全国内地总人口 138 271 万人，比上年末增加 809 万人。其中，城镇常住人口 79 298 万人，占总人口的比重（常住人口城镇化率）为 57.35%（见表 1-1），比上年末提高 1.25 个百分点。户籍人口城镇化率为 41.2%，比上年末提高 1.3 个百分点。全年出生人口 1 786 万人，出生率为 12.95‰；死亡人口 977 万人，死亡率为 7.09‰；自然增长率为 5.86‰。全国人户分离的人口 2.92 亿人，其中，流动人口 2.45 亿人。

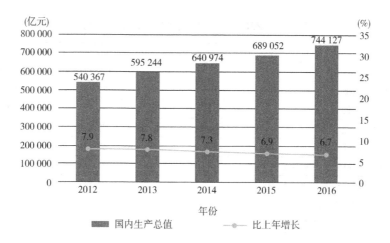

图 1 – 5　2012—2016 年国内生产总值及其增长速度

资料来源：国家统计局网站，www.stats.gov.cn。

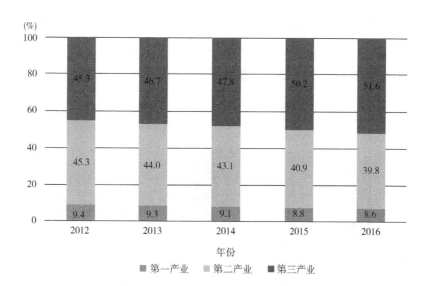

图 1 – 6　2012—2016 年三次产业增加值占国内生产总值的比重

资料来源：国家统计局网站，www.stats.gov.cn。

表 1 - 1　2016 年年末我国内地人口及其构成

指标	年末数（万人）	比重（％）
全国总人口	138 271	100.00
其中：城镇	79 298	57.35
乡村	58 973	42.65
其中：男性	70 815	51.20
女性	67 456	48.80
其中：0～15 岁（含不满 16 周岁）	24 438	17.70
16～59 岁（含不满 60 周岁）	90 747	65.60
60 周岁及以上	23 086	16.70
其中：65 周岁及以上	15 003	10.80

资料来源：国家统计局网站，www.stats.gov.cn。

2016 年年末，全国就业人员 77 603 万人，其中，城镇就业人员 41 428 万人。全年城镇新增就业 1 314 万人，年末城镇登记失业率为 4.02%。全国农民工总量 28 171 万人，比上年增长 1.5%。其中，外出农民工 16 934 万人，增长 0.3%；本地农民工 11 237 万人，增长 3.4%；全年全员劳动生产率为 94 825 元/人，比上年提高 6.4%（见图 1 - 7 和图 1 - 8）。

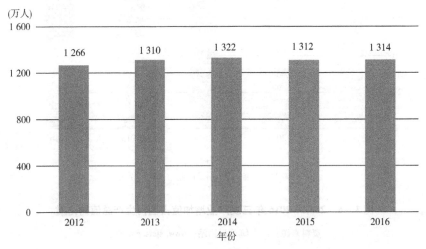

图 1 - 7　2012—2016 年我国城镇新增就业人数

资料来源：国家统计局网站，www.stats.gov.cn。

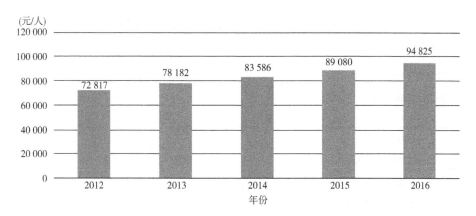

图 1-8 2012—2016 年我国全员劳动生产率

资料来源：国家统计局网站，www. stats. gov. cn。

2016 年，居民消费价格比上年上涨 2%。工业生产企业出厂价格下降 1.4%，购进价格下降 2%。固定资产投资价格下降 0.6%，农产品生产企业价格上涨 3.4%（见图 1-9 和表 1-2）。

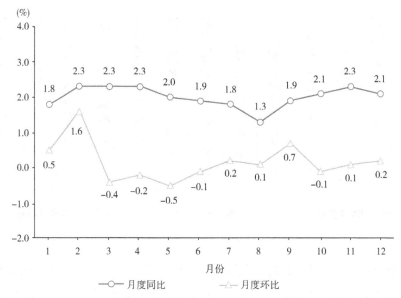

图 1-9 2016 年我国居民消费价格月度涨跌幅度

资料来源：国家统计局网站，www. stats. gov. cn。

表 1 – 2 2016 年我国居民消费价格比上年涨跌幅度单位（%）

指　　　标	全国	城市	农村
居民消费价格	2.0	2.1	1.9
其中：食品和烟酒	3.8	3.7	4.0
衣着	1.4	1.5	1.3
居住	1.6	1.9	0.6
生活用品及服务	0.5	0.5	0.2
交通和通信	－1.3	－1.4	－1.1
教育文化和娱乐	1.6	1.5	1.9
医疗保健	3.8	4.4	2.5
其他用品和服务	2.8	2.9	2.2

2016 年 12 月，70 个大中城市新建商品住宅销售价格月同比上涨的城市为 65 个，下降的为 5 个；月环比上涨的城市为 46 个，比年内高点减少 19 个，持平的为 4 个，下降的为 20 个（见图 1 – 10）。

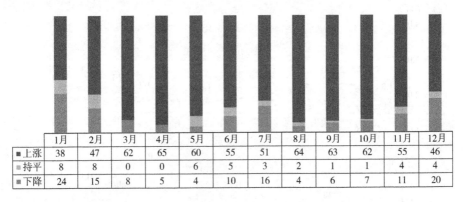

	1月	2月	3月	4月	5月	6月	7月	8月	9月	10月	11月	12月
■上涨	38	47	62	65	60	55	51	64	63	62	55	46
■持平	8	8	0	0	6	5	3	2	1	1	4	4
■下降	24	15	8	5	4	10	16	4	6	7	11	20

图 1 – 10 2016 年新建商品住宅环比价格上涨、持平、下降城市数量变化情况（单位：个）

资料来源：国家统计局网站，www.stats.gov.cn。

2016 年，全国一般公共预算收入 159 552 亿元，比上年同口径增加 6 828 亿元，增长 4.5%（见图 1 – 11）。其中，税收收入 130 354 亿元，增加 5 432 亿元，增长 4.3%。

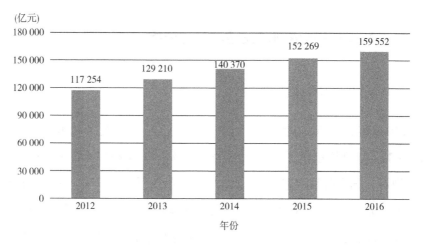

图 1 - 11   2012—2016 年全国一般公共预算收入

注：2012—2015 年数据为全国一般公共预算收入决算数，2016 年数据为执行数。

2016 年年末，国家外汇储备 30 105 亿美元，比上年末减少 3 199 亿美元（见图 1 - 12）。全年人民币平均汇率为 1 美元兑 6.642 3 元人民币，比上年贬值 6.2%。

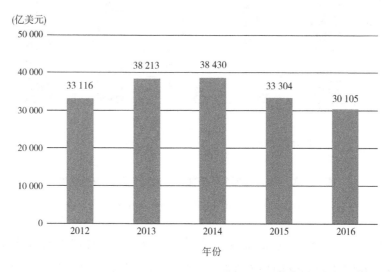

图 1 - 12   2012—2016 年年末国家外汇储备

资料来源：国家统计局网站，www.stats.gov.cn。

1.1.2　2016 年中国产业经济形势分析

1.1.2.1　工业和建筑业

2016 年，全部工业增加值 247 860 亿元，比上年增长 6%（见图 1－13）；规模以上工业增加值增长 6%。在规模以上工业中，分经济类型看，国有控股企业增长 2%，集体企业下降 1.3%，股份制企业增长 6.9%，外商及港澳台商投资企业增长 4.5%，私营企业增长 7.5%。分门类看，采矿业下降 1%，制造业增长 6.8%，电力、热力、燃气及水生产和供应业增长 5.5%。

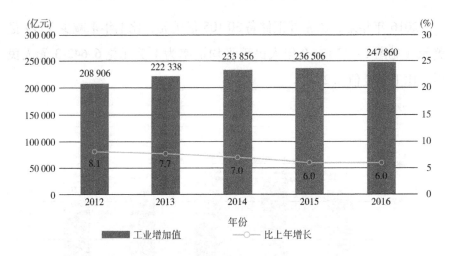

图 1－13　2012—2016 年全部工业增加值及其增长速度

资料来源：国家统计局网站，www. stats. gov. cn。

2016 年，规模以上工业中，农副食品加工业增加值比上年增长 6.1%，纺织业增加值增长 5.5%，化学原料和化学制品制造业增加值增长 7.7%，非金属矿物制品业增加值增长 6.5%，黑色金属冶炼和压延加

工业增加值下降 1.7%，通用设备制造业增加值增长 5.9%，专用设备制
造业增加值增长 6.7%，汽车制造业增加值增长 15.5%，电气、机械和器
材制造业增加值增长 8.5%，计算机、通信和其他电子设备制造业增加值
增长 10%，电力、热力生产和供应业增加值增长 4.8%，工业战略性新兴
产业增加值增长 10.5%，高技术制造业增加值增长 10.8%（占规模以上
工业增加值的比重为 12.4%），装备制造业增加值增长 9.5%（占规模以
上工业增加值的比重为 32.9%），六大高耗能行业增加值增长 5.2%（占
规模以上工业增加值的比重为 28.1%）。表 1-3 为 2016 年全国主要工业
产品产量及其增长速度。

表 1-3 2016 年全国主要工业产品产量及其增长速度

产品名称	单位	产量	比上年增长（%）
纱	万吨	3 732.6	5.5
布	亿米	906.8	1.6
化学纤维	万吨	4 943.7	2.3
成品糖	万吨	1 443.3	-2.1
卷烟	亿支	23 825.8	-8.0
彩色电视机	万台	15 769.6	8.9
其中：液晶电视机	万台	15 713.6	9.2
其中：智能电视机	万台	9 310.1	11.1
家用电冰箱	万台	8 481.6	6.1
房间空气调节器	万台	14 342.4	1.0
一次能源生产总量	亿吨标准煤	34.6	-4.2
原煤	亿吨	34.1	-9.0
原油	万吨	19 968.5	-6.9
天然气	亿立方米	1 368.7	1.7
发电量	亿千瓦小时	61 424.9	5.6
其中：火电	亿千瓦小时	44 370.7	3.6
水电	亿千瓦小时	11 933.7	5.6
核电	亿千瓦小时	2 132.9	24.9

续表

产品名称	单位	产量	比上年增长（%）
粗钢	万吨	80 836.6	0.6
钢材	万吨	11 3801.2	1.3
10 种有色金属	万吨	5 310.3	3.0
其中：精炼铜（电解铜）	万吨	843.6	6.0
原铝（电解铝）	万吨	3 187.3	1.5
水泥	亿吨	24.1	2.3
硫酸（折100%）	万吨	8 889.1	−1.0
烧碱（折100%）	万吨	3 283.9	8.7
乙烯	万吨	1 781.1	3.9
化肥（折100%）	万吨	7 128.6	−4.1
发电机组（发电设备）	万千瓦	13 218.4	6.3
汽车	万辆	2 811.9	14.8
其中：基本型乘用车（轿车）	万辆	1 211.1	4.1
运动型多用途乘用车（SUV）	万辆	914.4	51.8
其中：新能源汽车	万辆	45.9	40.0
大中型拖拉机	万台	63.0	−8.5
集成电路	亿块	1 318.0	21.2
程控交换机	万线	1 457.7	−22.5
移动通信手持机	万台	205 819.3	13.6
其中：智能手机	万台	153 764.1	9.9
微型计算机设备	万台	29 008.5	−7.7
工业机器人	台（套）	72 426.0	30.4

资料来源：国家统计局网站，www.stats.gov.cn。

2016 年年末，全国发电装机容量 164 569 万千瓦，比上年末增长 8.2%。其中，火电装机容量 105 388 万千瓦，增长 5.3%；水电装机容量 33 211 万千瓦，增长 3.9%；核电装机容量 3 364 万千瓦，增长 23.8%；并网风电装机容量 14 864 万千瓦，增长 13.2%；并网太阳能发电装机容量 7 742 万千瓦，增长 81.6%。

2016 年，规模以上工业企业实现利润 68 803 亿元，比上年增长 8.5%。分经济类型看，国有控股企业实现利润 11 751 亿元，比上年增长 6.7%；集体企业 477 亿元，下降 4.2%；股份制企业 47 197 亿元，增长 8.3%；外商及港澳台商投资企业 17 352 亿元，增长 12.1%；私营企业 24 325 亿元，增长 4.8%。分门类看，采矿业实现利润 1 825 亿元，比上年下降 27.5%；制造业 62 398 亿元，增长 12.3%；电力、热力、燃气及水生产和供应业 4 580 亿元，下降 14.3%。全年规模以上工业企业每百元主营业务收入中的成本为 85.52 元，比上年下降 0.1 元。2016 年年末，规模以上工业企业资产负债率为 55.8%，比上年末下降 0.4 个百分点。

2016 年，全社会建筑业增加值 49 522 亿元，比上年增长 6.6%（见图 1 - 14）。全国具有资质等级的总承包和专业承包建筑业企业实现利润 6 745 亿元，增长 4.6%。其中，国有控股企业 1 879 亿元，增长 6.8%。

1.1.2.2　固定资产投资

2016 年，全社会固定资产投资 606 466 亿元，比上年增长 7.9%（见图 1 - 15），扣除价格因素，实际增长 8.6%。其中，固定资产投资（不含农户）596 502 亿元，增长 8.1%。分区域看，东部地区投资 249 665 亿元，比上年增长 9.1%；中部地区投资 156 762 亿元，增长 12.0%；西部地区投资 154 054 亿元，增长 12.2%；东北地区投资 30 642 亿元，下降 23.5%。

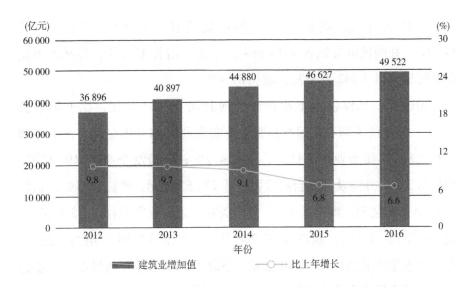

图 1 - 14　2012—2016 年建筑业增加值及其增长速度

资料来源：国家统计局网站，www. stats. gov. cn。

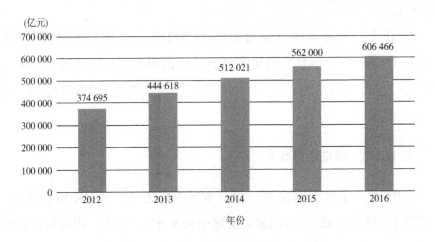

图 1 - 15　2012—2016 年全社会固定资产投资

资料来源：国家统计局网站，www. stats. gov. cn。

在固定资产投资（不含农户）中，第一产业投资 18 838 亿元，比上年增长 21.1%；第二产业投资 231 826 亿元，增长 3.5%；第三产业投资 345 837 亿元，增长 10.9%。基础设施投资 118 878 亿元，比上年增长 17.4%，占固定资产投资（不含农户）的比重为 19.9%；民间固定资产投资 365 219 亿元，增长 3.2%，占固定资产投资（不含农户）的比重为 61.2%；高技术产业投资 37 747 亿元，增长 15.8%，占固定资产投资（不含农户）的比重为 6.3%。六大高耗能行业投资 66 376 亿元，比上年增长 3.1%，占固定资产投资（不含农户）的比重为 11.1%。农林牧渔业、水利、环境保护等短板领域投资快速增长（见图 1 – 16、表 1 – 4 和表 1 – 5）。

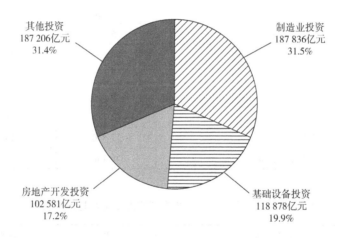

图 1 – 16　2016 年按领域分类固定资产投资（不含农户）及其占比

资料来源：国家统计局网站，www.stats.gov.cn。

表 1 – 4　2016 年分行业固定资产投资（不含农户）及其增长速度

行　业	投资额（亿元）	比上年增长（%）
总计	596 502	8.1
其中：农、林、牧、渔业	22 774	19.5
采矿业	10 320	−20.4
制造业	187 836	4.2

续表

行　业	投资额（亿元）	比上年增长（％）
电力、热力、燃气及水生产和供应业	29 736	11.3
建筑业	4 577	−6.5
批发和零售业	17 939	−4.0
交通运输、仓储和邮政业	53 628	9.5
住宿和餐饮业	5 947	−8.6
信息传输、软件和信息技术服务业	6 319	14.5
金融业	1 310	−4.2
房地产业	135 284	6.8
租赁和商务服务业	12 316	30.5
科学研究和技术服务业	5 568	17.2
水利、环境和公共设施管理业	68 647	23.3
居民服务、修理和其他服务业	2 677	1.8
教育	9 324	20.7
卫生和社会工作	6 282	21.4
文化、体育和娱乐业	7 830	16.4
公共管理、社会保障和社会组织	8 188	4.3

表 1-5　2016 年固定资产投资新增主要生产与运营能力

指　标	单位	绝对数
新增 220 千伏及以上变电设备	万千伏安	24 336
新建铁路投产里程	公里	3 281
其中：高速铁路	公里	1 903
增建、新建铁路复线投产里程	公里	3 612
电气化铁路投产里程	公里	5 899
新改建公路里程	公里	324 898
其中：高速公路	公里	6 745
港口万吨级码头泊位新增吞吐能力	万吨	32 436
新增民用运输机场	个	8
新增光缆线路长度	万公里	554

2016 年，房地产开发投资 102 581 亿元，比上年增长 6.9%。其中，住宅投资 68 704 亿元，增长 6.4%；办公楼投资 6 533 亿元，增长 5.2%；商业营业用房投资 15 838 亿元，增长 8.4%。年末商品房待售面积 69 539 万平方米，比上年年末减少 2 314 万平方米。年末商品住宅待售面积 4 0257 万平方米，比上年年末减少 4 991 万平方米。

2016 年，全国城镇棚户区住房改造开工 606 万套，棚户区改造和公租房基本建成 658 万套。全年全国农村地区建档立卡贫困户危房改造 158 万户。表 1-6 为 2016 年房地产开发和销售主要指标及其增长速度。

表 1-6 2016 年房地产开发和销售主要指标及其增长速度

指　　标	单位	绝对数	比上年增长（%）
投资额	亿元	102 581	6.9
其中：住宅	亿元	68 704	6.4
其中：90 平方米及以下	亿元	24 772	0.5
房屋施工面积	万平方米	758 975	3.2
其中：住宅	万平方米	521 310	1.9
房屋新开工面积	万平方米	166 928	8.1
其中：住宅	万平方米	115 911	8.7
房屋竣工面积	万平方米	106 128	6.1
其中：住宅	万平方米	77 185	4.6
商品房销售面积	万平方米	157 349	22.5
其中：住宅	万平方米	137 540	22.4
本年到位资金	亿元	144 214	15.2
其中：国内贷款	亿元	21 512	6.4
个人按揭贷款	亿元	24 403	46.5

资料来源：国家统计局网站，www.stats.gov.cn。

1.1.2.3　国内贸易

2016 年，社会消费品零售总额 332 317 亿元，比上年增长 10.4%，扣除价格因素，实际增长 9.6%。按经营地统计，城镇消费品零售额 285 814 亿元，增长 10.4%；乡村消费品零售额 46 503 亿元，增长 10.9%。按消费类型统计，商品零售额 296 518 亿元，增长 10.4%；餐饮收入额 35 799 亿元，增长 10.8%（见图 1-17）。

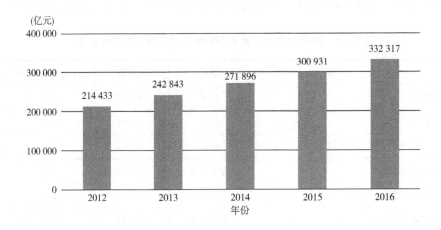

图 1-17　2012—2016 年社会消费品零售总额

资料来源：国家统计局网站，www. stats. gov. cn。

在限额以上企业商品零售额中，粮油、食品、饮料、烟酒类零售额比上年增长 10.5%，服装、鞋帽、针纺织品类增长 7%，化妆品类增长 8.3%，金银珠宝类与上年持平，日用品类增长 11.4%，家用电器和音像器材类增长 8.7%，中西药品类增长 12%，文化办公用品类增长 11.2%，家具类增长 12.7%，通信器材类增长 11.9%，建筑及装潢材料类增长 14%，汽车类增长 10.1%，石油及制品类增长 1.2%。

2016 年，网上零售额 51 556 亿元，比上年增长 26.2%。其中，网上商品零售额 41 944 亿元，比上年增长 25.6%，占社会消费品零售总额的比重为 12.6%。在网上商品零售额中，食品类商品增长 28.5%，服装类商品增长 18.1%，日用品类商品增长 28.8%。

1.1.2.4 对外贸易

2016 年，货物进出口总额 243 387 亿元，比上年下降 0.9%。其中，出口 138 455 亿元，下降 1.9%；进口 104 932 亿元，增长 0.6%。货物进出口差额（出口减进口）33 523 亿元，比上年减少 3 308 亿元。对"一带一路"沿线国家进出口总额 62 517 亿元，比上年增长 0.5%。其中，出口 38 319 亿元，增长 0.5%；进口 24 198 亿元，增长 0.4%（见图 1 – 18 和表 1 – 7 至表 1 – 10）。

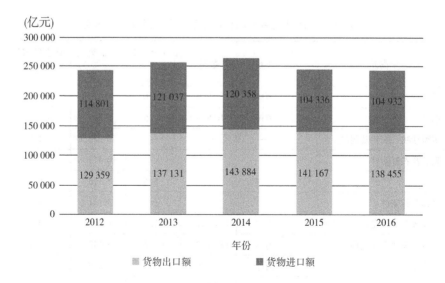

图 1 – 18　2012—2016 年货物进出口总额

资料来源：国家统计局网站，www.stats.gov.cn。

表 1 – 7　2016 年货物进出口总额及其增长速度

指　　标	金额（亿元）	比上年增长（%）
货物进出口总额	243 386	−0.9
货物出口额	138 455	−1.9
其中：一般贸易	74601	−1.1
加工贸易	47 237	−4.6
其中：机电产品	79 820	−1.9
高新技术产品	39 876	−2.1
货物进口额	104 932	0.6
其中：一般贸易	59 398	3.7
加工贸易	26 223	−5.5
其中：机电产品	50 985	1.9
高新技术产品	34 618	1.8
货物进出口差额（出口减进口）	33 523	—

资料来源：国家统计局网站，www. stats. gov. cn。

表 1 – 8　2016 年主要商品出口数量、金额及其增长速度

商品名称	单位	数量	比上年增长（%）	金额（亿元）	比上年增长（%）
煤（包括褐煤）	万吨	879	64.6	46	48.0
钢材	万吨	10 849	−3.5	3 587	−7.8
纺织纱线、织物及制品	—	—	—	6 925	1.9
服装及衣着附件	—	—	—	10 413	−3.7
鞋类	万吨	422	−5.6	3 113	−6.2
家具及其零件	—	—	—	3 151	−3.8
自动数据处理设备及其部件	万台	159 257	−7.1	9 068	−4.1
手持或车载无线电话	万台	127 192	−5.3	7 643	−0.9
集装箱	万个	199	−26.7	279	−41.2
液晶显示板	万个	190 569	−16.9	1 700	−11.6
汽车	万辆	79	9.4	709	1.8

资料来源：国家统计局网站，www. stats. gov. cn。

表 1-9 2016 年主要商品进口数量、金额及其增长速度

商品名称	单位	数量	比上年增长（%）	金额（亿元）	比上年增长（%）
谷物及谷物粉	万吨	2 199	-32.8	375	-35.5
大豆	万吨	8 391	2.7	2 247	4.1
食用植物油	万吨	553	-18.3	276	-11.5
铁矿砂及其精矿	万吨	102 412	7.5	3 809	7.0
氧化铝	万吨	303	-35.0	58	-43.1
煤（包括褐煤）	万吨	25 551	25.2	938	25.1
原油	万吨	38 101	13.6	7 698	-7.5
成品油	万吨	2 784	-6.5	735	-16.6
初级形状的塑料	万吨	2 570	-1.5	2 731	-2.2
纸浆	万吨	2 106	6.2	808	2.1
钢材	万吨	1 321	3.4	869	-2.3
未锻轧铜及铜材	万吨	495	2.9	1 741	-3.3
汽车	万辆	107	-2.4	2 942	6.1

资料来源：国家统计局网站，www.stats.gov.cn。

表 1-10 2016 年对主要国家和地区货物进出口额及其增长速度

国家和地区	出口额（亿元）	比上年增长（%）	占我国全部出口比重（%）	进口额（亿元）	比上年增长（%）	占我国全部进口比重（%）
欧盟	22 369	1.3	16.2	13 747	5.9	13.1
美国	25 415	0.0	18.4	8 887	-3.2	8.5
东盟	16 894	-1.9	12.2	12 978	7.4	12.4
中国香港	19 009	-7.6	13.7	1 107	39.2	1.1
日本	8 529	1.3	6.2	9 626	8.4	9.2
韩国	6 185	-1.7	4.5	10 496	-3.2	10.0
中国台湾	2 665	-4.3	1.9	9 203	3.4	8.8
印度	3 850	6.6	2.8	777	-6.4	0.7
俄罗斯	2 466	14.2	1.8	2 128	3.1	2.0

资料来源：国家统计局网站，www.stats.gov.cn。

2016 年，服务进出口总额 53 484 亿元，比上年增长 14.2%。其中，服务出口 18 193 亿元，增长 2.3%；服务进口 35 291 亿元，增长 21.5%。服务进出口逆差 17 098 亿元。

2016 年，吸收外商直接投资（不含银行、证券、保险）新设立企业 27 900 家，比上年增长 5%（见表 1 - 11）。实际使用外商直接投资金额 8 132.2 亿元（折合 1 260 亿美元），增长 4.1%。其中，"一带一路"沿线国家对华直接投资新设立企业 2 905 家，增长 34.1%；对华直接投资金额 458 亿元（折合 71 亿美元）。

表 1 - 11　2016 年外商直接投资（不含银行、证券、保险）及其增长速度

行　　业	企业数（家）	比上年增长（%）	实际使用金额（亿元）	比上年增长（%）
总计	27 900	5.0	8 132.2	4.1
其中：农、林、牧、渔业	558	-8.4	123.2	30.0
制造业	4 013	-11.0	2 303.0	-6.1
电力、热力、燃气及水生产和供应业	311	18.0	139.8	0.3
交通运输、仓储和邮政业	425	-5.4	329.2	26.7
信息传输、计算机服务和软件业	1 463	11.6	540.4	128.0
批发和零售业	9 399	2.7	1 011.1	36.0
房地产业	378	-2.3	1 264.4	-29.4
租赁和商务服务业	4 631	3.7	1 045.9	67.8
居民服务和其他服务业	245	13.0	33.0	-25.8

资料来源：国家统计局网站，www.stats.gov.cn。

2016 年，对外直接投资（不含银行、证券、保险）11 299 亿元，按美元计价为 1 701.1 亿美元，比上年增长 44.1%（见表 1 - 12）。其中，对"一带一路"沿线国家直接投资 145 亿美元。

表 1 - 12　2016 年对外直接投资（不含银行、证券、保险）及其增长速度

行　　业	对外直接投资金额 （亿美元）	比上年增长 （％）
总计	1 701.1	44.1
其中：农、林、牧、渔业	29.7	45.0
采矿业	86.7	−20.1
制造业	310.6	116.7
电力、热力、燃气及水生产和供应业	25.3	−9.2
建筑业	53.1	18.0
批发和零售业	275.6	72.0
交通运输、仓储和邮政业	36.2	17.1
信息传输、计算机服务和软件业	203.6	252.2
房地产业	106.4	17.4
租赁和商务服务业	422.7	1.4

资料来源：国家统计局网站，www.stats.gov.cn。

2016 年，对外承包工程业务完成营业额 10 589 亿元，按美元计价为 1 594 亿美元，比上年增长 3.5％。其中，对"一带一路"沿线国家完成营业额 760 亿美元，增长 9.7％，占对外承包工程业务完成营业额的比重为 47.7％。对外劳务合作派出各类劳务人员 49 万人，下降 6.8％。

1.1.2.5　交通、邮电和旅游业

2016 年，货物运输总量 440.4 亿吨，比上年增长 5.7％；货物运输周转量 185 294.9 亿吨公里，增长 4％（见表 1 - 13）。全年规模以上港口完成货物吞吐量 118.3 亿吨，比上年增长 3.2％。其中，外贸货物吞吐量 37.6 亿吨，增长 4.1％；规模以上港口集装箱吞吐量 21 798 万标准箱，增长 3.6％。

表 1 – 13   2016 年各种运输方式完成货物运输量及其增长速度

指　　标	单位	绝对数	比上年增长（%）
货物运输总量	亿吨	440.4	5.7
其中：铁路	亿吨	33.3	− 0.8
公路	亿吨	336.3	6.8
水运	亿吨	63.6	3.7
民航	万吨	666.9	6.0
管道	亿吨	7.0	5.3
货物运输周转量	亿吨公里	185 294.9	4.0
其中：铁路	亿吨公里	23 792.3	0.2
公路	亿吨公里	61 211.0	5.6
水运	亿吨公里	95 399.9	4.0
民航	亿吨公里	221.1	6.3
管道	亿吨公里	4 670.6	5.7

资料来源：国家统计局网站，www. stats. gov. cn。

2016 年，旅客运输总量 192 亿人次，比上年下降 1.2%；旅客运输周转量 31 305.7 亿人公里，增长 4.1%（见表 1 – 14）。

表 1 – 14   2016 年各种运输方式完成旅客运输量及其增长速度

指　　标	单位	绝对数	比上年增长（%）
旅客运输总量	亿人次	192.0	− 1.2
其中：铁路	亿人次	28.1	11.0
公路	亿人次	156.3	− 3.5
水运	亿人次	2.7	0.1
民航	亿人次	4.9	11.8
旅客运输周转量	亿人公里	31 305.7	4.1
其中：铁路	亿人公里	12 579.3	5.2
公路	亿人公里	10 294.8	− 4.2
水运	亿人公里	72.0	− 1.4
民航	亿人公里	8 359.5	14.8

资料来源：国家统计局网站，www. stats. gov. cn。

2016 年年末，全国民用汽车保有量 19 440 万辆（包括三轮汽车和低速货车 881 万辆），比上年年末增长 12.8%. 其中，私人汽车保有量 16 559 万辆，增长 15.0%；民用轿车保有量 10 876 万辆，增长 14.4%，其中，私人轿车 10 152 万辆，增长 15.5%。

2016 年，完成邮电业务总量 43 345 亿元，比上年增长 52.7%。其中，邮政行业业务总量 7 397 亿元，增长 45.7%；电信业务总量 35 948 亿元，增长 54.2%。邮政业全年完成邮政函件业务 36.2 亿件，包裹业务 0.3 亿件，快递业务 312.8 亿件；快递业务收入 3 974 亿元。电信业全年新增移动电话交换机容量 7 318 万户，达到 218 384 万户。2016 年年末，全国电话用户总数 152 856 万户，其中，移动电话用户 132 193 万户，移动电话普及率上升至 96.2 部/百人。固定互联网宽带接入用户 29 721 万户，比上年增加 3 774 万户。其中，固定互联网光纤宽带接入用户 22 766 万户，比上年增加 7 941 万户；移动宽带用户 94 075 万户，比上年增加 23 464 万户（见图 1 - 19 和图 1 - 20）。移动互联网接入流量 93.6 亿 G，比上年增长 123.7%。互联网上网 7.31 亿人，增加了 4 299 万人。其中，手机上网 6.95 亿人，增加了 7 550 万人。互联网普及率达到 53.2%，其中，农村地区互联网普及率达到 33.1%。软件和信息技术服务业完成软件业务收入 48 511 亿元，比上年增长 14.9%。

2016 年，国内游客 44 亿人次，比上年增长 11.2%；国内旅游收入 39 390 亿元，增长 15.2%。入境游客 13 844 万人次，增长 3.5%。其中，外国游客 2 813 万人次，增长 8.3%；香港、澳门和台湾同胞 11 031 万人次，增长 2.3%。在入境游客中，过夜游客 5 927 万人次，增长 4.2%。国际旅游收入 1 200 亿美元，增长 5.6%。国内居民出境 13 513 万人次，增长 5.7%。其中，因私出境 12 850 万人次，增长 5.6%；赴港澳台 8 395 万人次，下降 2.2%。

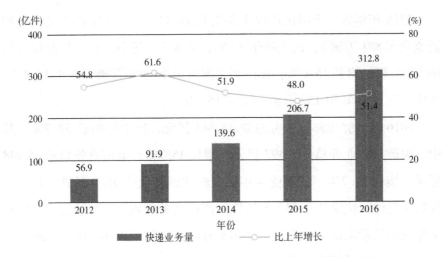

图 1－19　2012—2016 年快递业务量及其增长速度

资料来源：国家统计局网站，www. stats. gov. cn。

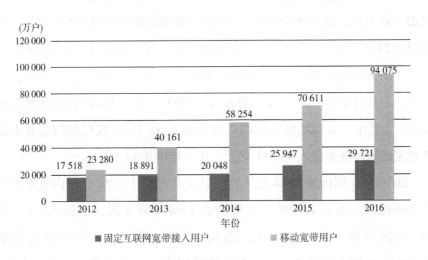

图 1－20　2012—2016 年年末固定互联网宽带接入用户和移动互联网宽带用户

资料来源：国家统计局网站，www. stats. gov. cn。

1.1.2.6　金融业

2016 年年末，广义货币供应量（M2）余额 155.0 万亿元，比上年年末增长 11.3%（见表 1 - 15）；狭义货币供应量（M1）余额 48.7 万亿元，增长 21.4%；流通中货币（M0）余额 6.8 万亿元，增长 8.1%。

2016 年，社会融资规模增量 17.8 万亿元，比上年增加 2.4 万亿元。2016 年年末，全部金融机构本外币各项存款余额 155.5 万亿元，比年初增加 15.7 万亿元。其中，人民币各项存款余额 150.6 万亿元，增加 14.9 万亿元。全部金融机构本外币各项贷款余额 112.1 万亿元，增加 12.7 万亿元。其中，人民币各项贷款余额 106.6 万亿元，增加 12.6 万亿元。

表 1 - 15　2016 年年末全部金融机构本外币存贷款余额及其增长速度

指　　标	年末数（亿元）	比上年末增长（%）
各项存款	1 555 247	11.3
其中：境内住户存款	606 522	9.9
其中：人民币	597 751	9.5
境内非金融企业存款	530 895	16.6
各项贷款	1 120 552	12.8
其中：境内短期贷款	380 020	3.6
境内中长期贷款	635 052	17.8

资料来源：国家统计局网站，www. stats. gov. cn。

2016 年年末，主要农村金融机构（农村信用社、农村合作银行、农村商业银行）人民币贷款余额 134 219 亿元，比年初增加 13 895 亿元。金融机构境内住户人民币消费贷款余额 250 472 亿元，增加 60 998 亿元。其中，短期消费贷款余额 49 313 亿元，增加 8 347 亿元；中长期消费贷款余额 201 159 亿元，增加 52 651 亿元。

2016 年，上市公司通过境内市场累计筹资 23 342 亿元，比上年增加 5 088 亿元。其中，首次公开发行 A 股 248 只，筹资 1 634 亿元；A 股现金再融资（包括公开增发、定向增发、配股、优先股）13 387 亿元，增加 4 618 亿元；上市公司通过沪深交易所发行公司债、可转债筹资 8 321 亿元，增加 414 亿元。全年全国中小企业股份转让系统新增挂牌公司 5 034 家，筹资 1 391 亿元，增长 14.4%。

2016 年，发行公司信用类债券 8.22 万亿元，比上年增加 1.50 万亿元。

2016 年，保险公司原保险保费收入 30 959 亿元，比上年增长 27.5%。其中，寿险业务原保险保费收入 17 442 亿元，健康险和意外伤害险业务原保险保费收入 4 792 亿元，财产险业务原保险保费收入 8 725 亿元。支付各类赔款及给付 10 513 亿元。其中，寿险业务给付 4 603 亿元，健康险和意外伤害险赔款及给付 1 184 亿元，财产险业务赔款 4 726 亿元。

1.1.2.7 人民生活和社会保障

2016 年，全国居民人均可支配收入 23 821 元，比上年增长 8.4%，扣除价格因素，实际增长 6.3%（见图 1 - 21）；全国居民人均可支配收入中位数 20 883 元，增长 8.3%。按常住地分，城镇居民人均可支配收入 33 616 元，比上年增长 7.8%，扣除价格因素，实际增长 5.6%；城镇居民人均可支配收入中位数 31 554 元，增长 8.3%。农村居民人均可支配收入 12 363 元，比上年增长 8.2%，扣除价格因素，实际增长 6.2%；农村居民人均可支配收入中位数 11 149 元，增长 8.3%。按全国居民五等份收入分组，低收入组人均可支配收入 5 529 元；中等偏下

收入组人均可支配收入 12 899 元；中等收入组人均可支配收入 20 924
元；中等偏上收入组人均可支配收入 31 990 元；高收入组人均可支配
收入 59 259 元。贫困地区农村居民人均可支配收入 8 452 元，比上年增
长 10.4%，扣除价格因素，实际增长 8.4%。全国农民工人均月收入
3 275 元，比上年增长 6.6%。

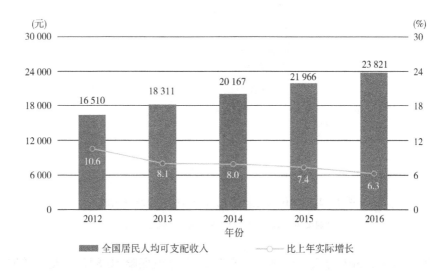

图 1 - 21   2012—2016 年全年居民人均可支配收入及其增长速度

资料来源：国家统计局网站，www.stats.gov.cn。

2016 年，全国居民人均消费支出 171 110 元（见图 1 - 22），比上
年增长 8.9%，扣除价格因素，实际增长 6.8%。按常住地分，城镇居
民人均消费支出 23 079 元，增长 7.9%，扣除价格因素，实际增长
5.7%；农村居民人均消费支出 10 130 元，增长 9.8%，扣除价格因素，
实际增长 7.8%。恩格尔系数为 30.1%，比上年下降 0.5 个百分点。其
中，城镇为 29.3%，农村为 32.2%。

2016 年年末，全国参加城镇职工基本养老保险 37 862 万人，比上

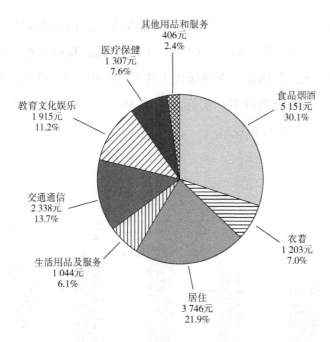

图 1-22　2016 年全国居民人均消费支出及其构成

资料来源：国家统计局网站，www. stats. gov. cn。

年年末增加 2 501 万人。参加城乡居民基本养老保险 50 847 万人，增加
375 万人。参加城镇基本医疗保险 74 839 万人，增加 8 257 万人。其中，
参加职工基本医疗保险 29 524 万人，增加 631 万人；参加城镇居民基本
医疗保险 45 315 万人，增加 7 626 万人。参加失业保险 18 089 万人，增
加 763 万人。2016 年年末，全国领取失业保险金 230 万人。参加工伤保
险 21 887 万人，增加 455 万人。其中，参加工伤保险的农民工
7 510 万人，增加 21 万人。参加生育保险 18 443 万人，增加 672 万人。
2016 年年末，全国共有 1 479.9 万人享受城市居民最低生活保障，
4 576.5 万人享受农村居民最低生活保障，496.9 万人享受农村特困人员
救助供养。2016 年全年，资助 5 620.6 万人参加基本医疗保险，医疗救
助 3 099.8 万人次。国家抚恤、补助各类优抚对象 877.2 万人。按照每

人每年 2 300 元（2010 年不变价）的农村贫困标准计算，2016 年农村贫困人口 4 335 万人，比上年减少 1 240 万人。

1.1.2.8　教育、科学技术和文化体育

2016 年，研究生教育招生 66.7 万人，在学研究生 198.1 万人，毕业生 56.4 万人。普通本专科招生 748.6 万人，在校生 2 695.8 万人，毕业生 704.2 万人。中等职业教育招生 593.3 万人，在校生 1 599.1 万人，毕业生 533.7 万人。普通高中招生 802.9 万人，在校生 2 366.6 万人，毕业生 792.4 万人（见图 1 - 23）。初中招生 1 487.2 万人，在校生 4 329.4 万人，毕业生 1 423.9 万人。普通小学招生 1 752.5 万人，在校生 9 913.0 万人，毕业生 1 507.4 万人。特殊教育招生 9.2 万人，在校生 49.2 万人，毕业生 5.9 万人。学前教育在园幼儿 4 413.9 万人。九年义务教育巩固率为 93.4%，高中阶段毛入学率为 87.5%。

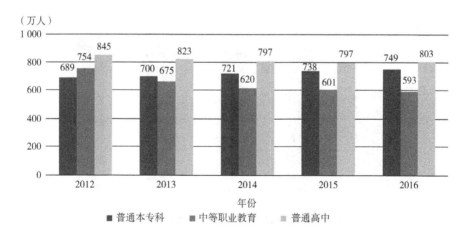

图 1 - 23　2012—2016 年普通本专科、中等职业教育及普通高中招生人数

资料来源：国家统计局网站，www.stats.gov.cn。

2016 年，研究与开发（R&D）经费支出 15 500 亿元，比上年增长

9.4%（见图 1 - 24），与国内生产总值之比为 2.08%。其中，基础研究经费 798 亿元。2016 年全年，国家重点研发计划共安排 42 个重点专项 1 163 个科技项目，国家科技重大专项共安排 224 个课题，国家自然科学基金共资助 41 184 个项目。截至 2016 年年底，累计建设国家重点实验室 488 个，国家工程研究中心 131 个，国家工程实验室 194 个，国家企业技术中心 1 276 家。国家科技成果转化引导基金累计设立 9 只子基金，资金总规模 173.5 亿元。全年受理境内外专利申请 346.5 万件，授予专利权 175.4 万件。截至 2016 年年底，有效专利 628.5 万件。其中，境内有效发明专利 110.3 万件（见表 1 - 16），每万人口发明专利拥有量 8 件。全年共签订技术合同 32 万项，技术合同成交金额 11 407 亿元，比上年增长 16.0%。

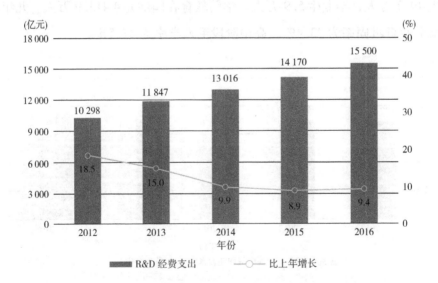

图 1 - 24　2012—2016 年研究与开发（R&D）经费支出及其增长速度

资料来源：国家统计局网站，www. stats. gov. cn。

表 1-16　2016 年专利申请受理、授权和有效专利情况

指　　标	专利数（万件）	比上年增长（%）
专利申请受理数	346.5	23.8
其中：境内专利申请受理	328.1	25.4
其中：发明专利申请受理	133.9	21.5
其中：境内发明专利	119.3	24.7
专利申请授权数	175.4	2.1
其中：境内专利授权	161.2	2.1
其中：发明专利授权	40.4	12.5
其中：境内发明专利	29.5	15.0
年末有效专利数	628.5	14.7
其中：境内有效专利	540.6	15.7
其中：有效发明专利	177.2	20.4
其中：境内有效发明专利	110.3	26.6

资料来源：国家统计局网站，www.stats.gov.cn。

2016 年年末，全国共有产品检测实验室 34 487 个，其中，国家检测中心 681 个。全国现有产品质量、体系认证机构 312 个，已累计完成对 152 525 个企业的产品认证。全国共有法定计量技术机构 3 933 个，强制检定计量器具 7 878 万台（件）。全年制定、修订国家标准 1 763项，其中，新制定 1 255 项。

截至 2016 年 12 月，全国文化系统共有艺术表演团体 2 046 个，博物馆 3 060 家。全国共有公共图书馆 3 172 家，总流通 6 4781 万人次；文化馆 3 338 家。有线电视实际用户 2.23 亿户，其中，有线数字电视实际用户 1.97 亿户。2016 年年末，广播节目综合人口覆盖率为 98.4%，电视节目综合人口覆盖率为 98.9%。全年生产电视剧 330 部 14 768 集，电视动画片 119 895 分钟。全年生产故事影片 772 部，科教、纪录、动画和特种影片 172 部。出版各类报纸 394 亿份，各类期刊 27 亿册，图

书 86 亿册（张），人均图书拥有量 6.27 册（张）。全国共有档案馆
4 193 家,已开放各类档案 13 388 万卷（件）。

1.1.2.9　卫生和社会服务

2016 年年末，全国医疗卫生机构逾百万个。其中，医院 2.9 万个
（公立医院 1.3 万个，民营医院 1.6 万个）；基层医疗卫生机构 93.1 万
个，其中，乡镇卫生院 3.7 万个，社区卫生服务中心（站）3.5 万个，
门诊部（所）21.7 万个，村卫生室 64.2 万个；专业公共卫生机构 2.9
万个，疾病预防控制中心 3 484 个、卫生监督所（中心）3 138 个。
2016 年年末，卫生技术人员 844 万人（见图 1 - 25），其中，执业医师
和执业助理医师 317 万人，注册护士 350 万人。医疗卫生机构床位 747
万张，其中，医院 575 万张，乡镇卫生院 123 万张。全年总诊疗
78 亿人次,出院 2.2 亿人次。

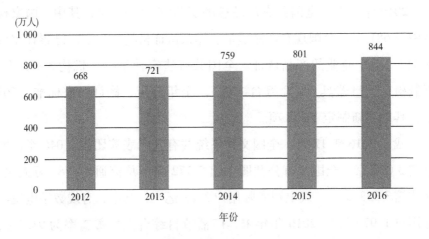

图 1 - 25　2012—2016 年全国卫生技术人员人数

资料来源：国家统计局网站，www. stats. gov. cn。

2016 年年末，全国共有各类提供住宿的社会服务机构 3.1 万个，其中，养老服务机构 2.8 万个，儿童收养救助服务机构 705 个。社会服务床位 716.6 万张，其中，养老服务床位 680 万张，儿童收养救助服务机构床位 10 万张。共有社区服务中心 2.4 万个，社区服务站 13 万个。

1.1.2.10 资源、环境和安全生产

2016 年，全国国有建设用地供应总量 52 万公顷，比上年下降 2.9%。其中，工矿仓储用地 12 万公顷，下降 3.2%；房地产用地 11 万公顷，下降 10.3%；基础设施等用地 29 万公顷，增长 0.2%。

2016 年，水资源总量 30 150 亿立方米。全年平均降水量 730 毫米。全国监测的 614 座大型水库蓄水总量 3 409 亿立方米，比上年年末蓄水量略有减少。全年总用水量 6 150 亿立方米，比上年增长 0.8%。其中，生活用水增长 2.7%，工业用水减少 0.4%，农业用水增长 0.7%，生态补水增长 1.9%。万元国内生产总值用水量 84 立方米，比上年下降 5.6%。万元工业增加值用水量 53 立方米，下降 6%。人均用水量 446 立方米，比上年增长 0.2%。

2016 年，完成造林面积 679 万公顷。其中，人工造林面积 381 万公顷，占全部造林面积的 56.1%。森林抚育面积 837 万公顷。截至 2016 年年底，自然保护区达到 2 750 个，其中，国家级自然保护区 446 个。新增水土流失治理面积 5.4 万平方公里，新增实施水土流失地区封育保护面积 1.6 万平方公里。

初步核算，2016 年全年能源消费总量 43.6 亿吨标准煤，比上年增长 1.4%。煤炭消费下降 4.7%，原油消费量增长 5.5%，天然气消费量增长 8%，电力消费量增长 5%。煤炭消费量占能源消费总量的 62%，比上年下降 2 个百分点；水电、风电、核电、天然气等清洁能源消费量占能

源消费总量的 19.7%，上升 1.7 个百分点。万元国内生产总值能耗下降
5%。工业企业吨粗铜综合能耗下降 9.45%，吨钢综合能耗下降 0.08%，
单位烧碱综合能耗下降 2.08%，吨水泥综合能耗下降 1.81%，每千瓦时
火力发电标准煤耗下降 0.97%。图 1－26 和图 1－27 分别为 2012—2016
年万元国内生产总值能耗降低率和清洁能源消费量占能源总量的比重。

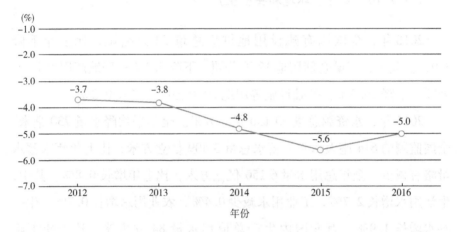

图 1－26　2012—2016 年万元国内生产总值能耗降低率

资料来源：国家统计局网站，www. stats. gov. cn。

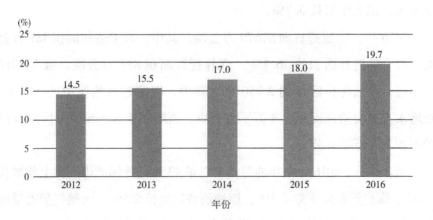

图 1－27　2012—2016 年清洁能源消费量占能源总量的比重

资料来源：国家统计局网站，www. stats. gov. cn。

近岸海域 417 个海水水质监测点中，达到国家一、二类水质标准的海水监测点占 73.4%，三类水质的海水占 10.3%，四类、劣四类水质的海水占 16.3%。

在监测的 338 个城市中，空气质量达标的城市占 24.9%，未达标的城市占 75.1%。细颗粒物（PM2.5）未达标地级及以上城市年平均浓度为 52 微克/立方米，比上年下降 8.8%。

在监测的 322 个城市中，城市区域声环境质量好的城市占 5%，较好的占 68.3%，一般的占 26.1%，较差的占 0.6%。

2016 年，平均气温为 10.49℃，比上年下降 0.13℃。共有 8 次台风登陆。

2016 年年末，城市污水处理厂日处理能力 14 823 万立方米，比上年年末增长 5.6%；城市污水处理率为 92.4%，提高 0.5 个百分点。城市生活垃圾无害化处理率为 95%，提高 0.9 个百分点。城市集中供热面积 70.7 亿平方米，增长 5.2%。城市建成区绿地面积 197.1 万公顷，增长 3.3%；建成区绿地率为 36.44%，提高 0.08 个百分点；人均公园绿地面积 13.45 平方米，增加 0.1 平方米。

2016 年，农作物受灾面积 2 622 万公顷，其中绝收 290 万公顷。因洪涝和地质灾害造成直接经济损失 3 134 亿元，因旱灾造成直接经济损失 418 亿元，因低温冷冻和雪灾造成直接经济损失 179 亿元，因海洋灾害造成直接经济损失 50 亿元。全年大陆地区共发生 5.0 级以上地震 18 次，成灾 16 次，造成直接经济损失 67 亿元。全年共发生森林火灾 2 034 起，森林火灾受害森林面积 0.6 万公顷。

2016 年，各类生产安全事故共死亡 43 062 人。亿元国内生产总值生产安全事故死亡人数 0.058 人，按可比口径比上年下降 10.8%；工矿商贸企业就业人员 10 万人生产安全事故死亡人数 1.702 人，按可比口径下降 2.3%；道路交通事故万车死亡人数 2.1 人，与上年持平；煤矿百万吨死亡人数 0.156 人，下降 3.7%。

1.2　2017 年中国经济展望及城市 CBD 发展条件分析

1.2.1　2017 年中国经济展望

在国际国内经济环境的双重影响下，2017 年中国宏观经济的复杂程度将继续加剧，可能出现经济增长下行与系统性风险上升压力并存的局面。预计 GDP 增长速度将达到 6.6% 左右，CPI 上涨率约为 2.3%。

1.2.1.1　经济增速继续探底，物价水平增速有所上升

基于总供给和总需求的分析框架判断，2017 年，总供给缺乏短期扩张动力，有效需求继续收缩的概率增加，宏观经济可能出现"双收缩"的自然走势。

第一，总供给扩张能力下降，将出现一定程度的收缩。受到生产要素红利衰减、产业结构转型升级乏力以及国有企业改革迟缓等结构性和制度性因素的制约，中长期经济增长速度继续下行不可避免。尽管供给侧降成本措施试图刺激供给扩张，但难以对冲能源类大宗商品价格上涨对生产成本的拉升效应，供给侧在短期内扩大产能的空间受限。例如：原油方面，据测算，2017 年原油价格反弹将导致我国总供给收缩、通货膨胀率上升、GDP 增长率下降，如果 2017 年国际原油在 2016 年 11 月的价格水平基础上上涨约 15%（布伦特原油价格约为 55 美元/桶），在其他条件不变的情况下，将促使 GDP 增长率下降约 0.04 个百分点，通货膨胀率上涨约 0.26 个百分点。此外，环境标准提升造成的减排投

入成本增加、政策效果存在的时滞效应等负向因素也将压缩供给侧的扩张幅度。

第二，三大需求并无明显扩张迹象，收缩态势或将维持。消费方面，消费平稳增长但也存在下行风险。尽管服务业消费和网络消费增速上升所反映的消费结构变化将对消费增速产生一定的支撑作用，但预期收入增速下降、政府消费增速受制和边际消费倾向递减效应将继续施压消费增速。投资方面，由于产业结构升级难度较大，传统产能收缩的同时新兴产业未能及时填补，经济缺乏优质投资机会，再加上经济下行压力导致经济系统性风险上升，民间资本预期收益空间收窄，投资增速或将继续下行。外贸方面，受全球贸易量下滑、发达国家再工业化、传统比较优势衰减和贸易保护主义抬头等不利因素的影响，外贸疲弱的压力短期内难以明显缓解，贸易顺差可能进一步收窄。

在总供给和总需求"双收缩"的共同作用下，经济增长率将继续下滑。物价水平上涨率的变化方向存在两种可能：情形一，总供给收缩程度大于总需求萎缩程度，物价上涨率上升；情形二，供给收缩程度小于总需求萎缩程度，物价水平增速放缓。预计 2017 年供给侧收缩幅度可能大于需求侧收缩幅度，情形一可能会大概率发生。如果情形一发生，经济增速和就业增速的下滑会伴随着通货膨胀率的上升，宏观经济形势将呈现出"滞胀"的特征。

1.2.1.2 经济系统性风险上升

2017 年宏观经济的风险敞口可能会持续加大，对经济产生较大压力，主要表现为实体经济的"滞胀"风险、房地产市场的资产泡沫风险和人民币的汇率风险。

第一，"滞胀"风险上升。2017 年，大宗商品价格上涨形成的短期成本冲击对产出收缩和通货膨胀预期回升的影响值得关注。受供需结构变化和全球货币宽松等因素的推动，大宗商品价格走高使未来生产要素价格普遍上涨的可能性增加，导致前期无通货膨胀预期被打破，通货膨胀率上行压力加大。

第二，房地产价格泡沫风险增加。在当前相对宽松的货币条件下，实体经济的不确定性导致市场预期分化，廉价的资金在不同商品间的转换会造成金融市场震荡，推升金融资产泡沫。目前我国资本市场的潜在风险主要集中于房地产市场。一方面，在房地产刚性需求没有明显增加的背景下，市场投机气氛较浓，尤其是一线城市房地产市场投机意愿强烈，房地产市场的资产泡沫风险上升；另一方面，由于房地产调控的措施和手段依然停留于行政调控，而不是解决土地制度问题和地方政府对土地财政的依赖，房地产调控政策存在较大不确定性，调控政策的松紧摇摆可能导致房地产价格大幅波动。此外，房地产风险敞口增加也会传递至银行体系内部，增加金融体系的脆弱性，导致整体宏观经济系统性风险上升。

第三，人民币汇率风险加大。一方面，美联储加息预期和美元作为避险货币走强，致使人民币对美元贬值压力增加。国际货币基金组织 2016 年 10 月预计，2017 年，美国 GDP 增速为 2.2%，再加上特朗普政府可能通过基础设施建设、减税、贸易保护和放松金融监管等措施拉动经济增长，促进就业，导致通货膨胀率继续上升，加大美联储加息的可能性。此外，英国启动脱欧程序的不确定性增加也将推升美元走强。另一方面，尽管人民币对美元存在很强的贬值预期，但仍不能排除升值的可能。其原因是：①人民币仍具备较大的需求；②特朗普政府可能以人民币汇率被低估为由强迫人民币升值；③美联储加息频率可能低于预期；④特朗普政府认为强势美元不利于美国出口而且增加美国债务负担，美元预期升值的幅度可能受限。

1.2.2 2017 年宏观经济调控政策预期

第一，在政策目标方面，2017 年的宏观调控政策应首先考虑我国经济发展的新常态特征；同时，鉴于 2017 年可能出现"滞胀"压力和系统性风险上升并存的状态，宏观调控政策难度加大，宏观调控的主要目标应是"控风险 + 稳增长"。其中，"控风险"应成为首要关注点，"稳增长"、保障就业的宏观调控目标也应继续放到重要位置。预计 2017 年 GDP 增长率仍是 6.5% ~ 7% 的区间目标，新增就业人数约为 1 000 万,CPI 同比增长率也将控制在 3% 以下。

第二，在政策组合方面，2017 年宏观调控应综合运用需求管理和供给管理；面对可能出现的"滞胀"，应实施需求、供给双扩张的政策组合，以实现"控风险 + 稳增长"的目标。供给管理方面，应以继续推进"供给侧"改革为主，降低企业生产成本，并着力扩大有效供给。需求管理方面，在产能过剩的情况下要保增长，需求的适度扩张是不可避免的，但在需求管理政策的组合上要有所考虑。首先，需求管理的目标应是扩大优质需求，不能只考虑数量不考虑质量；其次，货币政策整体应保持稳健，财政政策应更加积极。稳健的货币政策为结构性改革营造适宜的货币金融环境，通过创造优质投资机会的方法刺激优质投资，引导资金进入实体经济，谨防流动性过剩进一步抬高要素价格，控制金融风险。财政政策力度应继续加大，阶段性提高财政赤字率，加快房地产税制改革，提高财政政策传导机制中地方政府的作用。

第三，要实现需求的适度、优质扩张。需求管理的目的是"稳增长"，保持合理的经济增长率，但扩大需求应保证经济增长是健康的、可持续的，同时注意不能刺激过度。这主要体现在两方面：一是刺激有质量的有效需求，避免刺激劣质需求来拉动经济增长。传统需求管理的一个基本政策指向是以低成本刺激需求，以低利率的扩张性货币政策为典型。然而，运用低利率货币政策的代价是刺激出过剩的劣质需求，因为低利率会导致原来不可行的项目因为机会成本的下降变为可行，这种以牺牲增长质量为代价的经济增长，实际是在损害经济的健康。二是刺激需求的力度要合适，政策不能过度摇摆，要保持一定的定力。

从总量来说，扩大需求保证经济增长的基本条件是不能过度，过度的需求刺激会产生资产泡沫，从而使"滞胀"风险上升。因此，在需求管理政策方面，在保持积极的财政政策的同时应做到适度，既要考虑政府的债务风险，也要避免过度刺激经济引发产能过剩。只要通货膨胀率不高于 3%，货币政策就应避免通过紧缩来减轻通货膨胀的压力。建议根据 GDP 增长幅度的范围来调整需求管理政策的力度。一是控制经济增长率和通货膨胀率上限，防止需求拉动经济增长太快和通货膨胀压力上升。根据这些年的经济运行情况，进入新常态以来，原则上中国经济增长率不超过 7%，通货膨胀率就不会超过 3.5%。二是控制稳定就业的经济增长率下限，刺激需求扩张，保证就业量。根据城镇登记失业率 4.5% 的目标，至少需要 1 000 万个新增就业机会才能安置新增劳动力。出于这样的考虑，经济增长率应维持在 6.5% 以上。

第四，要调节需求管理政策目标之间的矛盾。2017 年，在"控风险"和"稳增长"的双重目标下，需求管理政策可能出现目标冲突。从货币政策来看，为了抑制资产价格泡沫，货币政策需要收紧，但"稳增长"又需要流动性扩张。因此，稳健的货币政策应更加关注对经济风险的防控，央行利用 MLF、逆回购等工具"锁短放长"，在紧缩短期流动性的同时引导长期利率下降，降低企业成本，这不仅可以降低资产价格泡沫、企业债务风险，还可以促进企业投资，达到稳增长的目的。从财政政策来看，"稳增长"需要扩大基建投资，基建投资增速上升将导致财政赤字缺口扩大，政府债务风险上升。政府应当继续通过地方债置换等措施保持财政赤字率在较为合理的范围内。

第五，供给扩张应以深化供给侧改革为主。"滞胀"就是成本推动的通货膨胀，应对"滞胀"的措施就是想办法把成本降回去，这就是供给扩张。就降成本而言，首先是通过减税降低企业经营成本。2016年全面"营改增"的目的在于减税，但现在看来力度还不够，应该继续减税。其次是通过"债转股"或其他措施减轻企业债务负担和降低债务风险。同时，优化民间资本营商环境，进一步放开市场竞争，鼓励创新，激励与发展新动力。

1.2.3　中国城市 CBD 发展建设的城市经济基础条件分析

城市社会经济发展水平很大程度上决定了 CBD 的产生和发展。同时，CBD 对城市经济的发展也起到了重要的推动作用，CBD 的发展与城市经济的提升息息相关。

城市 CBD 与城市经济的发展水平不仅存在宏观经济背景的相关性，而且存在更为直接的联系。但是，并不是所有的城市都适合建设发展CBD，其重要的约束因素就是城市的经济总量水平。纵观世界上有影响力的 CBD，无不产生于一些世界性城市，这些城市都是全球经济活动的中心，经济实力极其雄厚。高度发展的城市经济水平决定了其地区生产总值水平较高，这样政府才能够有资金实力进行基础设施的投资，建设城市 CBD 区域的交通、通信、文化和场馆设施等公共设施。所以，高度发达的经济是城市 CBD 发展的坚实基础。

　　总体来看，特大城市经济实力雄厚，为其城市 CBD 的发展提供了重要的经济基础。而我国特大城市的经济发展水平不同，建设发展城市 CBD 应该对城市自身条件进行慎重分析，因地制宜，结合城市的实际情况，建设适合城市自身条件的 CBD。

2 中国特大城市建设现状及发展趋势分析

2.1 经济全球化与特大城市未来的发展

2.1.1 经济全球化对特大城市未来发展的影响

经济全球化是指各国之间的经济相互依存，经济活动的组织突破国界向全球延伸，各种发展关系资源的跨国流动规模越来越大。它推动了特大城市建设，为特大城市的发展注入了新的活力。同时，它又促进了特大城市产业结构的调整，提升了特大城市的经济发展水平，这些积极因素都对特大城市未来的发展产生了深远的影响。

2.1.2 经济全球化与城镇结构体系重组

在经济全球化进程中，随着经济结构的重组，城镇体系也发生了结构性的变化，经历了从以经济活动的部类为特征的水平结构到以经济活动的层面为特征的垂直结构的变化。工业经济时代的特大城市产业结构都是建立在制造业的基础之上，只是每个城镇的主导类型不同。在这一进程中，有些城镇的产业结构比较单一，往往集中在一个层面。经济空间结构重组则表现为生产装配的空间扩散和管理控制层面的空间集聚。同时，资本和劳动力的全球流动、产业的全球转移、经济活动和管理中心的全球性集聚以及生产的低层次扩散，使经济体系从水平结构转变为垂直结构，从而导致城镇体系的两极分化。

2.2 影响特大城市未来发展的主要因素

2.2.1 经济发展始终是推动特大城市发展最直接、最活跃的因素

经济总量的增加、经济结构的变化、技术和工艺的进步以及生产类型和生产方式的变化，都影响着特大城市数量的增减、居民素质的提高、人口结构的变化以及特大城市各种经济活动所需空间的容量和布局。

2.2.2 特大城市社会结构对特大城市社会发展的影响

特大城市中的人群构成了城市社会，而特大城市社会的性质、特点、结构、组成形式和管理模式等，都会影响城市物质与精神生活的品质和特征。特大城市是人们工作和居住的场所，在经济继续增长、生活水平不断提高和各种文化交流日益广泛的作用下，特大城市社会结构不断出现新的特点和变化，例如：人口结构、家庭结构的变化；人们的购物方式、娱乐方式的变化；教育方式的变革以及居住形式、生活方式的变化等，都影响着特大城市发展的方式和形态。

2.2.3 环境问题对特大城市社会发展的影响

特大城市的环境是容纳城市各项活动的客体。20 世纪以来，人类创造了巨量的城市物质环境，以适应人口增长和各项活动发展的需要。对特大城市社会发展的总体评价是成就巨大、破坏严重。"破坏"主要

表现在两个方面：一是对自然环境的掠夺和破坏；二是对历史人文资源的破坏。特大城市环境质量的标准是影响今后城市经济发展的重要条件，而城市环境的优化与改善会越来越明确地成为今后特大城市发展的基本目标。这里所言的城市环境，既包括与自然环境良好结合的人工环境，也包括社会环境，如文化、治安、教育及一切精神文明的内容等。

2.2.4 科学技术对特大城市社会发展的影响

每个时期人类科学技术的进步都会对特大城市的功能和空间结构产生不同程度的影响。今天的现代特大城市都逐步以先进的科学技术来规划和建造自身的市政与公用设施，为人们提供舒适、安全、高效的生活服务。可以说，20 世纪几乎所有重大的科学技术的发明都是在特大城市中产生的，而且大部分都被运用于特大城市自身。科学技术的进步对特大城市空间结构的影响体现在以下三个方面：

（1）信息网络化、智能化和高新工程技术可能影响今后特大城市物质空间的结构，同时也会影响和改变特大城市中人们的工作和生活方式以及某些观念和价值观。

（2）智能化的公共建筑不仅为人们提供了方便、舒适、高效的生活和工作条件，而且有利于安全管理与合理而节约地使用能源、水源等。智能化在特大城市中的普遍应用也会在一定程度上改变交通面貌并影响到土地的利用模式。

（3）工程技术的进步已经使人们能够建造比现有超高层建筑更高的摩天大楼，开发更深层的地下空间，围垦海洋及建造大型人工岛等。以前人们谈论的"空中城市""海上城市""地下城市"等，今天都已经不是幻想而成为现实。

此外，新的科技还会为特大城市提供新型、无污染的能源，容量大、效率高、成本低的运输工具，清洁的水源，无害化的废物处理方法，以及更多服务于特大城市居民生活的设施。这些新科技的运用都会直接或间接地影响特大城市的发展和空间结构。

2.3　特大城市未来的发展趋势

2.3.1　科学技术对特大城市未来发展的影响

人类技术进步促成了特大城市的产生，推动了特大城市的快速发展。可以肯定的是，科技进步与创新对特大城市未来的发展仍将发挥决定性的作用。进入 21 世纪以来，随着以信息技术为主导的高新技术的兴起，以及由此出现的知识经济、经济全球化和信息化社会等浪潮，将特大城市未来的发展推向了全新的高度。从科技创新的角度观察未来特大城市的发展趋势，其主要特点体现在以下五个方面：

（1）清洁能源将成为特大城市主要的能源形式。近 200 年来，随着工业经济的迅猛发展，特大城市快速扩张，在煤炭、石油等化石能源的"熊熊燃烧"中得以实现，但也带来了环境污染、能源紧缺和全球气候变化等全球性问题。在上海世博会上，太阳能光伏发电、风能、生物质能、新能源汽车和水源/地源热泵等先进技术的大规模利用，向人们展现了未来特大城市发展的美好前景，展现了可再生清洁能源将取代传统的化石能源，成为未来特大城市能源利用的主要形式。

（2）资源的循环高效利用将成为特大城市主要的经济模式。特大城市的发展消耗了大量的资源，也带来了大量的生产、生活废弃物，人们生活的环境面临恶化的趋势。上海世博会在筹建和运行过程中，从雨水的收集利用到固体废弃物的无害化处理和资源化利用，从水安全的保障到空气污染的控制、环境生态的绿化等，无不体现了"绿色世博"的理念以及创造和谐美好城市未来的发展模式。各国的展馆同样展现了特大城市未来经济发展将成为"资源—产品—回收—再利用"的物质循环流动的过程。

（3）特大城市的运行将具备"感知"和"自适应"能力。在上海世博会上，射频识别 RFID、下一代无线通信网 TD – LTE、智能交通及智能安全监控等系统的集成应用，一方面使庞大的世博会的运行管理更加便捷和高效，使广大参观者体验到信息社会带来的迅捷和便利，另一方面也实践着未来可"感知"的特大城市理念。

（4）知识型服务业将成为特大城市未来产业的主要形态。目前全球服务业增加值占国内生产总值的比重已超过 65%，发达国家已超过 70%。借助筹办上海世博会的机遇，上海市各城区结合自身的特点和优势，开始了各具特色的产业转型，着力于发展知识型、生产型的现代服务业，未来的特大城市将形成以金融服务、现代物流、信息服务、教育与研发服务、创意以及产品设计等相关的知识密集型服务业①为主的产业形态。

（5）特大城市带、城市群（圈）将成为城市发展的重要方向。随着快捷便利的信息网络和交通网络的不断完善，拉近了特大城市之间的距离，将城市与城市有机地连接起来，形成了各具特色、优势互补、协同发展的特大城市带和城市群（圈），如日本东京城市圈、英国伦敦城市圈、德国鲁尔城市带和中国的长三角城市群、珠三角城市群、京津冀一体化城市圈等。

---

① 知识密集型服务业是指企业在提供服务时融入大量科学、工程、技术等专业性知识的服务。《国家创新驱动发展战略纲要》和《"十三五"国家科技创新规划》均将"知识密集型服务业增加值占国内生产总值的 20%"作为国家 2020 年的发展目标。

城市带、城市群（圈）的发展，既缓解了城市尤其是大城市的发展受有限土地等资源的制约，又促进了城市之间资本、技术、信息和人才等要素的流动和扩散，逐渐成为区域经济发展和国际竞争与合作的重心。

2.3.2　知识经济与城市发展动力

自从工业革命以来，科学技术对经济发展的推动作用是始终存在的，如今，它的主导地位越来越明显。1996 年，经济合作与发展组织（OECD）在年度"科学、技术和产业展望"中提出"以知识为基础的经济"概念，即"直接以生产、分配和利用知识与信息为基础"。知识经济具有以下特点：

（1）科技创新：在工业经济时代，原料和设备等物质要素是发展资源；在知识经济时代，科技创新成为最重要的发展资源，并成为无形资产。

（2）信息技术：使知识能够被转化为数码信息并以极其有限的成本广为传播。

（3）服务产业：从工业经济向知识经济演进的同时，产业结构经历了从制造业为主向服务业为主的转型，而生产性服务是知识密集型产业，当今世界，发达国家的第三产业在国民经济中的比重已超过 50%，而在发展中国家，这一水平还远远达不到。

（4）人文素质：知识经济是以知识为主导的经济形式，它以人的智力带动人的体力，是一种发展资源，而要提高人的智力水平，又要加强对教育事业的投入，促进其发展。

2.3.3　高科技园区规划越来越显其重要性

当今世界，科学技术对经济发展的主导作用日益显著，现代都市都在积极营造有利于科技创新的环境，以提升经济竞争力。高科技园区逐渐成为特大城市营造科技创新环境的一项重要举措。高科技园区的发展也有不同的发展类型，我们把它们概括为以下四种类型：

（1）高科技企业聚集区：这种高科技聚集区与所在地区的科技创新环境紧密相关，如建立大学城，由大学为其提供科技创新的基础。

（2）完全的科学研究中心：这种高科技园区与制造业企业并无直接的地域联系，往往是政府计划的建设项目。

（3）技术园区：它被作为政府的经济发展战略，在一个特定的区域内，提供各种优越条件，吸引高科技企业的投资。

（4）建设完整的科技特大城市：把科技特大城市建设作为区域发展和产业布局的一项计划。

如今，高科技园区在各地层出不穷，而且产生了显著的影响，但当今世界的科技创新主要来源仍然是发达国家的国际性大都市，因为这些发达国家资金充足、科研人员众多，国家对科技创新的投入较多，因而发达国家在科技创新方面走在了前列。

总之，知识经济将催生各种高科技园区，它将成为未来特大城市的重要组成部分，其中大型的中心特大城市仍然是科技创新最重要的基础。改革开放以来，中国顺应世界高科技园区的发展趋势，先后建立了53个国家级的高新技术产业开发区。

从这些园区近些年的发展来看，高新技术产业园区的发展比较成功的是经济较为发达的大都市区，如北京中关村高新技术产业园区和上海漕河泾高新技术产业园区，因为这些地区周围有实力雄厚的高等院校、科研机构和跨国公司的研发中心，能够为其科技创新的发展提供技术支持。但是，总体而言，我国高新技术园区的发展还不成熟，当前阶段仍以吸引跨国公司的投资为主，也就像"微笑曲线"描述的那样。跨国公司将研究、开发层面留在了发达国家，而我国的高新技术产业园区只是制造、装配基地。尽管如此，高新技术产业园区对我国高科技产业的发展仍起到了积极的作用。

特大城市规划的理论、目标、方法和管理近几十年来已经获得很大发展，中国的情况依然。但是，由于世界变化很快，中国的发展也很快，人口城市化、经济全球化、信息网络化在 21 世纪上半叶将是世界各国共同面临的重大问题。由于特大城市系统的复杂性，特大城市规划本身仍然存在大量需要研究的问题。如同城市自身的发展，特大城市的规划将永远处在发展之中。总之，特大城市的发展建设是人类文明的结晶和象征，随着技术的进步和社会的发展，特大城市的发展正处在一个转型期。特大城市的发展动力、发展方式和发展模式等的转变将带给人们更美好的生活和更繁荣的经济。

2.4　本章小结

城市 CBD 本身就是市场经济的自然产物，城市 CBD 的发展与城市经济之间相互依赖、相互促进、共同发展。城市产业的集聚与区域经济的发展是城市商务功能区（CBD）发展建设的必备条件。城市 CBD 是现代服务业高度聚集、城市景观最繁荣的地段和标志性建筑最集中的区域，也是一个城市、一个地区乃至一个国家经济发展的中枢地带，是区域经济一体化的重要功能单元。随着区域经济的不断发展，中央商务区建设逐渐成为城市繁荣与发展的标志与依托，承担着一个城市或一个区域经济发展与提升竞争力水平的核心推动作用。

可见，特大城市的发展不可避免地需要提升城市 CBD 区域的竞争力。本书在借鉴以往研究成果的基础上，对我国主要的特大城市中央商务区区域竞争力进行分析研究，在构建评价分析指标体系的基础上，对特大城市 CBD 区域经济运行效率、基础设施建设、政府管理效率、企业运行效率、民生保障建设水平和文化创意及科技创新发展水平六项一级指标进行综合评价分析,从而为我国特大城市经济的发展及竞争力的提升提供研究基础与智力支持。

3 中国特大城市 CBD 发展建设主要评价指标分析

3.1 经济运行评价指标

3.1.1 地区生产总值

2016 年，北京市朝阳区地区生产总值 4 942 亿元，同比增长 6.5%，5 年增加 1 670 亿元，年均增长 7.9%。天津市滨海新区地区生产总值突破 1 万亿元，3 年年均增长 13%，财政收入年均增速高于地区生产总值 2.4 个百分点。2016 年，成都市武侯区实现地区生产总值 860 亿元，是 2011 年的 1.5 倍，财政总收入 240 亿元，地方税收收入 35.78 亿元，社会消费品零售总额达到 773 亿元，是 2011 年的 1.9 倍。民营经济实现增加值 606 亿元，是 2011 年的 1.6 倍；三次产业结构调整为 0.001:20.176:79.823；"三主导＋一特色"（"三主导"即大力发展以总部经济为引领的现代商务商贸业、科技研发服务业、新兴房地产业三大主导产业；"一特色"即创新发展以文化、生态为特色的都市休闲旅游业），现代产业增加值占 GDP 的比重达到 85%。2016 年，福州市鼓楼区地区生产总值 1 230 亿元，增长 9% 左右；广州市天河区地区生产总值 3 801 亿元，增长 9%，税收收入 638 亿元，增长 5.7%；杭州市下城区预计实现地区生产总值 825.55 亿元，地区生产总值 5 年年均增长 8.3%；青岛市市北区地区生产总值 690.5 亿元，增长 9.1%；深圳市福田区实现地区生产总值 3 560 亿元左右，增长 8.6% 左右；沈阳市沈河区地区生产总值达 941 亿元，同比增长 0.4%，服务业增加值完成 818 亿元，增长 0.6%，占地区生产总值的比重达到 86.9%。武汉市江汉区地区生产总值每年跨越一个百亿元台阶，预计 2016 年达到 1 010 亿元，成为全市首个总量跨千亿元的城区。2016 年，西安市碑林区地区生产总值完成 740 亿元左右，同比增长 8%，年均增长 10.8%，总量比 2011 年增加 296 亿元，逐年净增超过 59 亿元；人均 GDP 从 7.18 万元增至 11.74 万元，年均增长 10.6%；一般公共预算收入完成 44.58 亿元，可比增长 6.5%，年均增长 10.75%，总量比 2011 年增加 17.82 亿元，逐年净增超过 3.5 亿元；城镇居民人均可支配收入完成 37 718 元，同比增长 8%，年均增长 10.3%，总量比 2011 年增加 10 693 元。2016 年，长沙市芙蓉区全年实现地区生产总值 1 159.8 亿元，增长 10.4%；郑州市郑东新区全年地区生产总值完成 326 亿元，增长 13.7%，第三产业增加值完成近 300 亿元，开工省市重点项目 19 个，开工率为 100%，完成投资 127 亿元，占年度计划的 109.6%；重庆市渝中区全年实现地区生产总值 1 050 亿元，增长 9.5%（见图 3－1 和图 3－2）。

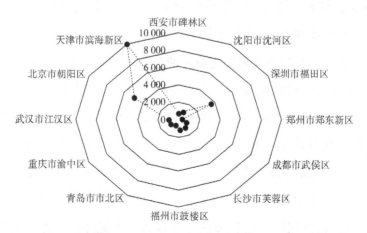

图 3－1　2016 年我国主要城市 CBD 地区生产总值的比较
资料来源：根据各地政府工作报告及 CBD 研究基地数据资料整理。

经济运行评价指数——地区生产总值增长率

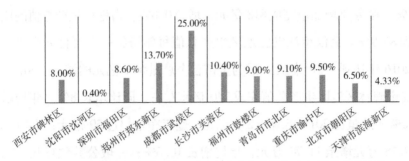

图 3－2　2016 年我国主要城市 CBD 地区生产总值与上年增长率的比较

资料来源：根据各地政府工作报告及 CBD 研究基地数据资料整理。

3.1.2　预算收入及财政收入

2016 年，西安市碑林区一般公共预算收入完成 44.58 亿元，可比增长 6.5%，年均增长 10.75%，总量比 2011 年增加 17.82 亿元，逐年净增超过 3.5 亿元；沈阳市沈河区一般公共财政预算收入完成 84 亿元，增长 10.5%；深圳市福田区一般公共预算收入 147.13 亿元，同口径增长 8.56%；郑州市郑东新区全口径财政收入完成 219 亿元，增长 18.3%，公共预算收入完成 77 亿元，增长 11%；成都市武侯区财政总收入 240 亿元；长沙市芙蓉区完成一般公共预算收入 111.2 亿元，增长 9.1%；上海市静安区区级一般公共预算收入 229.71 亿元，同比增长 18.18%；福州市鼓楼区一般公共预算总收入 65.57 亿元，增长 7.5%，地方一般公共预算收入 40.25 亿元，增长 7.3%；青岛市市北区一般公共预算收入 102.3 亿元，同口径增长 7%，财政收入 1 100 亿元，增长 10.3%；重庆市渝中区一般公共预算收入 50.97 亿元，同口径增长 9.2%；武汉市江汉区一般公共预算总收入 205 亿元，地方一般公共预算收入 76.3 亿元；北京市朝阳区一般公共预算收入 477.1 亿元，同比增长 6.5%，5 年增加 164.3 亿元，年均增长 8.8%；广州市天河区一般公共预算收入 66 亿元，可比增长 9.6%；天津市滨海新区财政收入年均增速高于地区生产总值年均增速 2.4 个百分点，一般公共预算收入预计达到 1 338 亿元，是 2013 年的 1.5 倍；杭州市下城区地方一般公共预算收入保持平稳运行，比 2011 年增长 11.71%（见图 3 - 3 和图 3 - 4）。

经济运行评价指数 —— 一般公共预算收入

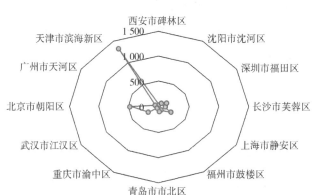

图 3 - 3　2016 年主要城市 CBD 一般公共预算收入的比较

资料来源：根据各地政府工作报告及 CBD 研究基地数据资料整理。

经济运行评价指数 —— 一般公共预算收增长率

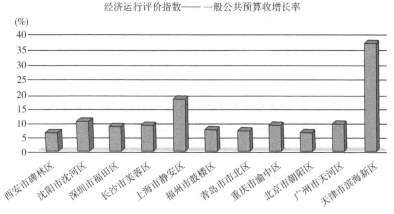

图 3 - 4　2016 年主要城市 CBD 一般公共预算收入与上年增长率的比较

资料来源：根据各地政府工作报告及 CBD 研究基地数据资料整理。

3.1.3 城镇居民人均可支配收入

2016 年，沈阳市沈河区城镇居民人均可支配收入 43 937 元，增长 7%；长沙市芙蓉区城镇居民人均可支配收入 4.6 万元，增长 8.6%；福州市鼓楼区城镇居民人均可支配收入 4.4 万元，增长 8% 左右；重庆市渝中区城镇居民人均可支配收入 34 295 元，增长 8.5%；天津市滨海新区城乡居民人均可支配收入年均分别增长 9.5% 和 9.6%。另外，成都市武侯区城镇居民人均可支配收入达到 38 618 元，是 2011 年的 1.4 倍（见图 3 - 5 和图 3 - 6）。

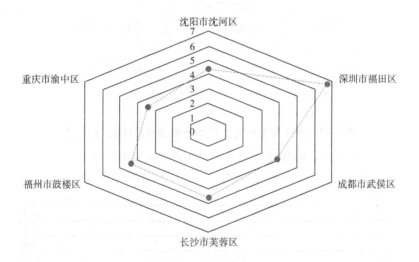

图 3 - 5　2016 年主要城市 CBD 城镇居民人均可支配收入

资料来源：根据各地政府工作报告及 CBD 研究基地数据资料整理。

3.1.4 固定资产投资

2016 年，西安市碑林区固定资产投资累计 1 790 亿元；深圳市福田区固定资产投资总额 300 亿元，增长 27% 左右；郑州市郑东新区全年

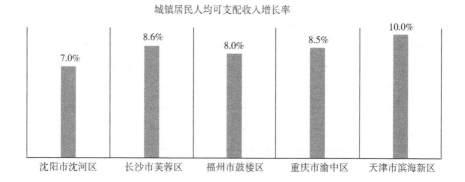

城镇居民人均可支配收入增长率

图 3 - 6　2016 年主要城市 CBD 城镇居民人均可支配收入与上年增长率的比较

资料来源：根据各地政府工作报告及 CBD 研究基地数据资料整理。

固定资产投资 708 亿元，增长 16.3%；成都市武侯区固定资产投资总量累计突破 1 800 亿元；长沙市芙蓉区全社会固定资产投资 501.5 亿元，增长 15.1%；上海市静安区全社会固定资产投资 310 亿元，同比增长 10%；青岛市市北区固定资产投资 243.9 亿元，增长 8.9%；武汉市江汉区固定资产投资 5 年累计 1 894.8 亿元，年均增长 20.9%；杭州市下城区固定资产投资累计 638.63 亿元（见图3 - 7 和图 3 - 8）。

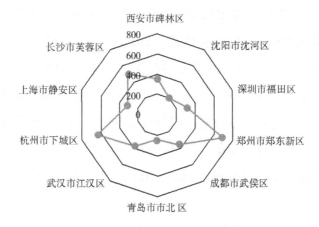

图 3 - 7　2016 年主要城市 CBD 固定资产投资

资料来源：根据各地政府工作报告及 CBD 研究基地数据资料整理。

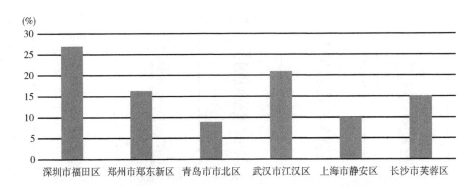

图 3 - 8　2016 年部分城市 CBD 固定资产投资与上年增长率的比较

资料来源：根据各地政府工作报告及 CBD 研究基地数据资料整理。

3.1.5　进出口额及外资利用

2016 年，西安市碑林区 5 年累计引进内资 99.58 亿元，利用外资 5.47 亿美元，引进重大项目、重要企业 18 个，其中，华侨城集团投资 2.7 亿美元并购长安国际中心，成为改革开放以来西安市碑林区利用外资额最大的项目；深圳市福田区外贸进出口额达 1 186 亿美元，占全市的 1/4；郑州市郑东新区实际利用外资 4.9 亿美元，引进域外资金 132 亿元；成都市武侯区实际到位内资 1 262.09 亿元，利用外资实际到位 44.47 亿美元；长沙市芙蓉区新引进投资过 10 亿元的项目 3 个，新增商事主体 1.5 万家，"新三板"① 上市公司 7 家，楼宇企业 550 余家，实际到位外资 6.4 亿美元，省外境内到位资金 98 亿元，市外境内固定资产投资 267 亿元；上海市静安区外商直接投资合同金额 12 亿美元，涉外经济实现税收总收入 321.26 亿元，同比增长 19.86%；福州市鼓楼区实

① 新三板是指全国中小企业股份转让系统，主要为创新型、创业型、成长型中小微企业服务，境内符合条件的股份公司可通过主办券商申请在该系统挂牌，公开转让股份，进行股权融资、债权融资和资产重组等。

际利用外资 3 亿美元，增长 8%，外贸出口 329.3 亿元，增长 4%。

3.1.6 产业发展

2016 年，深圳市福田区现代服务业、生产性服务业占服务业的比重均达到 68% 以上；郑州市郑东新区第三产业增加值完成近 300 亿元；成都市武侯区三次产业结构调整为 0.001:20.176:79.823；长沙市芙蓉区第三产业主导地位凸显，完成增加值 991.2 亿元，占经济总量的比重达到 85.5%；北京市朝阳区第三产业比重达到 92.3%，金融、商务服务、文化创意、高新技术四大重点产业对全区财政收入增长的贡献达到 68.5%，新增产业空间 141 万平方米；天津市滨海新区第三产业增加值占地区生产总值的比重达到 39.5%，3 年提高了 7 个百分点；杭州市下城区第三产业占比提高了 4.9 个百分点，达到 95.32%，特别是商贸、金融、文创、健康、信息五大主导产业的地位进一步巩固，增加值增速比平均值高近 1 个百分点。

3.1.7 楼宇经济

2016 年，深圳市福田区促成国投高新创投基金、国泰世华银行等99 个重大项目落地；成都市武侯区建成 5 000 平方米以上重点商务商业楼宇 101 栋，税收过亿元楼宇 6 栋；长沙市芙蓉区实施各类重点项目173 个，完成投资 281 亿元；青岛市市北区税收过亿元楼宇新增 15 栋；北京市朝阳区税收过亿元楼宇 53 栋；杭州市下城区全口径税收超千万元楼宇达 90 栋，超亿元楼宇达 50 栋，年税收亿元以上企业 18 家，年税收千万元以上企业 192 家；长沙市芙蓉区楼宇经济税收贡献率突破60%；郑州市郑东新区培育税收超亿元的楼宇 29 栋，其中 10 亿元的楼宇3 栋，5 亿元的楼宇 7 栋；福州市鼓楼区税收超亿元、超千万元楼宇分别增至 24 栋和 115 栋，成功跻身全国楼宇经济十大潜力城区（见图 3-9）。

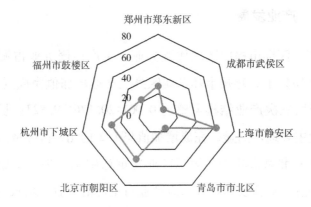

图 3-9　2016 年主要城市 CBD 亿元税收楼宇的数量

资料来源：根据各地政府工作报告及 CBD 研究基地数据资料整理。

3.1.8　金融产业发展

2016 年，沈阳市沈河区辽宁股权交易中心挂牌企业达 1 283 家，融资交易额达 293 亿元；引进中国银行辽宁分行等金融类机构 72 家，金融机构存贷款余额分别占全市的 36% 和 52%，金融业增加值占全区地区生产总值的近 1/4，占全市金融业增加值 1/3 强，金融业税收贡献率达 44.1%。深圳市福田区金融业实现增加值 1 245 亿元，增长 10%，占全市的四成以上，占全区地区生产总值的 35%。郑州市郑东新区金融业增加值 149 亿元，增长 14.4%，推动全市金融业占 GDP 的比重由9.6% 提升到 10.2%，核心区新引进金融机构 23 家，累计入驻 288 家，龙湖金融岛内环 20 栋楼宇全部开工，13 栋楼宇主体封顶，金融后台园区聚集中原银行、郑州银行等项目 6 个，通过 PPP、银行融资等方式，新增融资 173 亿元。上海市静安区金融服务业实现税收总收入同比增长63.25%。天津市滨海新区金融业增加值由 2013 年的 326 亿元提高到

2016 年的 620 亿元，年均增长 15.8%。

3.2 基础设施建设评价指标

3.2.1 基建改造及环境综合整治

2016 年，北京市朝阳区新建和改扩建主次干路和支路 100 余条，打通断堵头路 40 条，新增轨道交通运营里程 66.8 公里，新增停车位 2.64 万个，6 000 辆公租自行车投放运营。公共服务设施建设全面提速，东北和东南热电中心建设完工，3 座再生水厂投入使用，优质校比例提高 33 个百分点，新增一级一类幼儿园 60 所，多种方式增加学前教育学位 2.4 万个，新建和改扩建中小学 37 所，文明社区（村）达到 90%，市级精神文明先进单位 232 家，新增 24 小时自助图书机 136 台、文化大院 11 家、文化广场 141 个、基层文化队伍 1 600 支，新建全民健身居家工程 675 套，建成"一刻钟社区服务圈"199 个、"六型社区"（干净、规范、服务、安全、健康、文化）241 个、智慧社区 404 个，购买社会组织服务项目 1 400 余个。河道沿线拆迁腾退 102.4 万平方米，启动占地 1 100 公顷的集湿地景观、生态环保和文化休闲于一体的孙河湿地公园建设，高标准实施平原造林 2 000 公顷，新增、改造绿化 1 240 公顷。

2016 年，天津市滨海新区启动天津港"一港八区"管理体制改革，支持天津国际班列常态化运营，推动天津口岸与 25 个无水港一体化运作。天津港货物吞吐量 5.5 亿吨，集装箱吞吐量 1 450 万标准箱，天津港作为世界第四大港的地位进一步巩固。旅游会展业加快发展，文化产业规模日趋壮大，举办国际生态城市论坛、国际文化创意展交会等 200

余场高端展会。新建和扩建 3 条高速公路、14 条主干道路，大修乡村公路 150 公里，海河隧道竣工通车，市政路网日趋完善。轨道交通 B1 线、Z4 线开工建设，Z2 线启动实施。

2016 年，成都市武侯区新建 66 条骨干道路，共 38.6 公里，完成 55 条道路黑化，为 65 条无路灯道路安装路灯，完成武侯祠大街等 5 条道路沿线建筑外立面综合整治；大力开展涉农区域综合整治，依法拆除各类违法建筑 100.83 万平方米，新增城市绿化面积 65.67 万平方米，万元 GDP 能耗较 2011 年下降 20%。深入实施"四改六治理"① 十大行动，投入 3.4 亿元完成 43 条、146 公里黑臭河道治理，每年投入 2 000 万元用于河道市场化管护。累计拆迁各类土地 620 公顷（9 300 亩），上市土地约 220 公顷（3 295.8 亩）。

2016 年，福州市鼓楼区全面推行"一二三四五"（即一清楚、二见面、三精准、四本账、五到位）征迁工作法，区域内 15 个项目、59 万平方米旧屋区改造顺利推进，完成 19 个项目征迁扫尾。文林南路等5 条道路基本建成，崎下路、井关外路等 10 条小街巷改造提升，铜盘路西侧、大洋百货等 7 个重要节点 30 栋楼体立面焕然一新，省府路、达明路等 15 条道路沿街门店店牌美化提升；城区新增绿化 23 万平方米，新增 1 002 个路外公共停车泊位，南街地下空间停车场等 7 个项目投入使用，新增 20 条"市容环卫严管示范街"，拆除"两违"7.37 万平方米。

2016 年，广州市天河区争取到新增建设用地规模 5.42 平方公里，启动黄云路等 14 项断头路、瓶颈路打通工程。潭村改造基本完成，新塘、新合公司签约率、房屋拆除率均达 98% 以上。制定实施 43 项环境

---

① 即改善居民生活环境的"四改"（棚户区、城中村、老旧院落、老旧市场的改造）和提升城乡环境品质的"六治理"（大气雾霾、河渠污染、交通秩序、市容市貌、违法建设、农村环境的治理）。

整治工作标准，城市管理工作在全市检查评价中被评为 A 档。农贸市场改革累计改造市场 67 个，占全区的 78%，全区案件类警情同比下降4.9%，全面完成 10 件民生实事，民生和各项公共事业支出增长27.7%，大力开发公益性岗位，创业带动就业 5.2 万人。培训"农转居" 3 861 人次，达成就业意向 3 088 人次。超额完成"两居"参保扩面考核任务，基本社会保险覆盖率达 97%。完善医疗卫生公共服务体系，率先建成全市首个全覆盖疫苗冷链监测系统。暨大附属中西医结合医院、暨大附属第一医院天河医院挂牌，石牌街社区卫生服务中心荣获"全国百强社区卫生服务中心"称号，推动文化惠民，成功举办广州乞巧文化节，累计开展群众文化活动 1 200 多场。

2016 年，杭州市下城区完成 3 个"城中村"改造任务，完成中舟、杨家、石桥、永丰部分农居的征迁任务，共征迁农居 1 244 户、回迁安置房 6 511 套。提前关停新世纪钢材市场，371 家商户全部腾退。完成20 条支小路的移交和交通设施改造，建成德胜快速路、重工路、新天地街以及新西路一期等 12 条支小路，完成 14 个老旧小区的交通综合治理。建成和平广场停车楼等公共停车场（库）27 处，电动汽车充电桩240 个，新增停车泊位 5 048 个，新建游步道 12 611 米。完成 38 条市政道路、58 栋建筑立面、95 栋建筑亮灯、75 座公厕提升改造。建立智慧城管指挥平台，数字城管对问题的及时解决率达到 99% 以上，成为全市智慧街面管控试点区。在 31 条主次干道推行市政环卫一体化作业模式，建立渣土消纳点，日处理建筑垃圾 1 500 立方米以上。完成"三改"（城中村改造、旧住宅区改造、旧厂区改造）195 万平方米，拆除违章建筑 92 万平方米，完成违建出租房整治 221 处，彩钢棚 46.84 万平方米，拆除大型广告牌 2 137 个，改造第五立面① 122 处、通信铁塔 15 个。新增绿地 20.2 万平方米，绿地率达到 16.7%。5 年来，财政民生支出占比提高了 9.73 个百分点，达到 84.01%。城乡居民养老保险参保率达到 99.89%，医保参保率保持在 98% 以上；新增就业 14.2 万人，再就业 7.8 万人，落实各类困难救助帮扶资金 1.23 亿元。

2016 年，青岛市市北区实施环境提升工程，完成 15 处山头公园整治，打造大型街头绿化景观 12 处，增植景观树 4 万余株、道路绿篱 2 万余米，全年绿化提升总面积 30 万平方米，硬化整修街巷甬道 197 处，综合整治超期服役道路 208 条，对部分小区实施微循环改造，居民出行更加方便；高标准整治老旧楼院 370 个，实施外墙保温节能改造 150 万平方米，新增供热面积 387 万平方米，完成 450 余处楼院 10 万米雨污水管线维修改造，为全区开放式楼院免费安装防盗门 7 700 个，居民生活环境得到有力改善；多方挖潜，新增停车泊位 5 000 余个，新建 21 处社区服务中心，社区服务用房全面达标。继续丰富以政府兜底为主、商业保险为辅的救助体系，全区普惠型社会商业保险扩大到 5 种，近 500 户家庭获赔受益。

2016 年，上海市静安区完成 25 条道路整修工程，彭三小区（四期）老旧住房成套改造等 43 个项目实现开工，大宁国际二小等 35 个项目实现竣工，全年开、竣工面积各达到 200 万平方米；拆除二级及以下旧里面积 12.53 万平方米，归并 185 个 3 万平方米以下的小区。

2016 年，深圳市福田区新建改造社区公园 7 个，辖区公园总数达到 111 个，绿道总里程达到 147 公里，创建 85 家排水达标小区，完成 20 个小区优质饮用水入户管网改造，创建 84 个宜居社区。

---

① 相对于建筑物的前后左右四个立面而言，把屋顶称为"第五立面"。

2016 年，沈阳市沈河区打造 15 个示范型日间照料站，新建 5 个社区日间照料站，日间照料站社会化运营率超过 70%；调整浑河沈河段防洪线，为东部地区释放 1.5 平方公里的发展空间。调整土地利用总体规划方案，新增近 4 平方公里建设空间。完成文化路北和高官台西 2 个地块 19 万平方米棚户区改造，启动八里堡等地块总计 5 800 余户产权调换房回迁。17 个供水、供气、供暖"三网"配套改造项目基本完成，改造面积 56 万平方米，涉及居民楼 145 栋、居民 8 514 户。完成长青公园和万柳塘公园三期改造、南塔街等 11 条 18 万平方米道路整修、清真路等 12 处积水点改造。维修养护 820 条街路路面及排水设施，修补坑槽 8.7 万平方米。开展对违章建筑、占道经营、露天烧烤、流动食品大篷车等专项整治，全区 529 个小区、426 个网格面貌焕然一新。加强动静态交通管理，施划和复线停车泊位 1.8 万个。开展"蓝天行动"，完成 57 处"淘汰和改造燃煤小锅炉房"项目，对区房产热力公司等 6 家供热企业实施热源环保脱硫改造。

2016 年，武汉市江汉区为老旧社区安装路灯 1 312 盏，市区两级累计投入 81 亿元，新建和改建道路 29 条，路网规划实现率达 79%；更换、清洗"三无"水箱 2 838 个，新建排水管网 80 公里，管网覆盖率达到 83%，14 个易渍水点减少到 6 个；5 年共安排廉租房、公租房和经济适用房源 8 510 套，为 9 562 户困难家庭发放补贴，扶老助困成为江汉风尚。加强阵地建设，投入 1 200 万元改造文化馆和图书馆，升级街道文体站 12 个、社区文体活动室 93 个。持续开展"万名群众进剧场"活动，惠及群众 20 万人次。倡导全民阅读，开办"金桥书吧"，首创送图书进茶馆、咖啡店新模式。投入 8 500 万元，新建 57 家社区服务中心，投入 5 500 万元，建成全省示范区级职工服务中心和老年活动中心；新建和改建公厕 46 座，改造社区二次供水设施，惠及居民 6 000

余户，改建社区群众体育运动场地 12 个，健身路径覆盖全部社区。

2016 年，西安市碑林区累计完成城建投资 17.86 亿元，征收各类房屋 4.96 万平方米，新建规划路、打通断头路、改造背街小巷共47 条，整治提升老旧小区 29 万平方米，新建公共停车场 24 个，新增停车泊位 3 767 个，新建改造提升公厕 65 座，购置各类环卫作业车辆68 台，全面完成居民住宅回迁安置城改项目 24 个，15 个城中村全部撤村建居，5 个社区成功创建全市城改社区"无形改造"示范单位，3 个棚改项目完成回迁安置，朱雀东坊棚改项目安置楼竣工，大学东路西段等 4 个棚改项目房屋征收稳步推进，东大街综合改造 13 个地块拆迁工作全面完成，9 个项目建成运营，4 个项目进展顺利。完成23 栋、7.8 万平方米的建筑物提升改造，查处各类违法建设 320 起，拆除违建 16.65 万平方米，围绕钟楼周边、地铁站口等重点区域，针对广告牌匾、夜市早市等难点问题，组织专项整治 6 200 余次，整改问题 3.5 万个，圆满完成缓堵保畅 3 年行动计划，治理堵点、乱点 58处，优化交通片区 4 处。

2016 年，长沙市芙蓉区完成棚改 3 341 户、40 万平方米，征拆项目 16 个，征地 880 余公顷（1 321 亩），基本完成芙蓉路、韶山路、解放路等 5 条主干道提质改造，打造营盘路、恒达路、凌霄路等 26条特色街巷，"一街一品一特"的特色街巷群靓丽呈现；铺设修补路面和人行道 7 万平方米，疏浚下水管网 107 公里。新建通车道路 15.8公里，建成港湾式公交站 11 个、公交专用道 20 余公里，新增停车位3 380 余个，公交都市建设走在全市前列。隆平高科技园投入 5 000 万元，完成建成区 11 条道路提质改造，新增提质绿地 62 公顷，拆违复绿 220 万平方米，社区办公服务用房全面达标，平均面积为 731 平方米。

2016 年，郑州市郑东新区提前 6 个月完成刘集村拆迁，围合区域 53 个行政村，95 个自然村拆迁圆满收官；全年新开工项目 96 个，完成投资 80 亿元，新增通车里程 45 公里。

2016 年，重庆市渝中区深化公共文化服务体系示范区建设，打造精品社区文化活动室 12 个。第 42 中学综合楼竣工，复旦中学运动场、人和街小学综合楼等项目有序推进，新增市级名师工作室 2 个。曾家岩大桥、轨道 5 号线和 10 号线二期等 17 个市级重点项目有序推进，解放碑地下环道一、二期项目基本完工，建成大坪、七牌坊变电站，新建通信基站 150 个；加强交通秩序、市容秩序和城市管理，拆除违法建筑 4.2 万平方米，实施"一岸一线"① 环境综合整治。加强朝天门市场、朝天门码头区域交通运行秩序和城市管理秩序整治，有效改善朝天门地区窗口形象，改造排水管网 3 公里。

3.2.2　环境改造与绿色发展

如前文所述，2016 年，深圳市福田区新建改造社区公园 7 个，辖区公园总数达到 111 个，绿道总里程达到 147 公里；成都市武侯区新增城市绿化面积 65.67 万平方米，深入实施"四改六治理"十大行动，投入 3.4 亿元完成 43 条、146 公里黑臭河道治理，每年投入 2 000 万元用于河道市场化管护；长沙市芙蓉区新增提质绿地 62 公顷，拆违复绿 220 万平方米；上海市静安区累计建成公共绿地 5.39 万平方米，立体绿化 3.24 万平方米，安排 15 亿元专项资金用于"美丽家园"建设；福州市鼓楼区铜盘路西侧、大洋百货等 7 个重要节点 30 栋楼体立面焕然一新，省府路、达明路等 15 条道路沿街门店店牌美化提升，城区新增

---

① "一岸一线"是指渝澳大桥—嘉华大桥间嘉陵江岸区域（"一岸"）和上清寺—渝州宾馆迎宾道沿线区域（"一线"）。

绿化 23 万平方米；青岛市市北区完成 15 处山头公园整治，打造大型街头绿化景观 12 处，增植景观树 4 万余株、道路绿篱 2 万余米，全年绿化提升总面积 30 万平方米；北京市朝阳区河道沿线拆迁腾退 102.4 万平方米，启动占地 1 100 公顷的集湿地景观、生态环保、文化休闲于一体的孙河湿地公园建设，高标准实施平原造林 2 000 公顷，新增、改造绿化 1 240 公顷；杭州市下城区新增绿地 20.2 万平方米，绿地率达 16.7%，完成 12 条黑臭河道治理，消除排污口 827 个，完成 15 个河道综合整治项目和 29 条河道清淤疏浚，在全市首创河道长效化清淤，打通断头河 3 条，泵（闸）站新建 3 个、改造 11 个。

3.2.3 安置房建设及棚户区改造

2016 年，西安市碑林区 3 个棚改项目完成回迁安置，朱雀东坊棚改项目安置楼竣工，大学东路西段等 4 个棚改项目房屋征收稳步推进；沈阳市沈河区完成文化路北和高官台西 2 个地块 19 万平方米棚户区改造；郑州市郑东新区 14 个安置房项目全部开工，新开工安置房 450 万平方米，累计开工 1 100 万平方米，大棚户区改造工作全市 8 次评比中 6 次位居第一；成都市武侯区建成小游园、农贸市场、停车场等公建配套项目 133 个，改造、新建公厕 17 座，完成 25 个棚户区、14 个危旧房项目改造，改造面积 38.7 万平方米，惠及群众 4 752 户；长沙市芙蓉区团购、统购商品房安置被征地农民 20 批次，申购限价商品房 133 套，共安置 3 015 人，办结农民安置房栋证 757 栋，发放分户证 4 000 户，处理国有土地房产证遗留问题 3 146 户；重庆市渝中区完成棚户区改造 112 万平方米；杭州市下城区扎实推进危旧房改造 3 年行动，制定治理改造实施细则，完成 37 栋房屋解危工作，在全市率先试点危旧房拆复建模式，拆除朝晖九区 24 栋；北京市朝阳区拆迁腾退 3 650 万平方米，拆除违法建筑 1 340 多万平方米，清理整治散租住人人防工程 1 400 余处，整治"开墙打洞" 2 500 余处。

3.3　政府效率评价指标

3.3.1　"三公"经费管理

2016 年，北京市朝阳区"三公"经费累计下降 45%；成都市武侯区"三公"经费支出比 2011 年下降 72.8%；杭州市下城区严格控制支出，"三公"经费累计下降 69.4%；福州市鼓楼区"三公"经费支出比上年下降 26.53%（见图 3 - 10）。

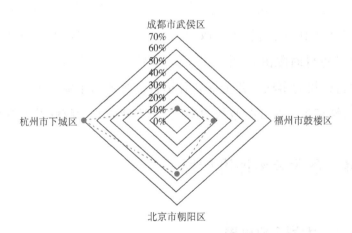

图 3 - 10　2016 年 4 市区"三公"经费下降比重

资料来源：根据各地政府工作报告及 CBD 研究基地数据资料整理。

3.3.2　法制建设及行政机构精简

2016 年，西安市碑林区主动接受人大法律监督和政协民主监督，向区人大常委会报告重大工作 86 项、述职 16 人，1 485 件代表建议、委员提案全部按时办复；沈阳市沈河区深入开展简政放权，承接市级下放职权 21 项，向街道社区下放为民审批服务事项 57 项；深圳市福田区调整行政职权 71 项；成都市武侯区行政许可审批集中率达 95% 以上，现场办结率达 100%，审批效率平均提高 75% 以上；上海市静安区积极深化行政审批制度改革，梳理行政审批目录，共取消行政审批事项 57 项，推进区行政服务中心整合和建设，全区 23 个部门 233 项行政审批事项入驻；重庆市渝中区从严从实狠抓党风廉政建设，查处违纪违法案件 28 件，推进"放管服"改革①，清理规范行政许可、审批、服务事项 368 项，网上行政审批平台建成投入使用，注重行政决策的专家咨询和民主协商，自觉接受区人大及其常委会的法律监督、工作监督和区政协的民主监督，办结人大代表建议、政协提案 563 件；武汉市江汉区精简行政审批事项，综合设置行政审批局，行政收费项目由 48 项减少到 7 项，平均办件时限由 23 个工作日缩减到 5 个工作日以内，清理审核 2 099 项行政权力事项，并全部公开运行；杭州市下城区开展行政权力清单合法性审查，清减行政权力事项 2 701 项、非行政许可事项 109 项。

3.4 企业效率评价指标

3.4.1 大型企业引进

2016 年，入驻成都市武侯区的世界 500 强企业达到 93 家；上海市静安区全年引进重点内资项目 171 个，引进外资项目 138 个，引进税收千万

---

① "放管服"改革是指《国务院关于印发 2016 年推进简政放权放管结合 优化服务改革工作要点的通知》中提出的推进简政放权、放管结合、优化服务改革。

元级企业 25 家，引进跨国公司地区总部 6 家，全区跨国公司地区总部累计达到 64 家，全区共有 16 家企业获上海市科技小巨人（培育）企业认定，立项数量为中心城区第一；福州市鼓楼区外贸出口年均增长 9.8%，5 年实际利用外资 13.06 亿美元，世界 500 强企业增至 77 家，新增中富通、兴证国际 2 家上市企业和 15 家"新三板"挂牌企业；武汉市江汉区引进渤海银行、浙商银行、延长石油、中化石油和中国铁塔等一批优质企业区域总部，吸引任仕达、康德乐和中意人寿等世界 500 强企业落户；广州市天河区新引进世界 500 强项目，总部企业数量累计 108 家，占全市的 29%；天津市滨海新区建立覆盖全区的国资监管体系，完成 9 家区属企业集团整合，重点企业改制取得实质性进展；福州市鼓楼区区域总部中心初步形成，上市企业数居全市首位，市级总部企业数占全市的 48%。

3.4.2 电子信息产业及科技园区建设

2016 年，成都市武侯区电子商务交易额年均增长 20%。福州市鼓楼区洪山科技园改造提升扎实推进，新增百城新能源、网格商用等 3 家高新技术企业，蓝海天网卫星导航及船联网项目，实现技工贸总收入 518 亿元，增长 20%；福州市"海上福州"重点项目实现技工贸总收入 214 亿元，增长 11.3%，福州软件园、洪山科技园技工贸总收入年均增长 17% 以上，鼓楼区入驻"正统网"电商企业 586 家，线上交易额突破 350 亿元。重庆市渝中区互联网服务业加快发展，新增互联网企业 130 家，大龙网、西港全球购等跨境电商平台销售增速超过 100%。广州市天河区新认定的国家高新技术企业 982 家，增长 1.9 倍，累计达到 1 404 家，占全市高新技术企业的 30%。

3.4.3 金融机构建设

2016 年，成都市武侯区引进汇丰银行、韩国友利银行等金融和类金融重大项目 23 个，聚集各类金融机构 370 余家，金融业增加值占 GDP 的比重达到 14.8%，税收占比达到 21%；长沙市芙蓉区金融业税收贡献率达到 42.6%；青岛市市北区与国际大学创新联盟①联合打造的中英两国第一个金融科技②孵化器正式投入运营，幸福人寿保险、信达财产保险和富德生命人寿保险青岛分公司填补了青岛市市北区省级金融分支机构的空白，中天石油投资、青岛港资产管理有限公司等 5 家亿元以上金融项目落户，全年新增各类金融机构 15 家、上市挂牌企业 13 家，金融业增加值实现 60 亿元，同比增长 8.2%；重庆市渝中区积极发展新兴金融，工银安盛人寿保险、英大泰和财产保险和魏桥金融保理等大型金融机构落户，交通银行离岸金融服务中心和建设银行跨境金融中心设立，金融业对经济增长的贡献率达到 29%；广州市天河区国际金融城起步区 16 个出让地块已开工 7 个，其中 4 个项目已建至 25 层以上。

3.5 民生保障建设评价指标

3.5.1 教育、养老及医疗体系建设

2016 年，北京市朝阳区优质校比例提高 33 个百分点，新增一级一类幼儿园 60 所，多种方式增加学前教育学位 2.4 万个，新建和改扩建中小学 37 所；北京市朝阳区建立三级养老服务体系，建成区第二福利

---

① 国际大学创新联盟是一家在中国商务部投资促进事务局、科技部火炬中心、教育部科技发展中心等单位支持下，由中国深圳华大基因等公司联合欧美一流大学共同发起成立的组织。通过与世界知名大学、孵化器和中国国家级开发区合作，以"海外大学孵化器 + 中国园区加速器"的 O2O 模式进行布局，促成创新项目的投资合作交易，实现全球顶级的研究型大学与中国大学、企业和金融投资机构的聚合。

② 金融科技 [英文"Fintech"，金融（Financial）与科技（Technology）的合成词] 主要是指利用大数据、云计算和移动互联等新一轮信息技术，提升金融效率，优化金融服务。

中心，新建 44 家街乡养老照料中心。广州市天河区深化"五大学区"建设，2016 年中高考成绩居全市前列，4 名教师通过中小学正高级教师职称评审，其中 3 名为小学教师，占全市的 50%；完善医疗卫生公共服务体系，率先建成全市首个全覆盖疫苗冷链监测系统，暨大附属中西医结合医院、暨大附属第一医院天河医院挂牌，石牌街社区卫生服务中心荣获"全国百强社区卫生服务中心"称号。杭州市下城区城乡居民养老保险参保率达 99.89%，医保参保率保持在 98% 以上；累计为 8 154 人次老年人购买居家养老服务，为 24 080 人次老年人购买意外伤害保险，政府资助型养老服务的比例从 2% 提高到 9%，每百位老人床位数从 0.7 张提高到 4.2 张，建立居家养老服务照料中心 76 家，老年食堂 41 家；启用长江实验小学武林府校区等校（园）7 个，实行大学区交互式划片招生，设立海外研训基地和教育发展基金，5 所学校被评为市教育国际化示范校。

2016 年，西安市碑林区建成社区居家养老服务站 63 个，新增养老床位 1 560 张，发放高龄老人生活保健补贴 2.46 亿元。沈阳市沈河区加快育源中学教学综合楼建设，完成市一四五中学、文化路幼儿园等 17 所学校（幼儿园）改造，教育局幼儿园等 3 家幼儿园晋升为省五星级品牌幼儿园；凯旋社区等 2 家单位被评为省健康教育示范基地，市妇女会馆祥颐园老年公寓等 3 处养老院项目竣工，新增床位 339 张，新建泉园和丰乐 2 个区域性居家养老服务中心，选拔 304 名全科社工，开展职业化技能培训。深圳市福田区完成 3 所学校改扩建，新增学位 1 050 个，新增 10 所普惠制幼儿园①；4 家日间照料中心升级为"颐康之

---

① 普惠制幼儿园是由区财政给予补贴，区教育监管部门加强指导，与幼儿办学机构加强合作，依法设立、办学规范、科学保教、收费合理、面向大众提供普惠性学前教育服务的幼儿园。

家"①，开设 10 家长者食堂，每日为近千名老人提供餐饮服务。郑州市郑东新区加大学校建设力度，开工雁鸣路小学等中小学 22 所，建成学校 6 所，新增优质学位 1.9 万个，首批 6 名外籍教师配备到位。成都市武侯区新建和改扩建中小学、幼儿园 33 所，每年投入资金 3 600 万元，全面实施"教师关爱计划"；开办社区长寿食坊 30 家，新建社区养老院 9 个、日间照料中心 66 家，新增养老床位 570 张，为近万名 80 岁以上老人提供"颐居通"社区居家养老服务。上海市静安区和养临汾、和养宝华、和养彭浦及恒裕曹家渡 4 家养老机构相继投入运营，新建 4 家长者照护之家、3 家社区综合为老服务中心、4 家老年人日间服务中心、2 家社区助餐点，完成 20 个标准化老年活动室、社区助老服务站新建、改建。福州市鼓楼区重建旗汛口幼儿园，扩大普惠性幼儿园的覆盖面，适龄儿童入园率达到 98.94%，建成模范小学、铜盘中心小学等 3 所小学 2.8 万平方米教学综合楼，义务教育标准化水平稳步提升，新建和改扩建 16 所中小学教学综合楼；被征地群众 100% 参加养老保险，城镇居民社会养老保险参保率达到 99.4%，率先建成 3 个老年人日间照料中心，养老服务水平居省、市前列。青岛市市北区加快优质教育供给，新开办 6 所幼儿园，完成 5 所学校改扩建，青岛广雅中学西校区建成，青岛市市北区荣获全市首批"教育现代化区市"称号。重庆市渝中区基础教育优质均衡发展水平不断提高，平稳完成 4 所市属中小学幼儿园管理体制调整，新建标准化校园 4 所，成功创建国家义务教育发展基本均衡区；新增养老机构 11 处、床位 498 张，建成社区养老服

---

① 颐康之家为集托养、日间照料、居家养老、医养结合"四位一体"的多元化都市社区养老服务综合体。

务站 40 个，三级养老服务体系①初步建立，人均期望寿命达到 80.43 岁，在全市领先。武汉市江汉区投入 1.6 亿元，在全市率先完成义务教育段学校标准化建设，高中升学率达到 99.9%；新建和改建街道居家养老服务中心 12 家、社区养老院 17 家，新增床位 1 880 张，13 家社会办养老机构共享医疗团队签约服务。天津市滨海新区新建和改扩建 34 所中小学及幼儿园，积极引进优质教育资源，天津市实验中学滨海学校等 5 所学校建成招生。

3.5.2 就业帮扶及社会救助体系建设

2016 年，西安市碑林区建成各类就业创业基地 45 家，累计城镇新增就业 7.06 万人，发放小额担保贷款 7.11 亿元，城镇登记失业率始终控制在 4% 以内，累计发放低保金 2.74 亿元、救助金 3 286.74 万元；深圳市福田区新增就业岗位 3.6 万个，发放就业专项资金近 8 000 万元，户籍居民登记失业率控制在 2% 以内，发放各类社会救助金 1 300 多万元；郑州市郑东新区新增城镇就业、再就业 3 600 人；成都市武侯区加大技防力度，新增、改造"天网"探头 2 844 个，治安警情持续下降，设立 3 000 万元安全生产隐患专项资金，建成 512 个微型消防站，完成 67 个小作坊隐患整治，推动 1 350 个小餐饮店提档升级；长沙市芙蓉区成立全市首个失地农民创业就业服务指导中心，区级社会保险费征缴 15 亿元，养老保险参保 12.4 万人，精准帮扶特殊困难群体，发放各类救助资金 5 586 万元，率先在全省为 80 岁以上老人发放春节慰问金 400 余万元；上海市静安区帮助特殊困难人员就业 1 683 人，帮助引

---

① 三级养老服务体系是指"区级公办 + 民办养老机构、街道养老服务中心、社区养老服务站"。

领成功创业 856 人；青岛市市北区加快青岛国际人力资源产业园①、青岛（市北）博士创业园等高端园区和孵化基地建设，新增就业 10.6 万人；重庆市渝中区落实就业创业扶持政策，新增市级创业孵化基地 1 家，发展微型企业 1 779 户，新增就业 6.2 万人次；武汉市江汉区 5 年全区城镇新增就业近 13 万人，城镇登记失业率控制在 3.13% 以内，就业形势继续保持稳定；北京市朝阳区城镇登记失业率控制在 1% 以内；天津市滨海新区 3 年累计增加就业 39 万人，转移农村富余劳动力 1.8 万人，培训技能人才 17 万人次，完善社会救助体系，3 年发放各类救助金 5.5 亿元。

3.5.3　社会治安及民生工程建设

2016 年，西安市碑林区区级财政累计投入 110.54 亿元用于民生工程建设，年均增长 23.25%，市区两级 191 件惠民实事圆满完成，筹集配租公租房 2 058 套，向 2 108 户家庭发放廉租房补贴 1 243 万元；沈阳市沈河区培育孵化社会组织 88 个，开展公益为民服务项目 71 个，推出"志愿沈河"微信公众号，发动 62 个社会志愿组织参与志愿服务，对 219 个老旧庭院实施绿化、道路、排水等综合环境改造，对 270 栋共 150 万平方米住宅楼实施"节能暖房"工程，受益居民达 2.4 万户；深圳市福田区投入 183.3 亿元用于民生和社会事业发展，占公共预算财政支出比重达 80%，比上年增长 2 个百分点，供应保障性住房 3 300 套，

---

① 青岛国际人力资源产业园位于青岛市市北区台柳路 179 号，总建筑面积约 3.3 万平方米，由市人社局与市北区政府依托新都心和达大厦联合打造。该园区是全市首家集"产业集聚、拓展服务、孵化企业、培育市场"等功能于一体的人力资源服务综合性产业园，建成后将成为立足青岛、辐射山东、服务全国的创新示范基地。到 2021 年，园区将吸纳人力资源服务机构 100 家以上，实现产值 80 亿元左右，在提升青岛"城市人才吸引力"、实现高端人才倍增和区域性服务中心建设方面发挥重要作用。

向低收入家庭、低保家庭及低保边缘家庭发放货币补贴约 420 万元，拨付帮扶资金 2.3 亿元，开展 14 个重点行业（领域）安全生产专项整治，排查治理各类隐患超过 1.6 万处；成都市武侯区民生投入占财政支出的比重超过 70%，区财政用于民生方面的投入累计超过 216.64 亿元，共实施 10 大类、867 项民生工程，投入资金 1.65 亿元，改造老旧院落 247 个，维修政府主导建设老旧房屋 32.4 万平方米，完成 179 个院落自来水户表改造、智能电表安装，建成安置房 57.02 万平方米，安置过渡群众 11 100 人；长沙市芙蓉区投入 2.5 亿元提质改造第三批老旧农安小区，整治楼宇立面 151 栋，亮化楼宇 192 栋，惠及居民群众 4 万余户，筹集保障性住房 717 套，新增经济适用房货币补贴保障 529 户，累计投入民生资金 42.9 亿元，占财政支出的 79%，排查整改安全隐患 1 100 多处，二环线以西烟花爆竹零售门店全面退出；福州市鼓楼区民生支出占一般公共预算支出的 76.5%，年度 10 大类 42 项为民办实事项目有效落实，建成陆庄庭苑、龙峰雅居园等 4 个项目 28 万平方米安置房，1 097 户居民顺利回迁，一批"两逾"遗留问题有效破解，连片实施 218 万平方米的旧屋区改造，同步配建 103 万平方米安置房，完成 246 个老旧住宅小区整治，老旧住宅小区长效管理扩面至 299 个；青岛市市北区全面提高环卫保洁标准，对山东路等 4 条道路实施深度保洁，新增各类环卫机械车辆 500 余部，主干路机扫率、冲洗率均达 100%；武汉市江汉区新建街道残疾人"阳光家园"12 家，在全市率先实现助残服务"四个全覆盖"①；北京市朝阳区开工建设 6.7 万套、建成 7.9 万套经济适用房，分别占全市的 11.2% 和

---

① "四个全覆盖"是指对困难精神残疾人实施住院补贴全覆盖、对智力残疾人实施家庭托养补贴全覆盖、对非义务教育阶段残疾学生及困难残疾人家庭子女实施学费补贴全覆盖、对全区持证残疾人实施人身意外伤害保险全覆盖。

18.6%，符合条件的经济适用房轮候家庭住房问题全部得到解决，大力为群众办实事、解难题，累计办理各类实事近 6 700 件；天津市滨海新区实施"十大民生工程"行动计划，3 年累计完成投资 310 亿元，建成 33 个重点项目，对 245 家重点企业实施入网监控，开展城市安全风险评估，安全生产防控水平全面提升。

3.6　文化创意及科技创新发展评价指标

3.6.1　科创产业建设

2016 年，西安市碑林区投资 1.2 亿元改造提升碑林科技产业园基础设施，省级众创空间①8 个，17 家创业服务企业获得西安市创新创业奖，投资 1.2 亿元改造提升碑林科技产业园基础设施，以创业带动就业，实现城镇新增就业 1.3 万人。2016 年，深圳市福田区友城总数达 4 个，"福田健身房"7 大场馆免费开放，惠及群众 25 万余人次，78 所学校（校区）的体育场馆设施向社会开放，参与群众逾 22 万人次，引进名人总数达 12 人；郑州市郑东新区新引进科技"双创"项目 8 个，新增众创空间 8 家，累计达到 15 家，入孵企业 305 家，新引进电商企业 57 家，累计入驻企业 158 家，年交易额突破 1 000 亿元，中原云大数据中心首批 300 个机柜投入运行，省财政厅等 8 家省直厅（局）的 26 家系统入云，白沙大数据应用企业园集聚企业 6 家。

---

① 众创空间是顺应网络时代创新创业特点和需求，通过市场化机制、专业化服务和资本化途径构建的新型创新创业服务平台，为创业者提供工作空间、网络空间、社交空间和资源共享空间。其主要功能是通过创新与创业相结合、线上与线下相结合、孵化与投资相结合，以专业化服务推动创业者应用新技术、开发新产品、开拓新市场、培育新业态。

　　2016 年，成都市武侯区引导社会力量投入近 10 亿元，新建创新创业载体 12.3 万平方米，政府投入资金近亿元，返租创新创业楼宇 2.5 万平方米，举办"创业天府菁蓉汇·武侯社会创新"专场等活动 30 场，促成意向投资逾 2 亿元，成立 1 亿元武侯创投基金和 3 000 万元万众金服基金，新建川大同创基金管理公司，吸引成都以色列孵化器等机构、项目共计 450 余个，创业带动就业 6 000 余人，大力支持企业创新，获省部级以上科技创新成果奖 54 项，高新技术企业总数达 158 家，引导社会资本以 PPP 模式参与项目建设，率先开展"拨改租"①试点，成功引入资金 100.1 亿元用于土地整理、基础设施及安置房建设，区财政每年安排 1 亿元专项资金支持创新创业工作，建立国家、省市企业技术中心 44 个、"政产学研用"联合实验室 6 个，申请专利 47 672 件。

　　2016 年，长沙市芙蓉区产学研合作成效显著，获国家科技进步二等奖 4 项、省科技进步奖 23 项，促进科技成果转化，专利申请量 2 788 件、授权量 1 409 件；青岛市市北区青岛科技街列入"国家自主创新示范区"范围，青岛啤酒文化休闲商务区与中粮置地签署战略合作协议，海尔智能产业园投入使用；重庆市渝中区引进北京 3W、酷狗音乐中国西区总部等一批知名文创企业。

　　2016 年，郑州市郑东新区新引进科技"双创"项目 8 个，新增众创空间 8 家，累计达到 15 家，入孵企业 305 家，新引进电商企业 57 家，累计入驻 158 家，年交易额突破 1 000 亿元，中原云大数据中心首批 300 个机柜投入运行，河南省财政厅等 8 家省直厅（局）的 26 家系统入云，白沙大数据应用企业园集聚企业 6 家，引进领军人才和高层次紧缺人才 10 名，领军型创业团队 5 个。

---

　　① "拨改租"即由社会投资者投入项目建设所需的全部资金，项目建设完成后租赁给政府经营与管理，政府每年付给投资者相当于租金的回报。租赁期结束后，项目归政府所有。

3.6.2　文化产业发展

2016 年，沈阳市沈河区沈阳保利大剧院管理有限公司等 3 家企业被评为市文化产业示范基地，引进文化企业 110 家，文化产业产值占地区生产总值的比重达 7.6%。风雨坛等 7 家创业基地被评为市小微企业创业基地，建成泉园等 5 处特色文化活动场地和保利等 5 处特色体育健身场地，打造翠生等 4 个特色文化社区、翠湖园等 15 个特色文化楼院及 1 090 个特色文化楼道。深圳市福田区打造 59 项文体惠民品牌，文化产业实现增加值 310 亿元。上海市静安区深化"10 分钟公共文化圈"建设，区文化馆改建工程基本完成，新建 10 家基层文化活动服务点，全年向基层派送讲座、演出、展览、电影 5 300 场；各街镇"一街一品"文化活动蓬勃开展，推进"15 分钟体育生活圈"建设，新增 5 条健身步道和 5 处公共运动场，新体育中心等项目建设有序推进，成功举办 2016 年国际剑联花剑世界杯大奖赛、世界青年台球锦标赛、2016 上海·静安苏州河国际皮划艇马拉松赛等国际国内赛事。

2016 年，福州市鼓楼区文化创意产业规模壮大，建成乌山、怡山文创园，福建影视文化基地等一批文创园优化提升，文体事业繁荣发展，完成区数字图书馆一期建设和 7 个街道文化站、55 个社区文化普及服务站达标提升，建成 10 个省图书馆社区分馆和 11 个 24 小时自助图书点，旅游、文创产业发展态势喜人，年接待游客突破 1 600 万人次，文化产业主营收入 200 亿元，总量占全市的 1/3。重庆市渝中区保障"2016 中国共产党与世界对话会""世界旅游城市联合会大会暨 2016 重庆香山旅游峰会"等一批国际性重大活动顺利举办，举办重庆—维也纳"双城文化艺术节"等对外交流活动，建成重庆国际 IP 产业园等文化产业基地，建成上清寺 V 谷"互联网 +"① 文创产业园；投入财力物力，加强工作支持，加快魁星楼市级文艺院团团场建设；支持电影《从你的全世界路过》在渝中区拍摄成片，取得城市宣传的良好效果，东华观藏经楼、法国领事馆旧址、沈钧儒旧居、郭沫若旧居等 5 处文物保护修缮完成。武汉市江汉区建成华中互联网金融产业基地等专业园区，武汉人力资源服务产业园即将开园，已入驻金融、商贸、文化创意和通信信息等企业 1 500 余家。

---

① 2015 年，国务院出台了关于积极推进"互联网 +"行动的指导意见，指出"互联网 +"是将互联网的创新成果与经济社会各领域深度融合，推动技术进步、效率提升和组织变革，提升实体经济创新力和生产力，形成更广泛的以互联网为基础设施和创新要素的经济社会发展新形态。

4 中国特大城市 CBD 区域
发展建设整体状况分析

4.1 北京市朝阳区发展建设整体状况分析

4.1.1 2016 年北京市朝阳区国民经济和社会发展计划执行情况分析

北京市朝阳区深入贯彻习近平总书记系列重要讲话精神，特别是视察北京重要讲话精神，紧紧围绕京津冀协同发展规划纲要和首都"四个中心"城市战略定位，深入落实"再创新优势、建设'新四区'"① 发展要求，全面推进"双十工程"② 建设，大力疏功能、转方式、治环境、补短板、强管理、惠民生，顺利完成了"十二五"规划，实现了"十三五"发展的良好开局，在朝阳区科学发展、民生幸福的征程中迈出了坚实步伐。

---

① 新四区：转变发展方式示范区、建设世界城市试验区、推进城乡一体化先行区、构建社会和谐模范区。

② 双十工程：十大发展产业基地和十大民生工程。十大发展产业基地：（1）CBD 核心区；（2）CBD 东扩区；（3）奥林匹克公园核心区；（4）电子城北扩区；（5）垡头环渤海总部商务基地；（6）温榆河生态绿色休闲区；（7）CBD—定福庄国际传媒走廊；（8）金盏金融服务园区；（9）大望京科技商务创新区；（10）东坝国际商贸中心。十大民生工程：（1）教育质量提升工程；（2）健康服务便捷工程；（3）公共文化惠民工程；（4）交通出行优化工程；（5）宜居环境塑造工程；（6）智能城市服务工程；（7）就业服务创新工程；（8）社会保障提升工程；（9）平安朝阳建设工程；（10）社区服务拓展工程。

4.1.1.1　全力服务首都核心功能，发展质量和效益显著提升

北京市朝阳区积极适应经济发展新常态，主动融入首都发展大局，着力构建"高精尖"经济结构，区域发展实现稳中求进、进中提质。2016 年，北京市朝阳区地区生产总值 4 942 亿元，同比增长 6.5%，5 年增加 1 670 亿元，年均增长 7.9%；居民人均可支配收入达到 59 886 元，同比增长 8%，5 年增加 20 840 元，年均增长 8.9%；一般公共预算收入实现 477.1 亿元，同比增长 6.5%，5 年增加 164.3 亿元，年均增长 8.8%；万元 GDP 能耗累计下降 24.1%，主要指标始终保持在全市前列（见图 4 - 1）。

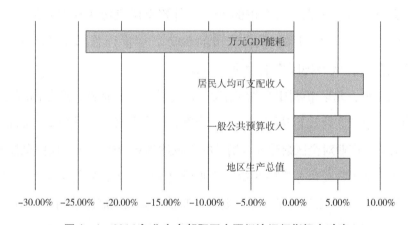

图 4 - 1　2016 年北京市朝阳区主要经济运行指标变动率

资料来源：根据北京市朝阳区政府工作报告及 CBD 研究基地数据资料整理。

4.1.1.2　疏解非首都功能扎实有效

北京市朝阳区坚决落实《京津冀协同发展规划纲要》，以"咬定青山不放松"的决心全面打响疏解非首都功能攻坚战。旗帜鲜明地"舍"、态度坚决地"退"，"控疏"并举、示范带动，率先腾退华北地区最大的西直河石材市场，大力推动雅宝路市场集群转型升级，集中连

片疏解孙河地区低级次产业，疏解经验在全市得到推广。

北京市朝阳区先后清退商品交易市场 154 家，关停一般性制造业 184 家，拆除再生资源回收场站和仓储物流基地 57 家，清理出租大院 289 座，腾退建筑面积 655.4 万平方米。坚持"瘦身"与"健体"并重，高效利用疏解腾退空间发展高端产业、打造绿色精品，发展品质和城市环境进一步优化。

4.1.1.3 国际商务功能更加凸显

北京市朝阳区国际商务、国际金融、国际贸易聚集发展，跨国公司地区总部达到 111 家，占全市的 70%，外资金融机构达到 312 家，占全市的 65%，国际组织和机构占全市的 80%，亚投行总部和第四使馆区落户朝阳区，区域国际影响力进一步提升。

近年来，北京市朝阳区"高精尖"产业结构加快构建，产业高端化特色明显，第三产业比重达到 92.3%，金融、商务服务、文化创意、高新技术 4 大重点产业对全区财政收入增长的贡献达到 68.5%。新一代信息技术、新能源、新生物医药等战略性新兴产业规模不断扩大，新的优质产业正在加快聚集。"十大发展基地"加快建设，功能区高效发展态势明显。朝阳区 CBD 税收过亿元楼宇 52 座，GDP、地均产出率年均增长 10.5% 和 8.1%，核心区建设全面推进，北京市朝阳区的"中国尊"成为北京新地标。奥运功能区国际高端会展、国际体育赛事和文化活动云集，北京奥林匹克塔建成开放，成为北京古老中轴线上的现代标志景观，奥林匹克公园成为国家 5A 级旅游景区和国家体育产业示范基地。中关村朝阳园创新动能和产业优势不断积聚，实现总收入稳居中关村十六园第二位，大望京新增产业空间 141 万平方米，新的增长极加快形成。北京市朝阳区国家文化产业创新实验区发展建设全面推进，正逐步成为北京建设全国文化中心的新名片。

4.1.1.4 农村转型发展实现突破

北京市朝阳区围绕"四增五减"目标，紧抓"一绿"试点、土地储备、重点村整治等重大机遇，积极破解农村地区发展难题。北京市朝阳区主动争取市级支持，政策捆绑、审批创新，在将台等 6 个乡开展"一绿"地区城市化试点，"六位一体"推动拆迁腾退、绿化建设、就业安置、社会保障、体制改革、社会管理，初步实现了疏解转型、减量增效、建绿提质的综合实效。5 年来，北京市朝阳区 22 个行政村完成整体搬迁，7.7 万人实现上楼安置，6.2 万农民实现转居，51 个村完成村级产权制度改革，45 个产业项目建成运营，农村地区发展水平显著提升。

4.1.1.5 重点领域改革释放活力

北京市朝阳区工作中突出问题导向、需求导向、民生导向，深入推进供给侧结构性改革，实施放权、松绑、减负、惠民的一系列改革措施，激发市场活力和发展动力。北京市朝阳区政府从自身改起，下大力气简政放权，全面清理非行政许可审批事项，集中取消 51 个区级行政审批事项。编制政府全口径预算，稳步推进财政预算管理改革。积极开展北京市服务业扩大开放综合试点，在文化创新、金融创新、中医药服务贸易等 6 大领域实施了 33 项试点政策。率先在全国推行跨国公司外汇资金集中运营管理改革。大力开展商事制度改革，推行"五证合一①、一照一码②"登记制度，全面实施"营改增"，最大限度地为企业减负松绑。创新投融资体制，发行定向票据支持基础设施和重点功能区

---

① 五证合一：营业执照、组织机构代码证、税务登记证、社会保险登记证和统计登记证"五证合一"登记制度。

② 一照一码：由工商（市场监管）、质监、税务、人力社保、统计五个部门分别核发不同的证照，改为由工商部门核发加载法人和其他组织统一社会信用代码的营业执照。

建设，探索通过 PPP、BT 模式推进公共服务和市政基础设施建设。深化国有企业改革，实施国有企业分类监管，稳步推进昆泰集团等企业改制重组，企业运营效益不断提高。

4.1.1.6 坚决治理"大城市病"，使城市建设和管理水平显著提升

北京市朝阳区牢固树立绿色发展理念，坚持规划建设管理相统筹、人口资源环境相协调，实施一系列环境治理和提升工程，人居环境明显改善，城市综合服务能力不断增强。

（1）人口调控持续发力。北京市朝阳区坚持以业控人，大力疏解低级次产业，整治无照无证违法经营行为，促进人随功能走、人随产业走。坚持以拆控人，通过打击违法建设拆一批、城乡接合部改造拆一批、环境整治拆一批、项目工程建设拆一批，压缩人口无序聚集空间，拆迁腾退 3 650 万平方米，拆除违法建设 1 340 多万平方米。坚持以房控人，依法清理整治群租房和非法出租公寓，清理整治散租住人人防工程 1 400 余处，整治"开墙打洞"2 500 余处。坚持以资源控人，制定水、电、气使用规范，严格审批、严格管理。2016 年，全区常住人口首次负增长，初步实现由增到减的拐点。

（2）环境建设成效显著。北京市朝阳区坚持首善标准，聚力改善环境，圆满完成 APEC 峰会、国庆 65 周年游园活动、纪念中国人民抗日战争暨世界反法西斯战争胜利 70 周年、世界田径锦标赛等重大活动服务保障任务。开展"一区九线四周边"① "两区两环四线多点"② 环境整治，

---

① "一区"即奥林匹克中心区及周边区域；"九线"即长安街及其延长线、二环路、三环路、四环路、五环路、京承高速、京密路、京藏高速、机场高速路（含机场高速、机场南线）9 条道路沿线；"四周边"即代表和记者驻地（使馆、五星级饭店）、进京第一印象区域（机场）、会场、旅游景区 4 类区域周边，提升区域整体环境和整体景观水平。

② "两区"即 CBD、奥林匹克公园，开展"市容、交通、绿化、秩序"四位一体综合整治；"两环"即三环、四环，深化环境景观建设；"四线"即朝阳路、朝阳北路、京哈铁路、京津城际铁路沿线，重点针对黑车、占道停车、无照游商、广告牌匾、违法建设、暴露垃圾等问题，依法加大治理力度；"多点"即以群众身边环境为重点，集中治理地铁和公交站点周边、购物商圈周边、背街小巷等重点地区的环境脏乱、秩序混乱、非法经营等现象。

着力改善城乡接合部环境面貌，六公主坟地区 20 年的历史遗留问题得到彻底解决。实施清洁空气 5 年行动计划，大力压减燃煤、控车减油、治污减排、清洁降尘，积极推进煤改清洁能源工作，基本实现四环路内"无煤化"，主要污染物全面削减，PM2.5 年均浓度持续下降。打造"清水朝阳"，开展"五水联治"，综合治理河道 20 多条，建成 6 个郊野公园雨洪利用工程，河湖水质持续改善，生态涵养与城市防洪排涝能力明显提升。启动萧太后河系综合治理和滨水绿色文化休闲廊道建设，河道沿线拆迁腾退 102.4 万平方米。大力拓展绿色空间，加快腾退建绿、拆违还绿、见缝插绿、多元增绿，启动占地 1 100 公顷的集湿地景观、生态环保、文化休闲于一体的孙河湿地公园建设，高标准实施平原造林 2 000 公顷，新增、改造绿化 1 240 公顷，温榆河景观大道、望和公园等成为全市绿化精品。

（3）服务功能逐步完善。2016 年，北京市朝阳区市政道路建设全面推进，新建和改扩建主次干路和支路 100 余条，打通断堵头路 40 条，广渠路二期、黄楼路等实现通车，路网密度达到每平方公里 4.1 公里，建成团结湖等 6 个交通管理示范区。新增轨道交通运营里程 66.8 公里，新增停车位 2.64 万个，6 000 辆公租自行车投放运营。公共服务设施建设全面提速，东北和东南热电中心建设完工，3 座再生水厂投入使用，生活垃圾焚烧中心项目建成试运行。城市精细化管理水平明显提高，加快城管综合执法体制改革，推动城市管理力量下沉，实施环境建设分区域管理，重点地区环境秩序明显改善。"智慧城市"建设扎实推进，积极打造"数字市政"，探索推进"智慧物业"试点，智慧化城市建设取得积极进展。

4.1.1.7 着力增进民生福祉，社会建设和公共服务水平显著提升

北京市朝阳区坚持优质、均衡、特色、统筹的总体思路，全面推进民生和社会事业跨越发展，发展成果更多更好地惠及全区人民。

（1）基本公共服务水平稳步提升。北京市朝阳区深入实施十大民生工程。教育整体水平进入先进区行列，学区化综合改革深入推进，优质校比例提高 33 个百分点，全区 83.6% 的学生享受到优质教育资源，特级教师数量跃居全市第一。新增一级一类幼儿园 60 所，多种方式增加学前教育学位 2.4 万个。新建和改扩建中小学 37 所，第八十中学南校区等一批新建校建成开学。高考本科上线率超过 95%，名列全市前茅。

北京市朝阳区医疗资源布局更加完善，朝阳医院、安贞医院和北京中医医院确定在常营、东坝、堡头开办新院区，垂杨柳医院改扩建主体工程加快实施，北京市第一中西医结合医院升级为三级甲等医院；构建新型医疗服务体系，在全市率先实现医疗联合体服务全覆盖。养老服务水平不断提升，建立三级养老服务体系，建成区第二福利中心，新建 44 家街乡养老照料中心，医养结合①和社区"驿站式"养老服务模式在全市推广，北京市朝阳区成为全国养老服务业综合改革试点区和北京市养老服务社会化示范区。就业服务和社会保障力度全面加大，城镇登记失业率控制在 1% 以内，基本社会保障扩大到所有常住人口，社会救助体系实现城乡全覆盖。保障性住房建设和配租配售全面加快，开工 6.7 万套、建成 7.9 万套，分别占全市的 11.2% 和 18.6%，符合条件的经济适用房轮候家庭住房问题全部得到解决。棚户区改造全面推进，通惠河边角地等 8 个项目完成征收和拆迁，永安里旧城区改建取得实质性进展，历时 10 年之久的和平一、二、三村拆迁工作全面完成。实施老旧小区楼房抗震加固、节能改造近 1 200 万平方米，占全市的 20.9%。大力为群众办实事、解难题，累计办理各类实事近 6 700 件。

---

① 医养结合是指医疗资源和养老资源结合，实现医疗、养老的一体化管理，将养老机构和医院的功能相结合，把生活照料和康复关怀融为一体的新型模式。

（2）文化文明建设成果丰硕。北京市朝阳区深化全国文明城区常态化建设，文明社区（村）达到90%，市级精神文明先进单位232家，市民文明素质和社会文明程度持续提升。厚植文化底蕴，留住朝阳记忆，传统文化、民俗文化、时尚文化和国际文化多元融合发展，朝阳特色的"文化味儿"更浓，群众文化活动更加丰富多彩。覆盖区—地区—街乡—社区（村）的"四级公共文化服务网络"不断完善，新增24小时自助图书机136台、文化大院11座、文化广场141个、基层文化队伍1 600支，区图书馆新馆建成开放，街乡文化中心、社区（村）文化活动室实现全覆盖。加大文化遗产保护力度，挖掘区域历史文化资源，传承优秀传统文化。深入开展全民健身体育活动，新建全民健身居家工程675套。朝阳体育代表团首次登上北京市运动会金牌榜首位。

（3）社会治理创新全面推进。北京市朝阳区以全国社区治理和服务创新实验区建设为抓手，全面加强和创新基层社会治理与社区服务，探索形成老旧小区"准物业"、保障房小区"三社联动"①、商品房小区"五方共治"② 的社区分类治理模式，治理能力和水平显著提升。建成"一刻钟社区服务圈"199个、"六型社区"241个、智慧社区404个，社区服务功能更加完善。健全社会动员体系，购买社会组织服务项目1 400余个。建成全模式社会服务管理体系，综合利用信息化手段，使群众办事更加便捷。坚持问政、问需、问计于民，设立"居民议事厅"，党、政、群共商共治和"居民提案"模式荣获"中国社区治理十大创新成果"奖。

（4）安全发展形势不断巩固。坚守安全发展底线，严格落实"管

---

① "三社联动"是指以社区为平台，以社会组织为载体，以社会工作为支撑，通过政府购买服务引入专业资源和社会力量，把多元服务供给实现在社区的新型社区治理模式。

② "五方共治"是指将业主、业委会、物业公司、社会单位和社区居委会五方利益主体共同纳入居民自治平台，共同解决小区管理服务问题。

业务必须管安全、管行业必须管安全、管生产经营必须管安全"的监管责任，开展安全发展示范城市和安全生产标准化示范区创建，强化法人主体责任，加大生产安全、消防安全、交通安全和公共安全等各领域隐患整治和执法力度，安全形势总体平稳可控。推进食品药品安全监管体制改革，充实基层监管力量，食品、药品抽验合格率始终保持在98%以上。落实重大决策风险评估机制，完善多元化纠纷解决机制，社会矛盾纠纷有效化解。构建立体化的社会治安防控体系，加强治安重点地区挂账整治，群众安全感和满意度稳步提升，"朝阳群众"在平安建设中的突出作用受到社会好评。

4.1.2　2017 年北京市朝阳区社会经济发展预期目标

2017 年，北京市朝阳区社会经济发展的主要预期目标是：地区生产总值超过 5 200 亿元，增长 6.5%，一般公共预算收入超过 500 亿元，增长 6.5%。加快服务业扩大开放，全面推动试点政策落地，形成代表性园区、代表性企业、代表性项目。扩大服务业领域向外资和民营资本进一步开放，推动本土优秀企业"走出去"。

4.1.3　北京商务中心区（CBD）2016 年建设成果突出

北京商务中心区（CBD）围绕建设国际一流现代化高端商务区这一目标，以产业结构优化为主线，以推进核心区建设和旧城区改建为重点，着力构建智慧 CBD、绿色 CBD、人文 CBD，区域凝聚力和品牌影响力不断增强。

4.1.3.1　CBD 加快转型升级

北京 CBD 以提质增效稳增长、功能疏解促发展为主线，着力提升发展质量和产业层级，推进各项工作，实现经济平稳运行。CBD 中心区税收收入 422.42 亿元，同比增长 11.54%；完成固定资产投资 85.3 亿元，超额完成 84 亿元的全年任务目标；132 座商务楼宇中税收过亿元的有 52 座，国贸中心、财富金融中心、华贸中心和中海广场 4 座楼宇税收超 20 亿元。地均产出率为每平方公里 848.36 亿元，产业集中率为 25.2%。功能区实现财政收入 263.41 亿元。

（1）通过开展理论研究，助力产业优化升级。深入分析区域经济阶段发展特征和方向，对新增企业、战略性新兴产业开展专题研究，为区域未来经济增长寻找新引擎；制定完成《北京商务中心区产业指导目录（2016 年版）》，严控增量，调整存量，引导楼宇腾退 97 家存在中高风险的企业；加快 CBD 产业升级调整与楼宇"腾笼换鸟"的步伐。

（2）依托平台建设，建立高效能运营机制。通过功能区产业转型升级和楼宇经济管理系统的二期建设，把楼宇信息调查从中心区扩展到功能区范围，新增及完善楼宇信息管理。依托各产业办、中介组织、楼宇招商团队以及各商会、协会等平台，推动重点项目落地，为区域发展注入增长新动能。

（3）以服务业扩大开放为契机，构建开放型服务业新体制。抓住全市服务业扩大开放综合试点的机遇，坚持扩大开放与深化改革、功能培育与制度创新相结合。共有 16 家 CBD 区域跨国公司总部企业参加北京市外汇集中运营管理试点，示范效应显著，已在北京市全面推行。此外，在商务、金融、文化、科技等领域试推多项机制创新，提高区域商业运行效率。

4.1.3.2　区域建设有序推进

（1）持续推进核心区建设。在二级地块项目中，有 10 多个项目取得立项批复、设计方案审定和取得工程规划许可证。在已开工的项目中，中信项目高度超国贸三期，已达到 420 米，成为北京第一高楼。2017 年，北京 CBD 核心区北区将基本建成，南区开工建设全面展开，将为 CBD 未来发展提供更多优质空间，释放更多潜力。

（2）协助推进区域内重点项目建设。2016 年新增竣工建筑面积约 53 万平方米。

（3）统筹推进重点地块开发，为区域土地工作的可持续发展提供动力和保障。

4.1.3.3 加快城市有机更新

（1）北京 CBD 积极推进旧城区改建项目，惠及民生。2016 年，北京 CBD 打造区域绿色建筑发展新局面，核心区获得 LEED – ND 金级预认证，开创了 3 个全国第一：第一个由政府主导、多业主开发区域获得 LEED – ND 认证的项目；第一个获得 LEED – ND 认证的城市中央商务区；国内第一个开发建设量最大的 LEED – ND 项目。实现以小带大、以点带面逐步向整个 CBD 区域延伸，从而推动绿色 CBD 的整体建设逐步完善。

（2）加强日常维护，提升区域环境品质。北京 CBD 加强道路清扫保洁监测与道路、公共设施养护，确保区域环境优良品质；实施景观亮化、美化工程，提升区域环境品质；积极开展消防、防汛、应急演练培训等，提升区域突发事件的处置能力。

4.1.3.4 打造智慧 CBD

（1）依托信息化技术，加强区域精细化管理。功能区产业转型升级与楼宇经济管理系统以经济简报的形式实现区域经济数据月度分析常规机制，提供详尽的经济数据，可以更为准确地研判区域产业发展形势。核心区公共区域信息发布系统建设完成，除在日常播放安全常识、安全提示、天气预报、空气预警信息等情况之外，在应急状态可及时广播应急疏散信息、人员出口位置等，提升了核心区现场应急管理水平。核心区塔吊安全监测系统、基坑安全监测数据信息系统平台运行稳定，进一步增强了核心区项目建设的科学管理水平。核心区 3D 可视化项目生动展示核心区在建项目的建设细节，为未来项目管理和其他项目建设提供形象、数字化的依据。

（2）开展针对性研究，加强精准化管理。完成 CBD 精准化供地研究，对当前写字楼评级体系进行梳理，结合 CBD 特点，探索建立符合区域发展的优质写字楼评判标准，系统化探讨土地供应条件设置，以确保区域土地最优利用。完成 CBD 高端商务教育培训产业发展研究，探讨 CBD 高端商务教育培训产业发展的特征、趋势以及内在聚集规律，为建立正确的产业扶持与支持策略提供重要依据。

（3）坚持规划引导建设，加强科学化管理。通过加大组织协调力度，做好核心区二级地块、公共空间、文化设施等项目前期工作，确保核心区建设顺利进行。在核心区智慧城市总体规划设计报告的框架下，充分结合现阶段物联网、大数据的发展态势及智慧城市建设的前沿科技研究成果，组织开展 CBD 智慧城市示范工程（一期）项目，目前正开展立项申报工作。推进轨道交通 17 号线和 28 号线等工作，促进区域交通的科学合理化布局。

4.1.3.5　深入交往，强化服务，打造人文 CBD

（1）精心策划组织"2016 北京 CBD 商务节"。聚焦"十三五"规划，紧紧围绕"新机遇、新动能、新发展"的主题，着眼创新、立足转型、突出共享，展示区域建设发展成就。举办"2016 北京 CBD 圆桌会"，共同研究区域发展方向，提升 CBD 的品牌影响力。积极参与 2016 年科博会、京交会，有效宣传 CBD，同步展示了 CBD 的发展潜力和优势。此外，通过举办现场雕塑创作、第四届唱响 CBD、北京 CBD 话剧周等多种文化活动，展现 CBD 文化的风采，丰富区域文化生活。

（2）发挥平台作用，强化合作交流。作为中国商务区联盟和世界商务区联盟轮值主席单位，积极开展常规工作，做好会员间的联络、通报，组织联盟活动，促进成员间的合作与交流。编制《中国商务区联盟年报》，增进各个商务区之间的了解；编制《中国商务中心区发展报告（NO.3）》，帮助各成员单位科学地认识商务区的发展方向，探索解决中国 CBD 在新时期的区域协同发展思路和对策问题。此外，通过物业地产协会、传媒产业商会、经理人俱乐部等平台，帮助企业了解最新政策，加大政企合作交流的力度。

（3）全面做好人才公租房配租服务工作。北京 CBD 为便于更好地服务承租企业和入住人才，根据近年（2013—2016 年）的运行实践，对承租管理办法和承租合同进行了修改完善。通过新一轮配租工作，向符合条件并在 CBD 区域内注册纳税的企业发放配租通知，对企业报送的申请人员进行住房情况核查和材料审核，最终通过人才公租房专题会确定，目前已有近 300 户入住，使支持人才工作落到实处。

（4）加强区域公共服务。北京 CBD 持续实行免费商务班车，搭载人次累计达 360 万，服务企业约 2 500 家。"北京 CBD"微信公共号在每个工作日推送可读性强、实用性好的内容，首次推出视频内容——CBD 微讲堂，聘请专家通过视频对传统茶道进行讲解，致公共号热度不断提升。《北京 CBD》杂志定期召开杂志选题会，不断从内容上进行创新，成为社会公众了解 CBD 的重要窗口和提升区域文化氛围的重要载体。

4.2　上海市静安区发展建设整体状况分析

4.2.1　2016 年上海市静安区国民经济和社会发展计划执行情况分析

2016 年是"撤二建一"后上海市静安区发展的开局之年，更是实施"十三五"规划的起步之年。一年来，上海市静安区紧紧围绕"国际静安、圆梦福地"的奋斗目标，大力实施"一轴三带"① 发展战略，坚持稳中求进的工作总基调，突出创新驱动发展、经济转型升级，聚焦重点、狠抓落实，全力推进改革、发展、稳定各项工作，完成了年初既定的目标任务。2016 年全年完成税收总收入 648.17 亿元，同比增长24.61%；一般公共预算收入 229.71 亿元，同比增长 18.18%；社会消费品零售总额 622 亿元，同比增长 7%；全社会固定资产投资 310 亿元，同比增长 10%；拆除二级及以下旧里面积 12.53 万平方米；新增就业岗位 52 886 个，登记失业人数控制在市政府下达目标内；政府实事项目全部完成。2016 年，上海市静安区社会经济发展的多项成绩令人瞩目。

4.2.1.1　聚焦提质增效，区域经济实现平稳较快发展

（1）产业能级不断提升。上海市静安区加大重点产业、重大项目的引进培育力度，五大重点产业实现税收总收入 466.99 亿元，同比增长21.79%，占全区税收总收入的 72.05%。上海市静安区积极推进南京西路商圈、大宁商圈、苏河湾商圈和曹家渡商圈等区域的商业业态调整，配合做好国际知名品牌旗舰店项目的入驻。静安区荣获"国际消费城市

---

① "一轴"即贯通南北、共享互融的复合发展轴；"三带"即南京西路两侧高端商务商业集聚带、苏州河两岸人文休闲创业集聚带、中环两翼产城融合发展集聚带。

示范区"称号，商贸服务业实现税收总收入同比增长 0.45%。上海市静安区全年引进各类金融机构 36 个，金融服务业实现税收总收入同比增长 63.25%。持续推进人力资源、检测认证、管理咨询、法律服务和会计审计等行业发展，专业服务业实现税收总收入同比增长 27.43%。新增珠江创意园、H951 等亿元园区，文化创意产业实现税收总收入同比增长 17.54%。推进云计算、大数据等新兴产业集聚，引进浪潮云计算中心、上海数据交易中心等知名企业，信息服务业实现税收总收入同比增长 18.87%。上海市静安区主要经济运行指标及变动率如图 4-2 和图 4-3 所示。

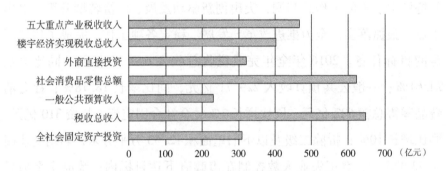

图 4-2 2016 年上海市静安区主要经济运行指标
资料来源：根据上海市静安区政府工作报告及 CBD 研究基地数据资料整理。

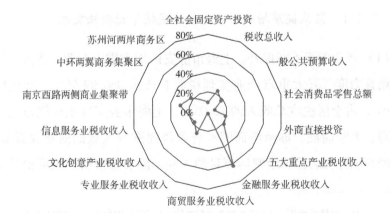

图 4-3 2016 年上海市静安区主要经济运行指标变动率
资料来源：根据上海市静安区政府工作报告及 CBD 研究基地数据资料整理。

（2）重点区域发展步伐加快。2016 年，上海市静安区南京西路两侧高端商务商业集聚带实现税收总收入 286.74 亿元，同比增长 30.25%。兴业太古汇项目一期、丰盛里已竣工。苏州河两岸人文休闲创业集聚带全年实现税收总收入 83.16 亿元，同比增长 13.38%。中粮大悦城二期北块商办等项目正在推进，95 街坊商办楼项目基本建成。积极推动 91、96 街坊和天星大楼的城市更新方案研究。上海市静安区中环两翼产城融合发展集聚带全年实现税收总收入 83.15 亿元，同比增长 23.11%。其中，南翼大宁地区紧扣环上大国际影视产业园区建设，借助"亚洲新人奖"颁奖典礼等品牌影响力，累计引进影视企业 163家。区域内大宁中心广场一期、四期已竣工，大宁音乐广场已开业。北翼市北高新园区品牌辐射效应显著增强，成为上海首家大数据产业基地，并创建成为全国首批长江经济带国家级转型升级示范区和全国第七批新型工业化示范基地，区域内"市北·智汇园"已经竣工，"市北·壹中心"等项目已经开工。

（3）服务企业成效明显。上海市静安区健全招商模式，坚持招大引强选优，全年引进重点内资项目 171 个，引进外资项目 138 个，引进税收千万元级企业 25 家。总部经济不断集聚，引进跨国公司地区总部6 家，全区跨国公司地区总部累计达 64 家。涉外经济得到快速发展，外商直接投资合同金额 12 亿美元，涉外经济实现税收总收入 321.26 亿元，同比增长 19.86%。楼宇经济发展优势进一步巩固，全区税收亿元楼达到 63 栋，其中 10 亿元楼 7 栋，楼宇经济实现税收总收入 402.28 亿元，占全区税收总收入的 62.06%。积极开展企业走访活动，搭建交流平台，通过现场办公，帮助企业解决实际困难，增强企业在静安区发展的信心。继续发挥静安白领午餐特色优势，与相关餐饮企业进行工作对接，鼓励企业向区域北部拓展，努力实现服务白领的便捷化、精细化。

4.2.1.2 围绕激发活力，改革创新持续深化

（1）"双试联动"① 取得阶段性成果。上海市静安区成功获批新一轮国家服务业综合改革试点，积极破解产业发展的体制机制瓶颈，支持区内各类金融机构开展金融产品创新，落实检验检测领域改革措施，开设影视艺术类企业注册绿色通道等。上海市静安区推动产业功能性平台建设，"国家检验检测认证公共服务平台示范区"通过国家认监委评估验收。着力推进质量强区工作，与市质监局签署合作协议，提升区域整体质量水平。主动复制推广自贸区改革试点经验，深化商事制度改革，完善企业准入"单一窗口"制度，推行工商注册登记全程电子化和电子营业执照试点。进一步提高贸易便利化程度，与上海海关、上海国检等签署合作备忘录，明确了在重点企业便利通关、检贸合作、进出口贸易便利化等方面开展合作。建成事中事后综合监管平台，完成"双告知""双随机"等 5 个功能模块并上线试运行。积极深化行政审批制度改革，梳理行政审批目录，共取消行政审批事项 57 项。推进行政服务中心整合和建设，全区 23 个部门、233 项行政审批事项入驻，并于 2016 年 4 月 1 日对外运行。推进网上政务大厅建设，全区 368 个审批事项、162 项服务事项接入网上政务大厅，并正式上线运行。

（2）其他重点领域改革有序开展。上海市静安国资国企改革不断深化，制定下发《关于进一步推进静安区国资国企改革的若干意见》及相关配套文件，统筹全区面上国资国企改革工作。推动企业提质增效，压缩法人层级，减少管理层级。成立静安城市发展（集团）有限

---

① 即持续推进复制上海自贸区改革试点经验与深化国家服务业综合改革试点"双试联动"改革。

公司，环卫作业企业股权整合、资产划转工作全部完成。加强国有资产监管制度的融合统一，试行区管企业委派总会计师制度，完善薪酬考核机制。全面推开"营改增"试点，有序推进税收征管改革以及"金税三期"上线等重点工作。

（3）科技创新能力不断提升。上海市静安区聚焦重点区域，开展技术研发和示范应用，推进云计算、大数据、物联网等优势产业集群创新。引导企业积极申报和实施国家、上海市的各类科技项目，提升创新发展能级。全区共有 16 家企业获上海市科技小巨人（培育）企业认定，立项数量中心城区第一；51 个项目获上海市高新技术成果转化项目认定。上海市静安区大力推进众创空间建设，市北高新—英特尔联合众创空间、WeWork 亚太地区首店、旗舰店先后开业。

4.2.1.3 紧扣民生福祉，社会建设稳步推进

（1）旧区改造快速有力。上海市静安区积极调整完善"撤二建一"（撤销闸北区、静安区，设立新的静安区）后旧区改造的组织架构、管理体制、推进机制和人员配备等，做到资金和房源的统一调配，逐步统一操作口径，逐步统一队伍考核等。坚持阳光操作，更加尊重群众的主体地位，让旧区改造工作经得起群众的监督和时间的检验。地铁 14 号线武定路站、大统基地、青 – 12（二期）、北横通道（蕃瓜弄段）等基地实现收尾。华兴新城、富民路 92 号、宝丰苑二轮征询当天签约率分别达到 93.18%，96.47% 和 95.61%，超过生效比例。北横通道（蕃瓜弄段）市政项目征收签约率达到 100%，创造了新纪录。2016 年全年启动 6 个地块的征收，累计实现旧区改造受益居民 8 800 户，提前超额完成全年目标。

（2）养老、就业等民生工作扎实推进。上海市静安区养老服务体

系不断完善。和养临汾、和养宝华、和养彭浦和恒裕曹家渡 4 家养老机构相继投入运营。探索推开老年照护统一需求评估工作，试行公办养老机构评估后入院机制。推进"老年宜居社区"建设，新增北站街道、宝山路街道和彭浦镇 3 家试点单位，实现"老年宜居社区"建设试点全覆盖。新建 4 家长者照护之家、3 家社区综合为老服务中心、4 家老年人日间服务中心、2 家社区助餐点，新建、改建 20 个标准化老年活动室、社区助老服务站。2016 年全年为 2.88 万名老人提供居家养老服务，为近 21 万名老人办理敬老卡，累计发放老年综合津贴 2.53 亿元。实施积极的就业政策，帮助特殊困难人员就业 1 683 人，帮助引领成功创业 856 人。健全社会救助体系，多措并举实施精准救助，更好地实现对中低收入人群的保障。全年实施低保救助、医疗救助和临时救助共 23.48 万人次，救助金额共计 1.47 亿元。

（3）社会各项事业加快发展。上海市静安区推进德育一体化综合试点，深化市级学科德育重点项目研究，建设优秀德育品牌。加强教育综合改革，深化课程与教学改革，实施学区化、集团化办学，成立彭浦一小教育集团、风华初级中学教育集团，推进优质教育资源的整合。举办静安教育"学术季"活动，促进区域内校际交流。加强师资队伍建设，重视骨干教师培养。星恒幼儿园、南京西路幼儿园分园、闸北实验小学明德校区改扩建等项目已投入使用。积极推进健康城区和公共卫生体系建设，15 项市级、4 项区级公共卫生服务项目有序推进。加强区域医疗中心能力建设，整合全区医疗资源。加快区级康复医疗服务体系建设，建成宝华老年护理院。整体推进社区卫生综合改革，全面推广家庭医生制度。强化社区卫生服务平台功能，完善基本服务标准和基于标准的管理机制。南京西路街道社区卫生服务中心被评为全国优秀社区卫生服务中心，曹家渡街道、彭浦新村街道社区卫生服务中心被评为上海市优秀社区卫生服务中心。做好全球健康促进大会静安区"中国国家日"相关工作，完成全国健康促进示范区试点评估工作。落实计划生育政策，推进家庭发展建设。

静安区深化"10分钟公共文化圈"建设，区文化馆改建工程基本完成，新建10家基层文化活动服务点。2016年全年向基层派送讲座、演出、展览、电影5 300场，各街镇"一街一品"文化活动蓬勃开展。推动群众性文艺创作，《亲！还在吗》荣获全国群众艺术领域最高奖项。成功举办"浓情静安·爵士春天""现代戏剧谷"等多元文化品牌活动，成为第二批上海市公共文化服务体系示范区。推进"15分钟体育生活圈"建设，新增5条健身步道和5处公共运动场，新体育中心等项目建设有序推进。成功举办2016年国际剑联花剑世界杯大奖赛、世界青少年台球锦标赛、2016上海·静安苏州河国际皮划艇马拉松赛等国际国内赛事。国防动员、双拥、旅游、民防、档案、妇女儿童、青年、民族、宗教、对台和侨务等各项工作取得新进展。

（4）基层基础建设不断加强。上海市静安区按照区委统一部署，制定形成街道"三定"方案，明确街道党工委、办事处主要职责，优化完善"6＋2"内设机构，充实调整各街道行政编制。推进执法管理力量下沉，完善事项下沉分类准入制度，切实减轻基层负担。加强居委会约请制度建设，优化居委会电子台账系统，制定居民区工作评估考核办法、居民区工作经费使用管理办法，下发居委会依法协助行政事务和印章使用范围"两个清单"，切实为社区自治做好基础保障工作。制定《静安区社会组织发展专项资金管理办法》及配套实施细则，启动社会组织规范化评估及评优创建，引导社会组织自律自治。

4.2.1.4 注重环境提升，多措并举补好短板

（1）"美丽家园"建设成效明显。上海市静安区凝聚全区力量，加大投入力度，安排 15 亿元专项资金用于"美丽家园"建设，推动"美丽城区""美丽家园""美丽楼组"三位一体，融合共进。上海市静安区全年完成直管公房全项目修缮 26.45 万平方米、多高层住宅综合整治 50 万平方米、二次供水设施改造 300 万平方米、屋面及相关设施改造 80 万平方米。努力提升物业管理综合水平，坚持优胜劣汰，归并 185 个 3 万平方米以下的小区。上海市委、市政府对"美丽家园"建设予以了充分肯定。

（2）"美丽城区"建设力度加大。上海市静安区重点区块生态环境综合治理有序推进。市级项目彭浦镇科技街坊地块生态综合整治涉及"五违"工作已全部完成，区级项目少年村路 415 弄（侯家宅）地块、临汾路西头高压线下违法建设全部拆除，彭浦镇走马塘汽配城拆除违法建设 1.2 万平方米。全区累计拆除违法建设 33 万平方米。加大水污染防治力度，完成徐家宅河基本消除黑臭任务。切实加强绿化建设，累计建成公共绿地 5.39 万平方米，立体绿化 3.24 万平方米。对 35 个学校、医院、轨道交通站点、菜场和老旧小区等特定区域开展综合整治，有效改善周边环境。

（3）重大工程项目建设加快推进。上海市静安区强化统筹、协调推进，加大重点项目的推进力度。彭三小区（四期）老旧住房成套改造等 43 个项目实现开工，大宁国际二小等 35 个项目实现竣工，全年开、竣工面积各达到 200 万平方米。积极推进综合交通及市政配套项目建设，北横通道（静安段）一期开工，南北通道一期工程（场中路—中山北路）建设进展顺利，其中，大宁音乐广场段（灵石路—广中西

路）已完工。天潼路—曲阜路（河南北路—西藏北路）、山西北路（北苏州路—天潼路）等项目已开工，平利路桥已完工，完成 25 条道路整修工程。

（4）城区运行安全有序。上海市静安区按照"全覆盖、零容忍、严执法、重实效"的总要求，深入推进重点领域专项整治工作。切实加强城区公共安全管理，深入推进社会治安防控建设，加大治安顽症治理力度。强化消防安全管理，实现了春节期间本区烟花爆竹"零燃放"的既定目标，按时保质完成市区两级消防安全实事项目。推进住宅小区老旧电梯安全评估，并进行了全覆盖专项检查。建立全区统一的食品、药品安全综合协调网络，确保安全责任层层落实。上海市静安区按照市政府统一部署，开展道路交通违法行为大整治，城区交通秩序明显改善。深化街镇网格中心建设，优化问题发现、分类处置、监督考核等机制，2016 年全年共协调处置"12345"市民服务热线工单 27 160 件。全力做好信访矛盾纠纷排查处置，维护社会和谐稳定。

4.2.1.5 加强自身建设，行政效能稳步提升

（1）持续深化作风建设。上海市静安区开展专项督查和自查工作，狠抓督促整改，坚决查处损害群众切身利益的行为。制定《关于静安区进一步推进政府效能建设的实施意见》等，明确职责，细化目标，努力提升行政效能。

（2）着力推进依法行政。上海市静安区规范政府行为，按照"有权必有责"的原则，逐项梳理不履行或不正确履行法定职责的具体行为、责任形式、追究情形等，明确行政过错责任。坚持运用法治方式化解社会矛盾，及时解决群众合理合法的诉求。健全政府法律顾问制度，

发挥法律顾问在推进依法行政中的积极作用。在预算绩效管理、结转结余资金管理、政府购买服务等重点领域，进一步修订和完善相关规章制度，为实现财政精细化、科学化、规范化管理提供了制度保障。加强公务员职业道德建设，强化责任追究、效能监察和绩效考核，勤政廉政建设进一步加强。人大代表建议解决率达到 70.4%，政协提案予以解决或采纳的达到 87.5%，保持了较高水平。

4.2.2　2017 年上海市静安区社会经济发展预期目标

2017 年，上海市静安区社会经济发展的主要预期目标是：区级一般公共预算收入同比增长 7%；社会消费品零售总额同比增长 6.5%；实现全社会固定资产投资 310 亿元；拆除成片二级及以下旧里面积 8.6 万平方米；单位增加值能耗同比下降 3%；新增就业岗位 40 000 个，登记失业人数控制在市政府下达的目标内。

4.3　广州市天河区发展建设整体状况分析

4.3.1　2016 年广州市天河区国民经济和社会发展计划执行情况分析

2016 年，面对错综复杂的国内外环境，广州市天河区主动适应和引领新常态，坚持新的发展理念，坚持稳中求进的总基调，全面落实"十三五"规划部署，深入实施创新驱动战略，着力加强供给侧结构性改革，统筹推进稳增长、促改革、调结构、优环境、惠民生，经济社会平稳健康发展，实现"十三五"良好开局（见表 4 - 1）。

表 4 - 1   2016 年广州市天河区经济和社会发展主要目标完成情况

类别	指标	预期目标	完成情况
经济发展	地区生产总值	增长 8% 左右	增长 9%
	第三产业增加值占地区生产总值比重	87% 以上	88.8%
	一般公共预算收入	与经济社会发展水平相适应，与财政政策相衔接	66 亿元 可比增长 9.6%
	固定资产投资额（按法人）	与上年持平	下降 20.8%
	社会消费品零售总额	增长 8%	增长 4.2%
	实际利用外资	9 亿美元	10.01 亿美元
	单位地区生产总值能耗下降率	待市下达	预计可完成
创新驱动	研究与开发经费支出占地区生产总值的比重	2.7%	预计可完成，但存在不确定性
	每万人发明专利拥有量	57 件	可完成
	天河软件园软件业务收入	增长 17%	增长 17.1%
社会发展	城市居民人均可支配收入	与经济增长基本同步	预计增长 9%
	基本社会保险覆盖率	97%	97%
	城镇登记失业率	3.5% 以下	2.4%
	城镇登记失业人员就业率	70% 以上	71%
	民生和各项公共事业支出占区一般公共预算支出的比重	86.4%	86.4%

4.3.1.1   主动适应引领新常态，经济发展稳中有进

（1）经济快速健康发展。广州市天河区全年地区生产总值（下称"GDP"）3 801.2 亿元，增长 9%，增速连续两年排名全市第二，总量连续 10 年位居全市首位，占全市 GDP 的 19.4%。消费、投资、出口形

势总体平稳，社会消费品零售总额 1 818.4 亿元，增长 4.2%；固定资产投资 546.7 亿元，下降 20.8%；16 个市重点项目完成投资 23.2 亿元，56 个区重点项目完成投资 77.7 亿元，投资完成率均超过 100%；商品进出口总值 583.3 亿元，增长 9%，其中出口增长 13.2%，进口增长 4%（见图 4－4）。

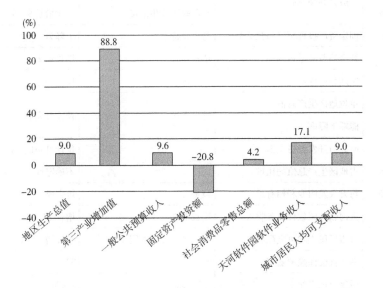

图 4－4　2016 年广州市天河区主要经济指标

资料来源：根据广州市天河区政府工作报告及 CBD 研究基地数据资料整理。

（2）质量效益稳步提升。广州市天河区一般公共预算收入 66 亿元，可比增长 9.6%，非税收入占比为 17.8%。税收收入 638.2 亿元，增长 5.7%，其中，国税增长 9.7%，地税增长 1.7%。人均 GDP 24 万元，城市居民人均可支配收入 5.7 万元，增长 9% 左右。GDP 增量占全市的 24%，对全市经济增长的贡献最大。单位地区生产总值能耗水平全市最优，节能减排工作取得新成效。

（3）产业结构持续优化。广州市天河区三次产业比例调整为

0.03:11.17:88.8,第三产业对 GDP 增长的贡献达 93.8%。现代服务业集聚和辐射效应进一步增强,现代服务业增加值 2 660.8 亿元,增长 10.6%,占 GDP 的比重为 70%。现代金融体系不断完善,科技金融初见规模,新增"新三板"挂牌企业 64 家,占全市的 32%,新增股权交易中心挂牌企业 549 家,占全市的 42%,金融业增加值占 GDP 的比重达 22.5%。新一代信息技术快速发展,全区规模以上软件和信息技术服务业营业收入增长 25.4%。现代商贸业优化升级,国际化营销体系不断完善,服务标准化建设和大型商业载体改造加快推进。商务服务业壮大发展,辐射带动作用持续增强。新产业、新业态加速成长,文化创意、电子商务、线上旅游企业规模快速扩张,全区网上商品零售额增长 1.1 倍。

(4)市场活力不断增强。广州市天河区新增企业 4.2 万户,占全市的 29.3%,同比增长 26.8%,增量居全市第一。其中,新增注册资金 1 000 万元及以上企业 6 492 户,占全市的 37.6%,增长 39%;新增注册资金 1 亿元及以上的企业 297 户,占全市的 30.8%,增长 22.2%。引进仁孚汽车(中国)总部、中建基础设施勘察设计华南总部等 10 个世界 500 强企业项目和澳门国际银行广州分行、广州奥翼电子有限公司等一批跨国公司和行业龙头项目。2016 年全年实际利用外资 10.01 亿美元,增长 16.2%,首次突破 10 亿美元大关。

4.3.1.2 全面实施创新驱动发展战略,创新创业成效显著

(1)创新主体实力大幅提升。广州市天河区新增科技类企业 1.2 万家,占全市的 36.7%。中国互联网百强企业 6 家,总量为全省第一;中国最佳创新公司 50 强企业 3 家,总量为全市第一。引进中兴通讯广州研究院、奥翼材料与器件研究院等新型研发机构。申报科技创新小巨人培育入库企业 830 家,高新技术企业累计达 1 404 家,占全市的

30%。全区发明专利申请量 9 659 件，增长 81.9%，占全市的 30.3%，连续 15 年居全市第一。

（2）创新育成体系初步形成。广州市天河区创新空间扩大，旧园区、旧厂房、村集体物业创新改造成效显现，形成了层次鲜明、专业突出、链条完整的创新创业服务载体体系。新增市级登记以上孵化器 20 家，占全市的 26%，新增市级登记以上众创空间 34 家，占全市的 43%。被授予"全国互联网产业集群区域品牌建设试点"，天河"互联网+"小镇①成为全省首批五个产业型"互联网+"小镇之一。

（3）创新创业环境持续优化。广州市天河区创新创业蔚然成风，成功承办首届广州国际创新节，举办天河区创新创业大会、创投圆桌峰会、天英汇·零壹创业创新创投峰会等活动，成立了"天英汇众创联盟"及其他产业联盟、行业组织。启动第二届"天英汇"大赛，参赛项目和团队 1 500 余个，首次在市外设立分赛区，并开始大赛国际化的尝试。实施创新创业领军人才计划，5 500 平方米的天河人才港投入使用，中乌巴顿焊接研究院等平台加快发展。

（4）改革创新步伐不断加快。广州市天河区"1+1+8"产业扶持和科技创新系列政策②深入实施，配套政策和细则不断完善，效果逐步

① 天河"互联网+"小镇的位置是：北至中山大道，南至黄埔大道，西至天府路，东至车陂路，西北延伸至华景软件园。其核心区包括广州信息港、羊城创意园和华景软件园，面积约 3.2 平方公里。现有互联网企业 400 多家，2015 年互联网产值约 500 亿元，是广州市首批唯一的产业型"互联网+"小镇，并成功入围全省首批"互联网+"小镇。

② "1+1+8"中的第一个"1"为统筹全区产业政策的总体实施意见；第二个"1"为专项资金管理办法；"8"为 8 项产业政策，分别为：《天河区产业发展专项资金支持重点企业落户实施办法》《天河区产业发展专项资金支持高端服务业发展实施办法》《天河区产业发展专项资金支持招商机构引进投资实施办法》《天河区产业发展专项资金支持科技创新产业发展实施办法》《天河区产业发展专项资金支持天河科技园/天河软件园发展实施办法》《天河区产业发展专项资金支持绿色发展实施办法》《天河区产业发展专项资金支持高层次人才创新创业实施办法》《关于促进科技园区、孵化器、众创空间企业注册登记便利化的指导意见》。

显现。特色政务服务体系建设加快推进,率先建立了基于云计算大数据技术的统一审批平台。商事登记制度改革全面深化,率先启动银行网点设立企业注册登记窗口试点,开设外资登记窗口,启动内资注册登记"全城通办",率先在科技园区、孵化器和众创空间实现"卡位注册""集群注册""一址多照"等登记便利化改革,降低了创新创业门槛。

4.3.1.3 加快推进重点平台建设,城市功能优化提升

(1)优化提升城区功能布局。广州市天河区"多规融合"① 平台管理和应用不断深化,空间资源高效配置,组织编制珠江景观带天河区段(节点)提升方案和天河区城市生态控制线图则,荣获 2015 年度全省土地执法监察考核一等奖。城区功能布局不断完善,"八纵九横"② 路网建设稳步实施,交通微循环持续改善,加快推进柯木塱南路、大观街一期等项目,稳步推进黄云路、珠吉路等 14 个断头路、瓶颈路项目建设。地铁 6 号线二期正式开通,11、13、21 号线建设有序推进。"城中村"改造加快,冼村首期复建房已封顶,潭村复建房进入装修阶段,棠下新墟和新塘、新合公司复建房建设进展顺利。

(2)天河中央商务区品牌价值不断提升。广州市天河区编制整体提升工作思路框架,获批"全国中央商务区知名品牌创建示范区"。通过国际会议、知名论坛宣传推介天河 CBD,品牌知名度与影响力不断扩大。成功举办了 4 期 2016 年度中英金融人才教育高级培训班。周大

---

① "多规融合"是指在"三规合一"的基础上,促进环保、文化、教育、体育、卫生、绿化、交通、环卫等专业规划的相互协调和融合,实现同一城市空间实体的多专业规划协调统一,城市空间功能布局优化和各行各业持续协调发展。

② "八纵九横"是指横跨天河境内的主干道路网。"八纵"自西向东为广州大道、猎德大道系统、华南快速干线、科韵路、车陂路、大观路、黄村大道—汇彩路、科珠路—珠吉路等南北走向的主干道;"九横"自南向北为临江大道、花城大道及其东延线、黄埔大道、中山大道、广园路、北环高速、华观路、广汕路、华快三期—凤凰山隧道等东西走向的主干道。

福金融中心（写字楼部分）、天环广场、侨鑫国际金融中心、天汇广场和凯华国际中心等相继投入使用。

（3）广州国际金融城建设有序推进。广州市天河区积极对接广州市"黄金三角区"①、一江两岸三带②核心段、广州国际金融城东区和临江大道东延线的开发建设。广州国际金融城汇金中心、绿地中心、保利（守鸿、邦杰）4 个项目已建至 25 层以上。起步区村民住宅复建项目已动工，5 个集体物业复建项目已规划报建。

（4）天河智慧城发展成效显著。广州市天河区广电现代服务产业基地已竣工验收，中国移动南方基地二期、网易总部基地、佳都产业基地、测绘地理信息产业园等 8 个项目开工建设。新增科技写字楼及孵化器近 90 万平方米，推动省综合性创业孵化（实训）示范基地落户。大观湿地公园正式对外开放，南部生活配套区永久用电工程竣工验收并投入使用，智慧城地下综合管廊建设一期项目开工建设，同步启动智慧城二期、三期管廊规划研究。

（5）天河路商圈升级改造全力加速。广州市天河区商、旅、文融合全面深化，成功举办第五届广州国际购物节、第七届天河国际美食文化节等主题活动，首批 4 件主题雕塑落地揭幕，启动灯光、城市家具、指示标识等品质化提升工程。推动步行廊道建设和绿化环境改造，首期 3 条地下连廊项目加快推进，天河路沿线和周边商业载体绿化不断完善。商圈业态优化提升，正佳广场新增体验式业态，推动万菱汇、维多利等载体升级改造，积极引进苹果、特斯拉、COS 等近百个国际知名品牌入驻。

---

① "黄金三角区"是指重点推进琶洲互联网创新集聚区、广州国际金融城和珠江新城融合发展，构成广州中心城区集聚高端要素的"黄金三角区"。
② "一江两岸三带"是指珠江两岸的经济带、创新带和景观带。

4.3.1.4 聚集优化城市环境，民生福祉持续改善

（1）城区品质不断提升。广州市天河区出台《天河区全面深化"干净整洁、平安有序"环境整治工作方案》，建立 43 项工作标准，环卫标准化、机械化水平大幅提升。在全市率先提出并推行市政道路"物业式保洁"的理念，率先实现主干道垃圾收集点围蔽、人行道定期清洗。全面提升市政设施品质化水平，率先按统一标准整修路面和树穴，安装护栏和工具房底座。在全市率先完成城中村"三线"① 整治，完成天河路市政设施全要素品质化提升示范路建设，并获全市示范路建设评比 A 级。农贸市场升级改造加快推进，垃圾分类工作效能不断提升，制定实施"村改居"公共事务建设维护方案，稳步推进"村改居"社区 5 项公共事务接管工作。立体化治安防控体系不断完善，全区案件类警情同比下降 4.9%。全年未发生较大的生产安全、消防安全和食品药品安全事故。

（2）生态环境持续改善。广州市天河区空气质量达标天数为 316 天，达标比例达 86.3%，未出现严重污染，多项污染物指数呈下降趋势，其中 PM2.5 年平均浓度 33 微克/立方米，同比下降 13.2%。"无燃煤区"② 成果进一步巩固，完成"扬尘污染控制示范区"③ 创建工作。马鞍山"脏乱差"和兴盛路油烟噪音扰民等环境突出问题得到妥善解决。道路绿化景观不断改善，在黄埔大道、天河路等主干道加种、换种开花乔木，精心打造 3 个公共绿地赏花景点。

---

① "三线"为网线、电视线、电话线。
② "无燃煤区"是指辖区内无生产、销售、使用燃煤的区域。
③ "扬尘污染控制示范区"主要包括防治建设工程施工、物料运输、养护施工等七个方面的扬尘污染，以及空气重污染日的扬尘污染防治应急处置。

（3）文教体卫事业取得新成效。广州市天河区稳步推进天河区文化艺术中心建设，建成一批社区文化体育设施、场地。文化品牌影响力不断提升，成功举办猴年迎春花市嘉年华活动、广州乞巧文化节、第十届天河读书节等主题活动。高考、中考成绩再创历史新高，区属公办普通高中重点本科上线人数首次突破 800 大关，重点本科上线率达到29.4%；区属公办学校中考平均分继续保持全市第一，天河外国语学校中考平均分蝉联全市第一。教育资源不断增加，完成棠德南小学北校区、元岗小学南兴校区、昌乐小学旭日校区和龙洞小学宝翠园校区建设，增加 3 060 个学位，与广州市教育局签署了合作建设执信中学天河校区项目协议。医药卫生体制改革不断深化，推进紧密型医联体建设，暨大附属中西医结合医院、暨大附属第一医院天河医院挂牌，区人民医院改扩建工程和内部装修基本完成，区中医医院装修改造完成。与华南理工大学签订东北部三甲医院合作框架协议，城市基层社区卫生服务能力不断提升，国家慢性非传染性疾病防控综合示范区建设不断深化，重大传染病防控成效显著，率先建成全市首个全覆盖疫苗冷链监测系统。

（4）社会保障水平进一步提高。广州市天河区新增就业 6.2 万人，成功扶持创业企业 2 263 家，累计带动就业 5.2 万人。全区养老、失业、工伤、生育和城乡居民医保参保共 455.5 万人次。人口规模适度增长，稳步实施"全面两孩"政策，来穗人员公共服务体系内涵进一步丰富，公共集体户①的设立和服务工作稳步推进。区老人院主体工程完工，新增民办养老床位 1 184 张，区居家养老服务示范中心投入试运营，建成

---

① 公共集体户是指在现行集体户管理之外单独增设的一种集体户，主要解决广州市户籍管理工作中的落户地址"兜底"问题，即确保有本市户口或符合本市入户条件、但按现行登记入户地址顺序仍无法落户的人员顺利落户，同时有效减少人户分离对相关服务管理的影响，并为有序解决公共集体户人员子女义务教育等问题及时提供人员信息。

63 个区域性社工服务站。

4.3.2 本节中两个名词解释

（1）新三板：是指全国中小企业股份转让系统，主要为创新型、创业型、成长型中小微企业服务，境内符合条件的股份公司可通过主办券商申请在该系统挂牌，公开转让股份，进行股权融资、债权融资和资产重组等。

（2）股权交易中心：为区域内的企业提供股权、债券的转让和融资服务的私募市场，是我国多层次资本市场的重要组成部分，亦是中国多层次资本市场建设中必不可少的部分。股权交易中心对促进企业特别是中小微企业股权交易和融资，鼓励科技创新和激活民间资本，加强对实体经济薄弱环节的支持具有积极作用。

4.4 天津市滨海新区发展建设整体状况分析

4.4.1 2016 年天津市滨海新区国民经济和社会发展计划执行情况分析

天津市滨海新区贯彻落实京津冀协同发展等重大国家战略，持续实施开发开放攻坚，发展动力不断增强；成功应对各种风险挑战，稳中求进，取得良好成绩。天津市滨海新区认真落实"三个着力"的重要要求，紧紧围绕国家赋予的功能定位，深入实施"三步走"战略举措，拼搏奋进，扎实苦干，全力打好开发开放攻坚战，圆满完成经济社会发展的主要目标任务，为建设国际化、创新型宜居生态新城区奠定了坚实基础。2016 年天津市滨海新区主要经济运行指标变动率如图 4 - 5 所示。

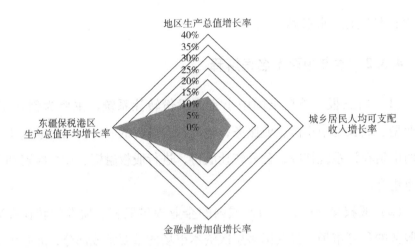

图 4 - 5　2016 年天津市滨海新区主要经济运行指标变动率

资料来源：根据天津市滨海新区政府工作报告及 CBD 研究基地数据资料整理。

4.4.1.1　深入落实国家发展战略，综合实力跃上大台阶

天津市滨海新区主动适应和把握经济发展新常态，坚持把贯彻落实京津冀协同发展战略贯穿于开发开放全过程，积极响应"一带一路"倡议，加快推进自由贸易试验区①、自主创新示范区建设，引领带动经济发展实现新跨越。2016 年地区生产总值突破 1 万亿元，3 年年均增长约为 13%。滨海新区作为全国经济增长极的极化效应显著增强，对区域发展的辐射带动作用更加突出。主动对接非首都功能疏解，与京冀有关地区深入开展合作，在产业协同发展、交通一体化、生态环境保护 3 个重点领域取得重大突破。全面推进与在京央企的合作，引进来自北京的重点项目近 2 000 个，实际到位资金 2 300 亿元。天津市滨海—中关

---

①　自由贸易试验区是指在国境内关外设立的、以优惠税收和海关特殊监管政策为主要手段，以贸易自由化、便利化为主要目的的多功能经济性特区。

村科技园建设全面展开，未来科技城建设全面提速。京滨城际铁路启动建设，津冀港口资源优化迈出重要步伐。区域空气、水污染防治联动协作取得成效。实施京津冀区域一体化通关模式，海铁联运、空铁联运服务持续向京冀腹地延伸，服务辐射能力显著增强。积极应对经济下行和各种困难挑战，打出系列政策组合拳，加大供给侧结构性改革力度，稳增长、调结构、促转型，发展质量与社会效益明显提高。投资发挥了重要的拉动作用，实际利用外资 332.5 亿美元，实际利用内资 3 120 亿元。天津市滨海新区产业结构进一步优化，第三产业增加值占地区生产总值的比重达到 39.5%，3 年（2014—2016 年）提高了 7 个百分点。财政收入年均增速高于地区生产总值 2.4 个百分点，2016 年一般公共预算收入达到 1 338 亿元，是 2013 年的 1.5 倍。城乡居民人均可支配收入年均分别增长 9.5% 和 9.6%。节能减排完成全市下达的目标任务。

4.4.1.2 全面推进功能集成建设和产业集群发展，功能区主力军作用进一步强化

2016 年，天津市滨海新区 7 个功能区实现生产总值约占全区的 75%。开发区大力实施先进制造业倍增计划，长城汽车、三星电机二期等重大项目竣工投产，一汽大众华北生产基地、一汽丰田新一线、修正药业等重大项目开工建设，主要经济指标在国家级开发区中继续保持领先。保税区航空产业形成集聚效应，空客 A320 总装线累计交付飞机突破 300 架，庞巴迪公务机维修等 50 多个航空项目落地，航空物流区建设提速，圆通华北运营基地、中外运天津运营基地开工建设。高新区推出"创通票"服务模式，新一代信息技术产业形成核心竞争优势，新能源汽车产业快速成长，国能、恒天等重大汽车项目加快推进，京津合作示范区开工建设。东疆保税港区生产总值年均增长 40% 以上，3 年

（2014—2016 年）引进亿元以上项目 1 300 多个，国际航运中心功能要素加快聚集，国家进口贸易促进创新示范区和海外工程出口基地建设取得扎实成效。中新生态城全面推进国家绿色发展示范区建设，入选国家"海绵城市"① 建设试点，百度、阿里等重点项目相继落户，观海大道、遗鸥公园建设初具规模，中新合作富有成效。中心商务区生产总值连续两年实现翻番，聚集华夏人寿、金城银行等金融企业近千家，在跨境投融资、股权众筹等领域形成一批金融创新成果。腾讯众创空间投入运营，入选全国首批"双创"示范基地。临港经济区高端装备制造形成集群优势，海洋经济等新兴产业增势强劲，智能装备产业园一期建成投用，中欧先进制造产业园规划建设全面启动，大沽沙航道通航运营。

4.4.1.3　全力深化改革，扩大开放，经济社会发展焕发新活力

天津市滨海新区推行政府工作部门权责清单制度，优化政府职能体系，大部制、扁平化、强基层的行政管理架构进一步完善。率先成立行政审批局，集中行使行政审批权，封存的 109 枚印章被国家博物馆永久收藏，其成功经验在天津市复制并向全国推广，行政审批制度改革获得第四届中国法治政府奖。改革综合执法体制，推进重心下移、权力下放、队伍下沉，全面规范行政执法行为。整合市场监管职能，推行"五证合一、一照一码"登记制度，建立"双随机"抽查和联合检查机制，电子市民中心上线试运行。积极推进供给侧结构性改革，创新企业分类帮扶模式，建设政企互通服务平台，建立"全天候服务、全部门参与、全过程追溯、全覆盖帮扶"的工作体系，及时有效地帮助企业

---

① "海绵城市"是指城市能够像海绵一样，在适应环境变化和应对自然灾害等方面具有良好的"弹性"，下雨时能有效地吸水、蓄水、渗水、净水，需要时将蓄存的水"释放"并加以利用。

解决难题。

天津市滨海新区金融和涉外经济改革深入推进，开展期货保税交割、保税展示交易、人民币跨境结算等创新试点，融资租赁、商业保理等业务规模不断扩大，成为全国非上市公司场外交易首批扩容试点。建立覆盖全区的国有资产监管体系，完成 9 家区属企业集团整合，重点企业改制取得实质性进展。自由贸易试验区 151 项制度创新举措落地实施，累计新增市场主体 2.4 万户，新增注册资本金 9 100 亿元。开展平行进口汽车、跨境电子商务、航空保税维修再制造等业务试点，平行进口汽车量约占全国的 80%。创新跨境人民币双向资金池业务打通了企业境外募集低成本资金的渠道。启动天津港 "一港八区" 管理体制改革，支持天津国际班列常态化运营，推动天津口岸与 25 个无水港一体化运作。促进开放型经济发展，世界 500 强企业在新区投资项目超过400 个。"走出去" 取得重要成果，新区企业设立境外机构 105 家，中方投资额超过 110 亿美元。

4.4.1.4 大力促进结构调整和转型升级，现代产业发展体系不断完善

天津市滨海新区 3 年（2014—2016 年）累计 233 个重点工业项目建成投产，汽车及装备制造、石油化工、电子信息和粮油、轻纺成为千亿元级产业，航空航天、新能源、生物医药等战略性新兴产业年均实现两位数以上增长，建成 6 个国家新型工业化产业示范基地。新建军民融合创新研究院、中科智能识别产业技术研究院等一批重大创新平台，累计建成市级以上研发中心 429 家、产业技术创新联盟 28 家、众创空间48 家,科技型中小企业突破 2.6 万家。飞腾 CPU、麒麟操作系统、水下机器人等一批技术产品居于领先水平。中国驰名商标 32 件，天津著名商标 312 件。国际科技合作交流不断拓展，建成市级国际科技合作基地

23 个。积极推动存量优化，4 500 多家企业实现转型升级，工业化和信息化融合水平显著提升。创新金融、商务物流、总部经济等现代服务业加快聚集，金融业增加值由 2013 年的 326 亿元提高到 2016 年的 620 亿元，年均增长 15.8%。总部企业达到 400 家。港口主要指标保持平稳增长，2016 年天津港货物吞吐量 5.5 亿吨、集装箱吞吐量 1 450 万标准箱，世界第四大港的地位进一步巩固。机场旅客吞吐量 1 700 万人次。旅游会展加快发展，文化产业规模日趋扩大，举办国际生态城市论坛、国际文化创意展交会等 200 余场高端展会。街镇经济发展取得长足进步，2016 年街镇实现区级税收约 36 亿元，约为 2013 年的 1.24 倍。中塘镇入选全国首批特色小镇。

4.4.1.5 加快建设美丽滨海，城乡面貌发生新的变化

天津市滨海新区完成 29 项重点规划编制任务，城市总体规划和土地利用总体规划"两规合一"修编工作取得阶段性成果。综合交通体系框架基本形成，京津城际延伸线建成通车，于家堡高铁站、津秦高铁滨海站等交通枢纽投入使用，与京沪、京广高铁实现无缝对接。建成铁路进港三线和集装箱中心站，集、疏、运能力有了新提升。新建扩建 3 条高速公路、14 条主干道路，大修乡村公路 150 公里，海河隧道竣工通车，市政路网日趋完善。轨道交通 B1 线、Z4 线开工建设，Z2 线启动实施。综合提升重点区域城市形象，建设文化中心、万达广场、周大福滨海中心等标志性工程，海河外滩提升改造启动实施。海河口泵站建成投入使用，开展生态环境治理，建成 2 座热电联产项目，新建、扩建 7 座污水处理厂，完成大气治理任务 555 项，治理河道 133 公里，实施 139 项重点节能工程，建设 147 个清洁村居，南部地区空气异味综合治理取得明显成效。全面推进郊野公园和北大港湿地建设，建成 43 个街

心公园，新建提升绿化 2 120 万平方米，建成区绿化覆盖率达到
37.3%。连续开展大干 150 天市容环境综合整治，重点清整了 59 条主
干道路、9 个重点片区和 80 个居民小区。开展"拆违保安全"专项行
动，拆除私搭乱建、违章圈占 122 万平方米。新开提升公交线路 81 条。
天津市滨海新区加强城市管理信息系统建设，全面提升城市管理精细
化、智能化和网格化水平，城乡环境焕然一新。

4.4.1.6　着力保障和改善民生，公共服务能力持续增强

天津市滨海新区实施"十大民生工程"行动计划，3 年（2014—
2016 年）累计完成投资 310 亿元，建成 33 个重点项目。新建、改扩建
34 所中小学和幼儿园。积极引进优质教育资源，天津实验中学滨海学
校等 5 所学校建成招生，滨海中专通过国家中职示范校验收。建成天津
医科大学总医院空港医院、天津医科大学中新生态城医院，天津第五中
心医院成功升入"三甲"，泰达医院建成三级医院。率先启动公立医院
改革，成立新区疾病预防控制中心、妇幼保健和计划生育服务中心，创
建 3 个全国示范社区卫生服务中心。全国首套国产化质子治疗示范中心
签约落户。

城乡居民基本养老保险、基本医疗保险覆盖率均居于领先水平。建
成第一、第二老年养护院和大港老年大学，新批 14 家民办养老机构。
新建 18 个社区服务中心和 71 个社区服务站、120 个村级服务站，老旧
社区物业管理稳步推进。建成农村回迁房 355.6 万平方米，4.7 万农民
迁入新居。改造供热管网 663 公里、庭院供水管网 181 公里，受益居民
14.2 万户。实施农村饮水提质增效工程，惠及农村居民 7.45 万人。大
力实施文化惠民工程，3 个文化馆、2 个图书馆被评为国家一级馆，配
备街镇文化管理员，基层文化服务实现全覆盖。建成 310 处全民健身设

施。国家海洋博物馆主体完工。举办天津市滨海艺术节、国际观鸟文化节等品牌文化活动。创建 6 家全国文明单位，被评为全国未成年人思想道德建设工作先进区和全国文化先进区。开设《呼与应》等监督专栏，搭建起政府与群众沟通交流的新平台。建立 18 个食品、药品安全监管站。启动建设全区视频监控网和 3.8 万个视频监控点位。把安全作为最重要的民生，坚持"铁面、铁规、铁腕、铁心"，以啃硬骨头的精神狠抓安全生产各项措施的落实，厘清安全生产责任边界，全面开展安全生产隐患大排查、大整治，对 245 家重点企业实施入网监控，开展城市安全风险评估，安全生产防控水平全面提升。

4.4.2 2017 年天津市滨海新区社会经济发展预期目标

2017 年，天津市滨海新区社会经济发展的主要预期目标是：地区生产总值增长 10% 左右，一般公共预算收入增长 11%，全区固定资产投资增长 9.5%，实际利用外资增长 10%，实际利用内资增长 12%，城乡居民人均可支配收入分别增长 10% 左右，节能减排完成市下达的目标任务。

4.5 重庆市渝中区发展建设整体状况分析

4.5.1 2016 年重庆市渝中区国民经济和社会发展计划执行情况分析

2016 年，重庆市渝中区贯彻区域发展战略，全力推进都市功能核心区建设，全区经济稳中有进、民生不断改善、社会大局稳定，实现了"十三五"的良好开局。初步统计，全年地区生产总值 1 050 亿元，增长 9.5%，社会消费品零售总额 695 亿元，增长 9%，区域税收 209.3 亿元，增长 7.7%，区级一般公共预算收入 50.97 亿元，同口径增长 9.2%，城镇居民人均可支配收入 34 295 元，增长 8.5%（见图 4 - 6）。2016 年，重庆市渝中区政府及各部门重点抓了七个方面的工作。

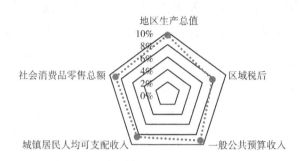

图 4 - 6   2016 年重庆市渝中区经济运行指数增长率

资料来源：根据重庆市渝中区政府工作报告及 CBD 研究基地数据资料整理。

4.5.1.1   加快服务业转型升级，助推产业发展

重庆市渝中区持续做大增量、提高质量，积极发展新兴金融，工银安盛人寿保险、英大泰和财产保险和魏桥金融保理等大型金融机构在区内落户，交通银行离岸金融服务中心和建设银行跨境金融中心设立，金融业对经济增长的贡献率达 29%。持续丰富高端消费和体验式消费相结合的商业业态，新引进国际知名品牌 11 个，商品销售总额 3 000 亿元，增长 14%。完善专业服务业体系，新引进知名专业服务机构 10 家，总数达到 111 家，增加值占地区生产总值的比重达到 17.5%。推进全域旅游示范区建设，开通半岛环线旅游观光巴士，接待国内外游客 4 762 万人次，旅游总收入 272.3 亿元，分别增长 13.4% 和 14.6%。互联网服务业加快发展，新增互联网企业 130 家，大龙网、西港全球购等跨境

电商平台销售增速超过 100%。总部及重点企业达到 400 家，税收亿元楼宇达 33 栋。

4.5.1.2 保护和弘扬城市文化，提升城市品质

重庆市渝中区转变城市发展方式，避免大拆大建，突出文化、商业、旅游融合发展和城市历史文化特色。加快推进湖广会馆维修和更新改造及片区风貌建设、东水驿老街更新利用，白象街风貌区一期建设基本成型，十八梯风貌区成功引进杭州新天地集团实施建设，民国印钞厂文创街区初步建成，以有机更新的方式推进鲁祖庙等老街区保护性改造和科学利用。怡园陈列馆、中国民主建国会成立旧址陈列馆、重庆党史图片展览馆等建成开馆。东华观藏经楼、法国领事馆旧址、沈钧儒旧居、郭沫若旧居等 5 处文物保护修缮完成。重庆市渝中区加快文化产业发展，成功引进北京 3W、酷狗音乐中国西区总部等一批知名文创企业，建成重庆国际 IP 产业园等文化产业基地，建成上清寺 V 谷"互联网＋"文创产业园。投入财力物力，加强工作支持，加快魁星楼市级文艺院团团场建设。

4.5.1.3 强化基础和重点项目建设，完善核心功能

重庆市渝中区加大建设项目推进力度，着力完善城市功能，优化发展环境，全年固定资产投资超过 300 亿元。曾家岩大桥、轨道 5 号线、10 号线二期等 17 个市级重点项目有序推进，解放碑地下环道一、二期项目基本完工。龙湖时代天街 D 馆开业运营，瑞安化龙桥项目和来福士广场等重点项目建设加快推进，解放碑时尚文化城等一批项目开工建设。建成大坪、七牌坊变电站，新建通信基站 150 个，改造排水管网 3 公里、公厕 10 座。加强交通秩序、市容秩序和城市管理，拆除违法

建筑 4.2 万平方米，实施"一岸一线"① 环境综合整治。加强朝天门市场、朝天门码头区域交通运行秩序和城市管理秩序整治，有效改善朝天门地区的窗口形象。

4.5.1.4 持续深化对外开放，彰显发展活力

重庆市渝中区充分对接全市内陆开放高地建设，成功进入重庆自由贸易试验区范围，推进自由贸易试验区体制机制建设和项目建设。重庆市渝中区积极融入中新合作示范项目②，挂牌设立中新合作项目促进中心等平台，新加坡能源集团等一批中新合作项目签约落地。支持辖区银行境外直贷、跨境人民币贷款、境外发债等业务达 26.4 亿美元，新引进日本电装株式会社、美国史带集团等世界 500 强企业 5 家。保障"2016 中国共产党与世界对话会""世界旅游城市联合会大会暨 2016 重庆香山旅游峰会"等一批国际性重大活动在渝中顺利举办，举办重庆—维也纳"双城文化艺术节"等对外交流活动，对外影响力不断增强。

4.5.1.5 推进供给侧结构性改革，释放创新动能

重庆市渝中区增加个性化、差异化、品质化的有效供给，适当增加服务核心区的高端住宅和公寓供给，增加文化商业旅游融合功能供给，激发中央商务区的活力。加快招商引资，消化存量楼宇和增量载体，销售商业商务载体 34.7 万平方米、住宅 63 万平方米。重庆市渝中区贯彻

---

① "一岸一线"是指渝澳大桥—嘉华大桥间嘉陵江岸区域（"一岸"）和上清寺—渝州宾馆迎宾道沿线区域（"一线"）。

② 即中新（重庆）战略性互联互通示范项目，是中国和新加坡在中国西部地区设立的第三个中新政府间合作项目，以重庆市作为项目运营中心，以"现代互联互通和现代服务经济"为主题，全面开展金融服务、航空、交通物流和信息通信技术 4 个重点领域的合作。

全市"企业减负 30 条"，落实"营改增"等结构性减税减费政策。支持企业通过上市、发债等渠道融通资金，与金融机构合作，大力开展"助保贷""助创贷"等业务，新增"新三板"挂牌企业 8 家。强化金融等重点领域风险防控，严厉打击非法集资、金融诈骗等行为。重庆市渝中区优化资源要素配置，完成区属企业改制 10 户，清理"僵尸企业"①、空壳公司 3 990 户。加强经济运行监测，优化财政资金调度，有序管控政府债务。

4.5.1.6 着力保障和改善民生，增添群众福祉

重庆市渝中区完成全年棚户区改造任务。推进医药卫生体制改革，启动公立医院改革，推行分级诊疗制度②，全面建立基本药物制度。深化公共文化服务体系示范区建设，打造精品社区文化活动室 12 个。第 42 中学综合楼竣工，复旦中学运动场、人和街小学综合楼等项目有序推进。重庆市渝中区全民参保登记达到 52.9 万人，实施包括见义勇为救助等内容的政府综合保险项目，居民生命财产安全得到更好的保障。落实就业创业扶持政策，新增市级创业孵化基地 1 家，发展微型企业 1 779 户，新增就业 6.2 万人次。大力排查化解信访积案、重点矛盾纠纷和各类信访稳定事项。强化社会治安"五张防控网"③，全力维护社会秩序、市场秩序和网络秩序，"互联网 +"社区警务模式在全市推广，

---

① "僵尸企业"是指那些无望恢复生气，但由于获得放贷者或政府的支持而免于倒闭的企业。"僵尸企业"不同于因问题资产陷入困境的企业，其特点是"吸血"的长期性、依赖性，难以起死回生。

② "分级诊疗"是指按照疾病的轻、重、缓、急及治疗的难易程度进行分级，不同级别的医疗机构承担不同疾病的治疗，坚持以病人为中心，在保证医疗安全的前提下，实行基层首诊、双向转诊、急慢分治、上下联动的医疗服务体系。

③ "五张防控网"即社会面治安防控网、重点行业和重点人员治安防控网、街道和社区治安防控网、机关企事业单位内部安全防控网、信息网络防控网。

刑事案件发案数同比下降 23.1%，"渝安 1 号"① 专项行动排名全市第一，公众安全感指数达 95.85%，在主城区位列第一。

4.5.1.7　推进法治政府建设，强化依法行政

重庆市渝中区推进"放管服"改革，清理规范行政许可、审批、服务事项 368 项，网上行政审批平台建成投入使用。梳理完善并公开政府行政权力清单、责任清单，依法行政更加公开透明。注重行政决策的专家咨询和民主协商，自觉接受区人大及其常委会的法律监督、工作监督和区政协的民主监督，办结人大代表建议、政协提案 563 件。从严从实狠抓党风廉政建设，查处违纪违法案件 28 件。重庆市渝中区完成机关后勤服务社会化改革，推进公务用车制度改革，"三公"经费稳步下降。扎实推进"两学一做"学习教育，持续改进政风，密切干群关系。

经过近几年的努力，重庆市渝中区全力稳增长、调结构、促改革、惠民生、防风险，综合经济实力显著提升。5 年来（2012—2016 年），地区生产总值年均增长 11.4%，现代服务业增加值占地区生产总值的比重提高了 14 个百分点，社会消费品零售总额年均增长 11.6%，区域税收累计实现 918.8 亿元，固定资产投资累计完成 1 460 亿元，累计实际利用外资 36.7 亿美元、内资 1 100 亿元。

（1）都市核心功能不断增强。重庆市渝中区统筹城市规划建设，加强城市管理。轨道 6 号线建成通车，千厮门、东水门大桥等基础设施项目、国泰艺术中心等重大文化功能项目以及五一路重庆金融街、环球金融中心、海航保利、国泰广场、平安金融中心、英利大融城、龙湖时代天街、瑞安企业天地等高端载体建成投入运营。以湖广会馆、白象

---

① 按照市委政法委、市综治委统一部署，2016 年 2 月 1 日至 10 月 31 日，在全市开展以"打盗骗、挖团伙、强治安"为重点的"渝安 1 号"打击整治专项行动。

街、十八梯为主体的下半城 73 万平方米危旧房拆迁完成并全面投入建设开发。切实保护延续历史文脉，实施湖广会馆、白象街等一批历史文化风貌街区项目，完成重点文物修缮 32 处，老鼓楼衙署遗址入选 2012 年全国十大考古新发现之一。建成洪崖洞、重庆演艺集团两个国家级文化产业示范基地和新华书店、湖广会馆等 7 个市级文化产业示范基地。成功创建国家环保模范城市。

（2）服务业发展提质增效。重庆市渝中区完成国家服务业综合改革试点阶段性的目标任务。涵盖解放碑、朝天门和下半城 3.5 平方公里区域的大解放碑中央商务区纳入全市中央商务区范围，地区生产总值占都市功能核心区和拓展区的 9%。新引进全球四大会计师事务所之一的德勤设立中国西区总部，开业两年发展成为千人以上规模的服务业巨头。引进广发银行等市级以上金融机构和知名专业服务机构 100 家以上，区域金融资产达 1.1 万亿元，占全市的 23%。新增上市和挂牌企业 9 家，世界 500 强企业总数达到 129 家，税收亿元楼宇增加 17 栋。龙湖时代天街分三期开业，总面积达 53 万平方米，大坪商圈快速崛起，跨入百亿元商圈行列。互联网服务业企业达到 2 274 家，市级以上众创空间达到 8 家，电子商务年交易额达到 2 300 亿元。荣获首批中国商旅文融合发展示范区称号。

（3）改革开放全面深化。重庆市渝中区强力推行工商"先照后证"①"三证合一"②登记制度，新增市场主体 4.3 万户。完成区属企业改制 96 户，分类重组 4 家区属国有重点企业，区属国有企业资产达到 230 亿元。减轻基层负担，社区承担事务从 296 项减少到 72 项。抢抓中新合作示范项目和重庆自由贸易试验区建设契机，对接全市"三个三

---

① "先照后证"：即企业先申领营业执照后再办理有关许可证或批准文件。
② 将企业依次申请的工商营业执照、组织机构代码证和税务登记证三证合为一证。

合一"① 开放平台体系，大力发展服务贸易、转口贸易和总部贸易，累计实现进出口总额 97.5 亿美元。新引进外资企业 347 家，新增加拿大、丹麦、荷兰、意大利总领事馆驻渝领事机构 4 家，总数达到 10 家，区域影响力和集聚力不断增强。

（4）社会大局和谐稳定。重庆市渝中区全面落实安全生产"党政同责、一岗双责"，建立健全安全生产三级监管体系，整治重点安全隐患 418 个。公共卫生和食品药品安全保持"零事故"，无较大及以上安全生产事故的发生。社区应急避难场所实现全覆盖，民防指挥所建成投入使用，国防动员和应急管理融合发展。坚持开展"双拥"共建活动，实现全国"双拥模范城"五连冠。成功创建全国社区治理和服务创新试验区、全国首批社会工作服务示范区。优化矛盾纠纷三级联动排查调处机制，建立 7 个专业调处机构，化解各级重大信访积案 476 件，处置"四久工程"（即久划不拆、久拆不完、久拆不建和久建不完工程）30个。深化平安渝中建设，人防、物防、技防相结合的社会治安综合防控体系渐趋完善，公众安全感指数持续保持在 90% 以上。

（5）民生事业不断发展。重庆市渝中区扎实办好民生实事，完成棚户区改造 112 万平方米，更新改造"三无"住宅老旧电梯② 583 台，居民水电表"一户一表"12.5 万户，解决 408.8 万平方米房屋"两证"③ 遗留问题。中山四路风貌保护和文化产业项目建成并投入运营，辖区公共文化设施免费开放面积超过 100 万平方米。创新开展"幸福社区·邻里如亲"活动，常态化开展"社区工作日"，全国文明城区建设

---

① "三个三合一"是指重庆市水、陆、空三个国家级枢纽（港口、铁路、机场三大交通枢纽）、三个一类口岸（江北国际机场航空口岸、寸滩港水运口岸、团结村铁路口岸）、三个保税（物流）区（两路寸滩保税港区、西永综合保税区和铁路保税物流中心）的"三个三合一"平台。

② 即无房屋大修基金、无物业单位管理、无业主委员会的老旧住宅电梯。

③ 即《中华人民共和国国有土地使用证》和《中华人民共和国房屋所有权证》。

巩固深化。基础教育优质均衡发展水平不断提高，平稳完成 4 所市属中小学、幼儿园管理体制调整，新建标准化校园 4 所，成功创建国家义务教育发展基本均衡区。居民公共卫生免费服务项目达到 45 项。新增就业 26 万余人次，各类社会保险参保达到 265.2 万人次，"人生关怀"工程①惠及 250 万人次。新增养老机构 11 处、床位 498 张，建成社区养老服务站 40 个，三级养老服务体系②初步建立，在全市领先。城镇居民人均可支配收入年均增长 9.3%。

4.5.2　2017 年重庆市渝中区社会经济发展预期目标

2017 年，重庆市渝中区社会经济发展的主要预期目标是：地区生产总值增长 9.5%左右，区级一般公共预算收入同口径增长 6%左右，社会消费品零售总额增长 10%左右，固定资产投资达到 300 亿元。

4.6　成都市武侯区发展建设整体状况分析

4.6.1　2016 年成都市武侯区国民经济和社会发展计划执行情况分析

成都市武侯区紧抓发展要务，积极迎挑战、全力稳增长，经济发展质效大幅提升（见图 4-7）。

（1）综合实力高位跃升。2016 年，成都市武侯区实现地区生产总值 860 亿元，是 2011 年的 1.5 倍；实现财政总收入 240 亿元，一般公

---

① "人生关怀"工程：即渝中居民在出生、入学、结婚、生育、节日、养老、重病、临终等人生中的重要节点，向其赠送出生礼包、启蒙礼包、励志礼包、新婚礼包、百岁寿星礼包等。
② 三级养老服务体系是指"区级公办＋民办养老机构、街道养老服务中心、社区养老服务站"构成的三级养老服务体系。

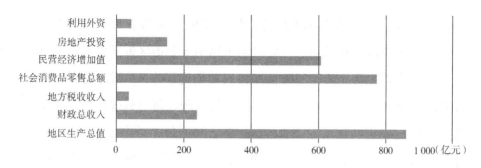

图 4 - 7　2016 年成都市武侯区经济运行指标分析

资料来源：根据成都市武侯区政府工作报告及 CBD 研究基地数据资料整理。

共预算收入 56. 85 亿元，地方税收收入 35. 78 亿元，分别是 2011 年的 2. 02 倍、1. 38 倍、1. 26 倍；社会消费品零售总额达到 773 亿元，是 2011 年的 1. 9 倍；城镇居民人均可支配收入达到 38 618 元，是 2011 年的 1. 4 倍；民营经济实现增加值 606 亿元，是 2011 年的 1. 6 倍，获评"四川省民营经济先进区"。固定资产投资总量累计突破 1 800 亿元。

（2）产业结构持续优化。成都市武侯区大力发展"3 主导 + 1 特色"现代产业，三次产业结构调整为 0. 001:20. 176:79. 823。一是现代商务商贸业提升发展。成都市武侯区建成大悦城等 125 万平方米大型商业综合体，完成西南食品城等 6 个旧商业市场迁迁改造，西部智谷产业园、东创建国汽车产业文化园区获评省级"生产性服务业功能示范区"，人民南路商务区和红牌楼商圈获评四川省级"现代服务业集聚区"。二是科技研发服务业加快发展。成都市武侯区大力支持企业创新，获省部级以上科技创新成果奖 54 项，高新技术企业总数达 158 家；打造康特科技园等 11 座科技孵化器，促进数字新媒体、外包服务及创意设计产业集聚发展。三是新兴房地产业稳步发展。中粮祥云等 42 个房地产项目建成，建成面积达 928 万平方米；累计实现房地产投资

790.75 亿元。四是都市休闲旅游业特色发展。成都市武侯区加快推动环城生态区千亩赏花基地、江安河都市休闲旅游街区等重大文旅项目建设；中国女鞋之都、浓园国际艺术村成功创建国家 4A 级旅游景区。五是都市工业转型发展。成都市武侯区生物医药、新材料等新兴产业蓬勃发展，引进福建联盛纸业等 22 个工业总部项目；举办成都国际鞋展、中国女鞋之都博览会等系列活动 40 场，开放合作不断深化。六是招大引强成效显著。成都市武侯区举办大型主题招商推介会 36 场，累计引进安邦保险等市级重大项目 173 个，实际到位内资 1 262.09 亿元，利用外资实际到位 44.47 亿美元；引进澳洲联邦银行等知名企业，全区世界 500 强企业达到 93 家，获评"国家外贸转型示范基地"。七是项目建设有力推进。成都市武侯区保利中心等 208 个项目竣工投入使用，建设面积达 1 350 万平方米，重点项目开工率及年度投资率始终保持五城区前列。八是发展空间稳步拓展。成都市武侯区累计拆迁各类土地 620 公顷（9 300 亩），上市土地近 220 公顷（3 295.8 亩），发展空间瓶颈逐步破除。九是区域合作全面加强。成都市武侯区不断深化与英国格洛斯特市、西班牙卡拉尤德市的友好交流；与天津市南开区签署战略合作框架协议，与新疆霍尔果斯市签订经济合作框架协议，加强与崇州市、安岳县的产业合作。十是对口帮扶力度加大。成都市武侯区累计拨付四川省甘孜藏族自治州白玉县援建资金 1.2 亿元，实施援建项目 16 个，派遣援藏工作人员 66 名，帮助白玉县培训各类人才 1 000 余人次；扎实做好崇州、邛崃市相对贫困村对口帮扶工作，制定《对口帮扶简阳市脱贫攻坚实施方案》，全力确保对口帮扶的四川省确定的 8 个贫困村贫困人口 2017 年如期脱贫。

（3）特色经济突破发展。一是现代金融强劲增长。成都市武侯区引进汇丰银行、韩国友利银行等金融类和类金融重大项目 23 个，聚集各类金融机构 370 余家，人民南路商务区获评"成都市十大金融地标"，人民南路金融服务业集聚区加快建设；金融业增加值占 GDP 的比重达到 14.8%，税收占比为 21%。二是电子商务迅猛突破。成都市武侯区以京东商城为龙头的电商企业聚集发展，华康电商园、西部智谷电商专业楼宇成为全市第一批电子商务孵化器，电子商务交易额年均增长 20%；锦里完成移动电子商务特色街的打造。三是楼宇经济成效显著。成都市武侯区建成 5 000 平方米以上的重点商务商业楼宇 101 栋，培育年产值过 10 亿元楼宇 18 栋、年产值过百亿元楼宇 2 栋，属地税收亿元楼宇 6 栋；培育建筑设计、健康医疗等专业特色楼宇 6 栋，获评"中国楼宇经济十大活力城区"。

（4）聚焦重点领域，全面深化改革，纵深推进。

一是投融资体制改革创新推进。成都市武侯区成立西部地区首个由区县级政府主导的城市产业发展基金，9 家金融机构首批授信额度达到 300 亿元；引导社会资本以 PPP 模式参与项目建设，率先开展"拨改租"试点，成功引入资金 100.1 亿元用于土地整理、基础设施及安置房建设。推动川大智胜等 10 家本土企业成功上市、博高科技等 25 家企业在"新三板"挂牌，上市量、挂牌量均位居五城区第一。

二是行政审批制度改革深入推进。成都市武侯区积极打造政务服务升级版，行政许可审批集中率达 95% 以上，现场办结率达 100%，审批效率平均提高 75% 以上，公众满意度综合动态测评连续 6 年达到"很满意"水平，获评"全国行政服务标准化示范区""全国相对集中行政许可权试点区"，全国推进行政许可标准化现场会在成都市武侯区召开。

（5）社区治理机制改革稳步推进。成都市武侯区健全三级政务服务体系，完善"社区、社会组织和社工人才"三社联动机制，培育、引入各类社会组织 1 450 家；积极推动公共服务应沉尽沉，将 139 项政务服务事项下沉到街道、社区，年均投入近 5 000 万元，用于政府购买公务服务；获评"全国社区治理和服务创新实验区""全国和谐社区建设示范城区""中国十大社会治理创新奖"，成功举办首届中国社区治理论坛。

（6）社会事业改革成效明显。一是教育综合改革扎实推进。成都市武侯区积极探索建立以扩大学校办学自主权为核心的现代学校管理制度，积极推动教育管理体制改革，获评"全国教育综合改革实验区"。二是卫生服务改革务实推进。成都市武侯区在全国率先建立以"互联网＋"为支撑的分级诊疗运行机制；在全省率先实行社区药房托管和医学检测检验外包；获评"全国全科医生执业方式和服务模式改革试点城市""全国基层卫生综合改革重点联系区"。三是养老助残改革稳步推进。成都市武侯区为近万名 80 岁以上老年人提供"颐居通"社区居家养老服务，开办社区长寿食坊 30 家，新建社区养老院 9 个、日间照料中心 66 家，新增养老床位 570 张；建成全国首个善工家园助残中心，探索建立轻度智力和精神残疾人职业重建支持性就业项目，获评"'十二五'全国残疾人工作先进区"和"四川省量服工作示范区"。

（7）着力创新驱动，主动搭平台、多方聚要素，创新创业工作蓬勃开展。

一是示范街区建设加快推进。成都市武侯区以辐射、引领中西部为目标，积极打造磨子桥创新创业街区，政府投入资金近亿元，返租创新创业楼宇 2.5 万平方米；引导社会力量投入近 10 亿元，新建创新创业载体 12.3 万平方米，吸引成都以色列孵化器等机构、项目共计 450 余个，创业带动就业 6 000 余人。举办"创业天府菁蓉汇·武侯社会创新"专场等活动 30 场,促成意向投资逾 2 亿元。泼客文化等 17 家企业(项目)获各类融资近亿元,2 个孵化项目成功挂牌"新三板",乐霸项目在深圳前海股权交易中心挂牌。磨子桥创新创业街区获评"四川省大学生创新创业俱乐部"称号。

二是制度体系不断完善。成都市武侯区完善促进创新创业系列政策,成立 1 亿元武侯创投基金和 3 000 万元万众金服基金,新建川大同创基金管理公司。区财政每年安排 1 亿元专项资金支持创新创业工作,武侯"成长贷""壮大贷"为 89 家企业融资 5 亿余元;设立 6 000 万元"武侯区高层次创新人才引进"专项资金,新吸纳创新创业人才 1 534 名、领军人才 11 名、导师 15 名;武侯青年创业园获评"全国青年创业示范园区"。

三是协同创新深入推进。成都市武侯区磨子桥创新创业街区与西南民族大学、中科院成都分院等 16 所高校(科研院所)建立创新创业联盟;积极促进四川大学建设"国家双创示范基地",加快推动四川大学科研综合楼等双创重点合作项目,20 个高校(科研院所)创业项目入驻成都市武侯。建立国家、省市企业技术中心 44 个、"政产学研用"联合实验室 6 个,申请专利 47 672 件,获评"国家知识产权强区工程试点区"。

(8)围绕品质提升,着力强配套、精细抓管理,美丽武侯建设加快推进。

一是功能配套更加完善。成都市武侯区投资 30 亿元,新建 66 条骨干道路,共 38.6 公里;完成 55 条道路黑化,为 65 条无路灯道路安装路灯;完成武侯祠大街等 5 条道路沿线建筑外立面综合整治;建成小游园、农贸市场、停车场等公建配套项目 133 个,改造、新建公厕 17 座。

二是城市管理创新推进。成都市武侯区加强城市综合管理法治化、标准化、智慧化和精细化体系建设，建成街道数字化城管综合指挥平台；探索建立综合执法机构，着力构建高效、快捷的执法体系。大力开展涉农区域综合整治，依法拆除各类违法建设 100.83 万平方米。三是生态环境持续优化。成都市武侯区投入 3.4 亿元完成 43 条、146 公里黑臭河道治理，每年投入 2 000 万元用于河道市场化管护，主要河道出境断面水质达标率不断提高；重污染天气明显减少；新增城市绿化面积 65.67 万平方米；万元 GDP 能耗较 2011 年下降 20%。

（9）致力民生改善，扎实办实事、真情解民忧，惠民利民实效更加充分。

一是民生工程深入推进。成都市武侯区民生投入占财政支出的比重超过 70%，区财政用于民生方面的投入累计超过 216.64 亿元，共实施 10 大类、867 项民生工程。完成 25 个棚户区、14 个危旧房项目改造，改造面积为 38.7 万平方米，惠及群众 4 752 户，圆满完成"3 年消除棚户区"的拆迁任务；建成安置房 57.02 万平方米，安置过渡群众 11 100 人；投入资金 1.65 亿元，改造老旧院落 247 个，维修政府主导建设老旧房屋 32.4 万平方米，完成 179 个院落自来水户表改造、智能电表安装。

二是社会保障力度加大，社会就业更加充分。城镇新增就业 8.21 万人，城镇登记失业率控制在 3.5% 以内，动态消除"零就业"家庭，获评"全国就业先进区"。

三是保障水平持续提升。成都市武侯区开办慈善惠民超市 14 家；加快建设全国一流的重度智力残疾人全托中心；设立"雪中送炭"特困群众专项意外及健康保险项目，对因病、因残、因灾致贫的特殊困难群众实施兜底救助；设立"松鹤延年老年人意外伤害及健康保险"，为全区 3. 87 万名 70 岁以上武侯籍老年人解决了后顾之忧。

（10）平安武侯建设持续深化。成都市武侯区完善反恐防暴机制，健全社会治安立体化防控体系，加大技防力度，新增、改造"天网"探头 2 844 个，治安警情持续下降。严厉打击涉众经济犯罪 90 件；设立 3 000 万元安全生产隐患专项资金；建成 512 个微型消防站；完成 67 个小作坊隐患整治，推动 1 350 个小餐饮店提档升级；省级安全社区建设实现全覆盖。全区未发生重特大社会治安、安全生产和食药安全事故，群众安全感不断增强。

成都市武侯区的社会经济管理实践取得了显著成效，为城市政府执政提供了有益的启示。

第一，必须把推动发展作为政府工作的第一要务。成都市武侯区始终把应挑战、促发展作为紧要之务，保持专注发展定力，危中寻机、稳中求进，奋力实现区域经济的高位突破、逆势上行。

第二，必须把改善民生作为政府工作的第一追求。成都市武侯区始终把民之所望作为施政所向，积极建机制、兜底线、促公平、提水平，切实把一个个民生项目转化为群众的幸福感和获得感。实践证明，只有把改善民生作为政府工作的出发点和落脚点，才能得到群众的真心拥护和支持，社会经济持续健康发展的根基才会更加牢固。

第三，必须把依法行政作为政府工作的第一准则。成都市武侯区始终把政府工作全面纳入法制轨道，以法治思维引领行政思维，用法律准则划定行权准则，规范履职、依法施政，引领崇法守法的社会风气，营造公平有序的发展环境。实践证明，践行依法行政的脚步越坚实，持续发展的活力就越旺盛，长治久安的局面就越稳固。

第四，必须把廉洁从政作为政府工作的第一生命。成都市武侯区始终把廉洁政府建设作为提升政府公信力的关键，重教育、筑防线，建机制、堵漏洞，严查处、强震慑，竭力打造干净干事的干部队伍。

4.6.2　2017 年成都市武侯区社会经济发展预期目标

2017 年，成都市武侯区社会经济发展的主要预期目标是：地区生产总值增长 7%，力争增长 7.5%；一般公共预算收入增长 8%，力争增长 10%；固定资产投资总额实现 390 亿元以上；社会消费品零售总额增长 9.5%，力争增长 10%；城镇居民人均可支配收入增长 7.1%，力争增长 7.6%；城镇登记失业率控制在 3.5% 以内。

4.7　武汉市江汉区发展建设整体状况分析

4.7.1　2016 年武汉市江汉区国民经济和社会发展计划执行情况分析

武汉市江汉区圆满完成"十二五"规划主要任务，实现"十三五"良好开局，区域经济实力稳步提升，城区功能日益完善，人民生活水平显著提高，连续 4 年在全市综合考评中被评为立功单位，经济社会发展始终走在全市前列。

4.7.1.1　综合经济实力显著增强

（1）主要经济指标较快增长。武汉市江汉区地区生产总值每年跨越一个百亿元台阶，2016 年达到 1 010 亿元，成为全市首个总量跨千亿元的城区；一般公共预算总收入 205 亿元，是 2011 年的 2 倍；地方一般公共预算收入 76.3 亿元①，是 2011 年的 2 倍；社会消费品零售总额 970 亿元，是 2011 年的 1.8 倍（见图 4-8）；固定资产投资 5 年累计完成 1 894.8 亿元，年均增长 20.9%。

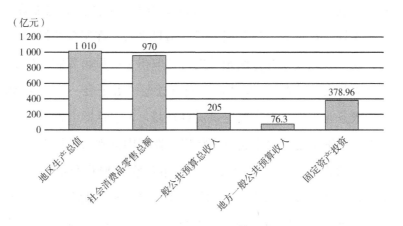

图 4-8 2016 年武汉市江汉区经济运行指标分析

资料来源：根据武汉市江汉区政府工作报告及 CBD 研究基地数据资料整理。

（2）产业结构优化升级。武汉市江汉区瞄准产业链、价值链高端，聚力发展金融、商贸流通、通信信息等产业。坚持创新驱动战略，鼓励发展科技服务、文化创意、人力资源服务、电子商务、互联网金融等新产业、新业态、新模式。大力推动大众创业、万众创新，建成科技孵化器及众创空间 16 家，孵化面积达 30 万平方米，高新技术企业数量增长 132%。新增"新三板"上市企业 13 家、境外上市企业 1 家。服务业规

① 地方一般公共预算收入是指预算收入在中央与地方间的划分。地方一般公共预算收入包括营业税（不含铁道部门、各银行总行及保险总公司集中缴纳的营业税）、地方企业所得税（不含地方银行和外资银行及非银行金融企业所得税）、地方企业上缴利润、个人所得税、城镇土地使用税、城市维护建设税（不含铁道部门、各银行总行及各保险总公司集中缴纳的部分）、房产税、车船使用税、印花税、屠宰税、农牧税、农业特产税、耕地占用税、土地增值税和国有土地有偿使用收入等。

模保持年均两位数以上的增长，2016 年实现服务业增加值约为 930 亿元，占地区生产总值的比重达 92%。

（3）服务业体制机制改革深入推进。武汉市江汉区开展首批国家服务业综合改革试点，并得到国家发改委的重点支持。优化配置土地、资金、人才等要素资源，建立楼宇经济信息平台，在服务业标准化、统计监测、政务服务改革等方面先试先行，取得了一批可复制推广的示范经验。全面落实服务业"营改增"、商事登记"五证合一"等多项改革措施，为服务业高端集聚发展提供优良环境。5 年新增市场主体近 5 万户，其中注册资本亿元以上企业 100 户，发展中国驰名商标 10 户。

（4）开放发展水平不断提升。武汉市江汉区聚焦总部经济、楼宇经济发展，主动承接首都非核心功能疏解、"一带一路"、长江经济带开放开发等重大战略实施，深化与中央部委、沿海发达地区务实合作，引进渤海银行、浙商银行、延长石油、中化石油、中国铁塔等一批优质企业区域总部，吸引任仕达、康德乐、中意人寿等世界 500 强企业落户。香港特别行政区政府武汉经贸办事处在江汉揭牌。武汉时装周连续 5 年成功举办，成为武汉城市新名片。累计引进内资、外资 748.9 亿元和 13.4 亿美元，年均分别增长 48.2% 和 18%。

（5）重大项目建设快速推进。武汉市江汉区 5 年（2012—2016 年，下同）累计招拍挂出让土地 19 宗、73 公顷（1 095 亩），开工建设商务楼宇 18 栋。招商银行、中国银行、邮储银行、中国移动等一批区域总部定制楼宇同时开建。建成广发银行大厦、汉江国际金融中心等一批高端商务商业楼宇。推动用地规划调整，着力改善辖区服务产业用地比例过低的现状，产业空间进一步拓展。

（6）重点功能区集聚发展。武汉市江汉区武汉中央商务区项目建设和产业集聚同步加快，5 年累计投资 480 亿元，开工建设 710 万平方米，建成 380 万平方米，百米以上高楼建成 97 栋，438 米高的武汉中心成功封顶，武汉世贸中心双子塔破土动工，武汉高层地标群正在崛起。建成华中互联网金融产业基地等专业园区，武汉人力资源服务产业园即将开园，已入驻金融、商贸、文化创意、通信信息等企业 1 500 余家。武汉"金十字"金融街①汇集全省 50%、全市 70% 以上的金融资源，获批全省唯一金融集聚发展示范园区。江汉经济开发区开展国家自主创新示范区"一区多园"②试点，建设生产、生活、生态合一的"江汉创谷"③，加快由制造型园区向创新型园区转型。

4.7.1.2 城区功能品质持续提升

（1）规划引领集约发展。武汉市江汉区统筹产业升级与城区转型，编制江汉区城市土地集约节约利用评价与发展规划，荣获全国优秀城乡规划设计奖。编制长江大道沿线产业与城市设计、武汉中央大道等规划方案，进一步明晰"一核两纵三区四带"④空间关系和布局安排。实施城区"三旧"改造、菜市场布局、垃圾收运体系布点、中山大道景观提升等专项规划，土地集约利用率和区域承载力大幅提升，实现城市规

---

① "金十字"金融街地处建设大道与新华路交汇处，以西北湖为核心，占地约 7 平方公里，形若"十"字，因金融业高度集聚，也被誉为江汉"金十字"。"金十字"金融街 2010 年被省政府命名为全省唯一的"省金融业集聚发展示范园区"。

② "一区"是指东湖国家自主创新示范区；"多园"是指各区的专业园。2015 年 7 月，江汉经济开发区和华中互联网金融产业基地被批准为全市首批"一区多园"试点，享受东湖国家自主创新示范区优惠政策。

③ 市委、市政府拟用 3 年左右的时间，选择符合条件的区，拿出城市最好的空间、量身定制最好的政策、提供最优的配套服务，围绕战略性新兴产业，建成 10 个以上"创谷"。2016 年 10 月，江汉经济开发区创谷计划获批，着力发展智能机器人产业和时尚创意产业，推动工业园区综合改造、转型升级，打造影响力、辐射力和带动力强的创新示范谷。

④ "一核"是指武汉中央商务区；"两纵"是指长江大道江汉段、武汉城市中轴线；"三区"是指武汉"金十字"金融街、江汉经济开发区、汉正街中央服务区；"四带"是指解放大道高端商业集聚带、京汉大道动感时尚商业带、中山大道历史文化风貌带、沿江大道旅游休闲带。

划更多地受到区级引导。

（2）拆迁征收克难奋进，取得成绩。武汉市江汉区将"三旧"改造作为最大的发展和最大的民生，区级领导挂帅指挥，全区合力快速推进。抓规范征收，坚持信息公开、程序法定、执行公平、全程监督、扶弱济困、依法碰硬，在湖北省首例先予执行房屋征收补偿决定，维护正常的征收秩序，征收模式得到国家住建部和省、市的肯定。抓房源储备，开工建设"江汉人家"限价安置房，多渠道筹集房源 1.3 万余套，定向用于征收安置，极大改善困难群众居住条件。武汉市江汉区抓整体推进，实施"一线两片"①重点区域旧城改造项目 23 个，征收房屋面积220 万平方米，动迁 2.3 万户。在全市率先完成城中村改造，拆除城中村房屋 766 万平方米。

（3）基础设施建设全面提速。武汉市江汉区全力保障市政工程建设，率先完成地铁 3、6、7 号线 17 个站点用地征收，二环线、长江大道一期、机场二通道等一批重点工程建成通车，汉孝城际铁路正式运行。武汉市江汉区基础设施建设，市、区两级累计投入 81 亿元，新建和改建道路 29 条，路网规划实现率达 79%，城区路网日益完善。新建停车泊位 5 504 个，绿道 34 公里。中山大道全面升级改造，亨达利、叶开泰、初开堂、蔡林记等老字号主动回归，百年老街风貌重现。

（4）"城管革命"深入推进。武汉市江汉区按照"定边界、定职责、定标准、定费用"的原则，理顺街道、部门职责，健全汉口火车站、金家墩客运站等窗口地带站区综合管理模式，完善"大城管"机制。在武汉市率先推行城管系统全员绩效考核，推广城管员管理守则，

---

① "一线"是指长江大道沿线；"两片"分别指武汉中央商务区片和汉正街片。

开展工地围墙美化和花街建设，实施路街整治。5 年累计投入城市管理经费 21 亿元，环卫机械化水平居全省第一。市容市貌明显改观，城市综合管理成绩始终位居全市中心城区前列。

（5）生态环境质量提高。武汉市江汉区积极推进生态文明建设，完成三环线和张公堤森林公园绿化改造，全面提升园博园周边绿化景观。完成湖泊"三线"①勘定，湖泊保护从形态控制向生态治理转变，水质明显改善。实施"三水攻坚行动计划"，新建排水管网 80 公里，管网覆盖率达到 83%，14 个易渍水点减少到 6 个。武汉市江汉区开展"拥抱蓝天行动"，全面取缔煤炭销售点，基本淘汰黄标车，在全市率先建成空气自动监测体系，提升空气质量监测能力，空气质量优良天数不断增加，生态环境明显改善。

4.7.1.3 人民生活质量日益改善

（1）社区建设稳步加强。武汉市江汉区推进社会治理体系创新，健全区、街、社区、网格三级负责、四级联动机制，汉兴街创新社会治理经验在全市推广。引导社会力量参与社会治理，全区社会组织达 776 个。投入 3 亿元改善社区服务和居民活动场所，1 000 平方米以上的社区党员群众服务中心达 62 家。持续推进幸福社区创建，投入 1.4 亿元提档升级 77 个老旧社区基础设施和公共环境，实现住宅小区业委会全覆盖；投入 3 000 多万元，消除 D 级危房②570 栋；投入 8 500 万元，新建 57 家社区服务中心；投入 5 500 万元，建成湖北省示范区级职工服

---

① "三线"分别指湖泊水域保护线（湖泊蓝线）、环湖绿化控制线（湖泊绿线）和环湖水滨建设控制线（湖泊灰线）。

② 危房分为 A，B，C，D 四个级别，D 级为最危险级别。D 级危房承重结构的承载力已不能满足正常使用要求，房屋整体出现险情，构成整栋危房。

务中心和老年活动中心；新建 10 个小餐饮便民服务区，387 户小餐饮实现提档升级。改造社区二次供水设施，惠及居民 6 000 余户。更换、清洗"三无"水箱 2 838 个，为老旧社区安装路灯 1 312 盏，新建、改建公厕 46 座。积极落实政府为民办实事事项，有效解决一批群众呼声最强烈、要求最迫切的民生问题。

（2）就业工作深入推进。武汉市江汉区大力保障就业，健全覆盖区、街、社区三级就业服务平台，在全市率先为社区配备就业自助服务终端机，全力做好职业培训、安置帮扶工作。优化创业服务，通过"创业学堂"等平台，提高大学生创业能力。5 年全区城镇新增就业近 13 万人，城镇登记失业率控制在 3.13% 以内，就业形势继续保持稳定。

（3）教育事业蓬勃发展。武汉市江汉区完善教育经费投入保障机制，财政对教育投入的增幅高于同期财政收入的增幅。深入实施两轮"学前教育 3 年行动计划"[①]，推进学前教育普惠健康发展。投入 1.6 亿元，在全市率先完成义务教育段学校标准化建设。高中升学率达到 99.9%，中高考成绩全市领先。校园足球、"小班化"教育试点、"诵经典、习汉字、练运算"等特色品牌突出。

（4）卫计服务不断优化。武汉市江汉区基层医疗卫生机构综合改革不断深化，10 家社区卫生服务中心全面提档升级，建成 15 分钟社区卫生服务圈。市红十字会医院实现省、市级临床重点专科零的突破，区级医疗资源快速发展，每千人常住人口床位数从 9.4 张增加到 13.4 张，每千人口执业医师从 3.6 人增加到 10.9 人。全面落实两孩政策，人口出生率保持在 0.8‰ 以内，出生人口性别比持续下降。

---

① 学前教育 3 年行动计划以公益、普惠为宗旨，以幼儿幸福成长为核心，以改革创新为动力，着力优化资源配置、完善体制机制、提高保教质量，促进公办、民办幼儿园协调发展，打造江汉幸福幼教。

（5）文体惠民普及提升。武汉市江汉区大力加强阵地建设，投入1 200万元改造文化馆和图书馆，升级街道文体站 12 个、社区文体活动室 93 个。持续开展"万名群众进剧场"活动，惠及群众 20 万人次。倡导全民阅读，开办"金桥书吧"，首创送图书进茶馆、进咖啡店新模式。"金桥书评"、非遗文化节成为江汉文化品牌，顺利通过全国文化先进区复查。改建社区群众体育运动场地 12 个，健身路径覆盖全部社区。

（6）扶老助困已成体系。武汉市江汉区积极开展"救急难"和面向养老机构的远程医疗全国试点，完善城市低保、医疗救助、临时救助、慈善救助等多元化社会救助体系。"五险扩面"新增49.3 万人次，低保实现进退有序的动态管理。在全市率先开展居家养老配送餐、"医养融合"① 康复养老服务，率先为全区 80 岁以上老人发放高龄津贴。武汉市江汉区新建和改建街道居家养老服务中心 12 家、社区养老院17 家,新增床位 1 880 张，13 家社会办养老机构共享医疗团队签约服务。新建街道残疾人"阳光家园"12 家，在全市率先实现助残服务"四个全覆盖"，扶老助困成为江汉风尚。

（7）平安建设成效显著。武汉市江汉区投入 1.8 亿元建成城市视频监控系统，建设完善网格管理中心、联合调解中心、综治维稳中心。综合治理医院、学校、商场、火车站周边等重要点位，重点整治华安里、东汉正街地区重大安全隐患，各类事故明显减少。依法严厉打击非法集资、"黄、赌、毒"等违法犯罪活动，社会大局稳定。

---

① 整合养老和医疗两方面的资源，为老年人提供生活护理、医疗康复保健等服务，让入住老人有病治病、无病疗养，形成医疗和养老相结合的新型养老服务模式。

4.7.1.4 政府自身建设不断加强

（1）提升行政效能。武汉市江汉区认真开展群众路线、"三严三实""两学一做"教育实践活动，干部队伍自身建设成效显著。推进政府职能转变和机构改革，完成城市管理、文化体育、卫生计生、食品药品监管等机构和职能调整。推进事业单位分类改革，完成区纪检监察派出机构改革。改革公务用车制度，节约行政开支。进一步精简行政审批事项，综合设置行政审批局，行政收费项目由 48 项减少到 7 项，平均办件时限由 23 个工作日缩减到 5 个工作日以内，清理审核 2 099 项行政权力事项，并全部公开运行。

（2）规范权力运行。武汉市江汉区在全市率先编制权力清单、责任清单和程序清单，严格依照法定权限和程序行使行政权力，依法实施政务信息公开。完善项目审批、招投标、厉行节约等制度，堵住腐败源头。加强对公共资金、国有资产、国有资源和领导干部经济责任审计，强化对权力运行关键环节的监督制约。

2016 年，武汉市江汉区紧扣武汉建设国家中心城市战略大局，着力稳增长、优结构、补短板，全区经济社会发展延续平稳增长的良好势头，地区生产总值、一般公共预算总收入和社会消费品零售总额等指标继续位居全市第一。面对特大洪涝灾害，全区上下众志成城，万众一心，最终夺取了抗洪排涝救灾胜利，确保了人民群众生命财产的安全。5 月 24 日和 7 月 6 日，李克强总理先后两次亲临武汉市江汉区视察指导工作，对武汉中央商务区建设和防汛抗洪工作给予了充分肯定，对武汉市江汉区人民是极大的鼓舞。

（3）坚持极核牵引，进一步提升发展动力。中央商务区是武汉的城市地标、江汉未来的引擎。着眼于王家墩商务区的城市功能定位，市委、市政府将其更名为武汉中央商务区，寄予厚望。武汉市江汉区把商务区建设发展作为江汉区头号重点工程，加快建成功能完备、品质一流、具有国际美誉度的中央商务区。

（4）加快动迁树形象。武汉市江汉区坚持中部崛起、周边突破、再造空间、重塑形态的思路，加快房屋动迁、地块整理、项目滚动，使核心区向四周区域突击，外围区域向核心区崛进，进而连动成片、整体拓展、展现新姿；集中对邻发展大道、青年路、建设大道区域策划研究，征收一批房屋、腾出一批土地，敞开东大门，开发北大门，打开南大门。积极争取省、市支持，加强与驻商务区部队协商洽谈，寻求破解军用土地置换难题的方法和途径，促进军地融合发展。

（5）完善功能铸精品。武汉市江汉区坚持更高的城市设计和建设标准，注重道路、管网、城市景观与自然生态的有机融合，继续推进黄海路隧道、宝丰北路高架等市政道路建设，形成立体交通网络。加快地下综合管廊等空间建设，促进土地集约利用。加快武汉世贸中心、华发中城荟等项目建设，建成武汉中心、新广电演播中心，力促核心区超高层商务楼群开工。

（6）优化服务促集聚。武汉市江汉区强化统筹协调，形成政府、企业、社会组织共同参与的多元服务模式。创建国际社区、国际众创空间，吸引全球创新创业人才，加快国际化进程。优化公共服务设施布局，配建一批高端教育、卫生、文体和生活配套设施。加大对世界和中国 500 强、上市公司招商引资的力度，推动科技、金融、商贸、信息、文化等产业集聚发展。

4.7.2 2017 年武汉市江汉区社会经济发展预期目标

2017 年，武汉市江汉区社会经济发展的主要预期目标是：地区生产总值增长 9%，一般公共预算总收入增长 8%，地方一般公共预算收入增长 8%，社会消费品零售总额增长 7%，招商引资总额增长 12%，固定资产投资总额实现 470 亿元，居民收入增长与经济增长基本同步。

4.8 西安市碑林区发展建设整体状况分析

西安市碑林区位于西安市中心地带，即西安市中心东南部，面积为 22 平方公里，是一个文化教育发达、文物名胜荟萃、科技力量雄厚、市场经济繁荣的城区。

4.8.1 2016 年西安市碑林区国民经济和社会发展计划执行情况分析

西安市碑林区主动适应经济发展新常态，积极推进供给侧结构性改革，集中精力稳增长、调结构，全力以赴惠民生、促和谐，坚持不懈转作风。一分部署，九分落实，西安市碑林区经济社会发展取得显著成就。

4.8.1.1 经济综合实力迈上新台阶

（1）稳定增长成效明显。西安市碑林区坚持把稳增长放在经济工作的首位，全区经济保持总体平稳、稳中有进的发展势头，主要经济指标增速和总量在全市 13 个区县中稳居"第一方阵"。2016 年地区生产总值完成 740 亿元，同比增长 8%，年均增长 10.8%，总量比 2011 年增加 296 亿元，逐年净增超过 59 亿元；人均 GDP 从 7.18 万元增至 11.74 万元，年均增长 10.6%；2016 年一般公共预算收入完成 44.58 亿元，可比增长 6.5%，年均增长 10.75%，总量比 2011 年增加 17.82 亿元，逐年净增超过 3.5 亿元；2016 年城镇居民人均可支配收入 37 718

元，同比增长8%，年均增长10.3%（见图4-9），总量比2011年增加
10 693 元。

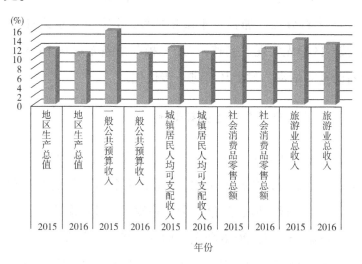

图4-9 2015、2016年西安市碑林区经济运行指数增长率分析

资料来源：根据西安市碑林区政府工作报告及 CBD 研究基地数据资料整理。

（2）经济基础更加坚实。西安市碑林区累计实施重点建设项目238
个，完成投资687.82亿元。其中，竣工项目75个，投资过10亿元项
目42个。西安市碑林区积极谋划并着手实施小雁塔历史文化片区综合
改造、碑林历史文化街区等社会高度关注的重大建设项目，为区域发展
积蓄更加强劲的动力。5年来，累计引进内资99.58亿元，利用外资
5.47亿美元，引进重大项目、重要企业18个。其中，华侨城集团投资
2.7亿美元并购长安国际中心，成为改革开放以来西安市碑林区利用外
资额最大的项目。固定资产投资累计完成1 790亿元。

（3）发展活力持续增强。大力推进"大众创业、万众创新"，成立
丝绸之路创新设计产业联盟，拥有省级众创空间8个，17家创业服务
企业获得西安市创新创业奖；顺利完成全国第三次经济普查，全区在册

市场主体达到 7.15 万户，是 2011 年的 2.31 倍；纳入基本企业名录库
30 410 户，占全市的 12%；非公经济增加值占 GDP 的 51.5%，比 2011
年高出 3.13 个百分点。加强资本市场建设，3 家企业正式挂牌"新三
板"，在城六区率先实现零突破，"新三板"后备企业达 16 家；扎实开
展"亲商助企"活动，发展环境进一步优化。

4.8.1.2 产业优化升级迈出新步伐

西安市碑林区建立了企业孵化、技术转移、投融资服务、展示交易
和公共服务五大平台，总投资 15.6 亿元的 8 个项目建设进展顺利，西
安创新设计中心建成开园，腾讯、微软等领军企业顺利入住；聚集科研
机构和科技企业 856 家，2016 年营业收入达到 212 亿元。

（1）三大主导产业提质增效。西安市碑林区创建国家级服务业试
点聚集区 2 个、市级试点集聚区 7 个，服务业增加值年均增长 10.4%，
2016 年完成约 590 亿元。①商贸服务业：加强商贸类项目建设和二次
招商，积极引导企业提升硬件设施和服务质量，组织开展营销活动，社
会消费品零售总额年均增长 12%，2016 年完成约 606 亿元。②文化旅
游业：开展多种形式的宣传推介，旅游业总收入 2016 年完成约 305 亿
元，年均增长 13%；陕西省文化产业示范单位达 8 家，文化产业增加
值 2016 年完成约 84 亿元，年均增长 10%。③科技研发业：累计投入应
用技术研发资金 8 390 万元，获得上级科技经费 1.39 亿元，培育科技企
业小巨人 100 家，全年技术合同成交额由 2011 年的 69.87 亿元增加到
2016 年的约 110 亿元，年均增长 9.5%。

（2）三大经济形态发展壮大。①楼宇经济：新建、提升改造商务
楼宇 12 栋，全区重点商务楼宇达 53 栋，平均入住率达 90% 以上，
16 家总部及区域总部企业落户碑林区。②街区经济：成立特色街区建

设管理办公室，3 条国家级商业街顺利通过复审，成功保障西安城墙·南门历史文化街区建成开放，书院门、三学街等历史文化街区保护提升工程进展顺利，西荷路、南郭路等一批新兴特色街区更具规模和特色。③园区经济：投资 1.2 亿元改造提升碑林科技产业园基础设施，大力发展服务外包及文化创意产业，成功举办 5 届中国西安国际原创动漫大赛，园区累计完成技工贸收入 378 亿元，实现税收 13.75 亿元。

4.8.1.3 城市建设管理水平得到新提升

（1）基础设施更加完善。西安市碑林区积极配合地铁建设、南门与环城南路交通综合治理、东南二环立交工程、架空线缆落地等重大市政项目建设，征收各类房屋 4.96 万平方米。累计完成城建投资 17.86 亿元，新建规划路、打通断头路、改造背街小巷共 47 条，整治提升老旧小区 29 万平方米。新建公共停车场 24 个，新增停车泊位 3 767 个。建成绿地小广场 28 个，完成 17 条道路绿化提升工程，新增绿化面积 28.23 万平方米，绿化覆盖率达 49.78%。新建改造提升公厕 65 座，购置各类环卫作业车辆 68 台，全区二类以上道路基本实现机械化清扫保洁。

（2）更新改造有序推进。西安市碑林区全面完成 24 个居民住宅回迁安置城改项目，15 个城中村全部撤村建居，5 个社区成功创建全市城改社区"无形改造"示范单位。完成 23 栋、7.8 万平方米的建筑物提升改造，道路、绿化等市政设施全面提升；引导支持街区大型及老字号企业提升服务、转型发展，努力恢复街区人气商气。

（3）城市治理全面加强。西安市碑林区基本完成分区规划修编和三大片区城市设计，调整了用地布局，查处各类违法建设 320 起，拆除违建 16.65 万平方米。强化属地管理，数字化城市管理指挥中心建成投用，将区城市管理局执法中队人员及事权下放到街办，初步实现了管理重心下移。扎实开展城市治理专项行动，围绕钟楼周边、地铁站口等重点区域，针对广告牌匾、夜市早市等难点问题，组织专项整治 6 200 余次，整改问题 3.5 万个。圆满完成缓堵保畅 3 年行动计划，治理堵点、乱点 58 处，优化交通片区 4 处，交通秩序逐步改善。以治污减霾为重点，持续加大环境保护力度，连续开展燃煤锅炉拆改、扬尘污染防治、水污染治理等专项整治，一批群众反映强烈的环境问题得到有效遏制。

4.8.1.4 民生社会事业实现新发展

（1）保障力度持续加大。西安市碑林区区级财政累计投入 110.54 亿元用于民生，年均增长 23.25%，市区两级 191 件惠民实事圆满完成。建成各类就业创业基地 45 家，全市首家创业大学、人力资源服务产业园落户西安市碑林区，城镇新增就业累计 7.06 万人，城镇登记失业率始终控制在 4% 以内。积极实施全民参保登记计划，累计参保登记 11.19 万人次。全国"救急难"试点工作扎实开展，累计发放低保金 2.74 亿元、救助金 3 286.74 万元。建成社区居家养老服务站 63 个，新增养老床位 1 560 张，发放高龄老人生活保健补贴 2.46 亿元。筹集配租公租房 2 058 套，向 2 108 户家庭发放廉租房补贴 1 243 万元。

（2）社会事业不断进步。西安市碑林区累计投入 25.03 亿元，新建、改扩建幼儿园 4 所、中小学 47 所，实施 34 个薄弱学校改造及校园基础设施项目，办学条件大幅改善。组建 35 个大学区、9 个跨行政区域大学区，省级示范性、标准化高中分别达到 6 所和 16 所。西安市碑林区深化医药体制改革，积极探索分级诊疗、双向转诊，组建医疗联合体 5 个，全面完成社区卫生服务中心示范创建工作，推行国家基本药物制度，实施药品"三统一"，减轻了群众就医用药负担。

（3）社会大局和谐稳定。西安市碑林区坚持安全生产"党政同责、一岗双责、齐抓共管、失职追责"，持续开展各类安全生产大检查活动，生产安全事故逐年下降，安全生产形势平稳向好。加强食品、药品安全监管，改造提升小餐饮、小作坊 3 876 户，国家食品安全城市创建工作扎实推进。坚持领导干部接访、下访制度，加强信访基础工作规范化建设，畅通信访渠道，化解信访积案 79 件。健全社会治安管、控、防工作体系，实施"一亭二进三巡四查"①巡防工作机制，严厉打击各类违法犯罪活动，圆满完成重要时期、重大活动安保维稳任务，群众安全感进一步增强。

4.8.2 西安市碑林区长安路中央商务区 2016 年建设成果显著

4.8.2.1 在建项目进展顺利，前期项目稳步推进

2016 年，长安路商务区新增商务办公面积 20.6 万平方米，新增商业面积 25.2 万平方米。华侨城集团以 2.7 亿美元并购长安国际中心成为改革开放以来西安碑林区利用外贸额最大的项目。陕西文化中心、宏信国际广场、长安大街 3 号、朱雀东坊棚改项目、南门望城（二期）及电子大楼改扩建项目等项目积极推进，取得了重要成果。这些项目的顺利实施，将有力提高中央商务区的商务服务承载力。

4.8.2.2 商业创新、业态升级，区域转型发展亮点涌现

商务区引导商业综合体丰富业态、突出特色、多元经营，强化线上

---

① "一亭"即治安岗亭；"二进"即安全员、保洁员进商店；"三巡"即网格化巡逻、值班巡逻、社区110巡逻；"四查"即随机盘查、设卡盘查、武装盘查、视频监控盘查。

线下融合，破解功能同质化，实现发展差异化。大型室内冰雕游乐场冰雪大世界是西北地区首家全年可以看到雪景的游乐项目，内设陕西文化、卡通动画、爱情浪漫、娱乐互动四大主题乐园，拥有城堡滑梯、雪景蹦蹦车、极速滑梯等互动游乐项目，为南门商圈的进一步繁荣注入了新的元素。引导行业业态优化升级，引进西安首个文创主题室内购物体验区"造怪邦"文创艺术空间项目，以独特和充满创意的装修风格进一步增强了消费互动感；实现了 24 小时概念书店、VR 科技与皮具、木艺、布艺、陶艺等 10 余家体验工坊的聚集融合，突出"个性、手工、原创、匠心"特色，为消费者带来耳目一新的购物体验。引入全球最大的办公空间解决方案供应商雷格斯、优客工场、工客工坊等，向企业和个人提供全装全配、功能完善、共享便捷的一站式办公服务，为大力发展楼宇经济、总部经济，推动商务服务业专业化、规模化、网络化发展奠定了良好基础。蓝装网、天天乐购、百度糯米、美团、去哪儿网、试试网等电商企业落户商务区。据初步统计，长安路 CBD 电子商务企业已超过 50 家，聚集效应初步显现。

4.8.2.3　成功举办首届碑林美食购物节

商务区利用 CBD 户外宣传资源协助开展品牌宣传推介，不断优化投资环境，为企业发展提供"五星级服务"。以促进消费、拉动人气商气、提升知名度为目的，CBD 管委会会同相关部门成功策划举办"长安龙脉·魅力南门"碑林首届美食购物节。以南门商圈为重点，凝聚重点商业餐饮企业，汇聚中外美食，有效串联整个区域，举办大型主题营销推广活动，有效集客总数超过 10 万人，各店销售额均有 5% ~ 10% 提升，CBD 影响力进一步扩大。

4.8.2.4 特色街区建设步伐加快

2016 年，中贸广场餐饮步行街、"南门·映巷"松园、榴园地下商业步行街、大话南门文创餐饮综合体、九部坊·南郭路音乐街等特色商业街建设进展顺利。通过特色街区建设，有效促使商、旅、文联动，建设复合型 CBD。长安路 CBD 大力发展街区经济，把改造旧老街巷与打造特色街区结合起来，通过对老街巷的改造修建，使街道外立面改造及道路、供电、景观等基础设施得到提升，塑造街区整体形象。通过打造特色街和特色餐饮步行街，提升 CBD 的商气和人气。

4.8.3 2017 年西安市碑林区社会经济发展预期目标

2017 年，西安市碑林区社会经济发展的主要预期目标是：地区生产总值增长 8.5% 以上，达到 802.90 亿元；固定资产投资增长 10% 以上，达到 1 969 亿元；社会消费品零售总额增长 12% 以上，达到 678.72 亿元；一般公共预算收入增长 6.5%，达到 47.48 亿元；城镇居民人均可支配收入增长 8% 以上，达到 40 735.44 元，城镇登记失业率控制在 4% 以内。

4.9 福州市鼓楼区发展建设整体状况分析

4.9.1 2016 年福州市鼓楼区国民经济和社会发展计划执行情况分析

2016 年，福州市鼓楼区全面落实"四个全面"战略布局，积极践行"五大发展理念"，马上就办、真抓实干，全力稳增长、调结构、强动力、惠民生、防风险，经济社会保持良好发展态势。据统计，福州市鼓楼区全年实现地区生产总值 1 230 亿元，增长 9% 左右；一般公共预算总收入 65.57 亿元，增长 7.5%；地方一般公共预算收入 40.25 亿元，增长 7.3%；社会消费品零售总额 1 015 亿元，增长 11%；规模以上工业增加值 81 亿元，增长 8.5% 左右；城镇以上固定资产投资 462 亿元，增长 3% 左右；实际利用外资 3 亿美元，增长 8%；外贸出口 329.3 亿元，增长 4%；城镇居民人均可支配收入 4.4 万元，增长 8% 左右（见图 4 - 10 和图 4 - 11）。福州市鼓楼区被确定为国家服务业综合改革示范典型，荣膺全国综合实力百强区、最具投资潜力中小城市百强区，被授予"中小城市新型城镇质量百强区"和"中小城市创新创业百强区"称号。

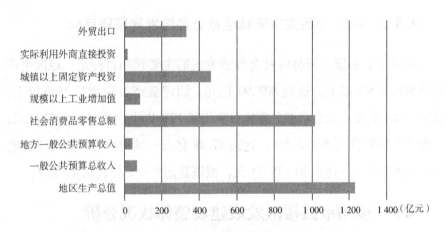

图 4 - 10　2016 年福州市鼓楼区经济运行指数分析

资料来源：根据福州市鼓楼区政府工作报告及 CBD 研究基地数据资料整理。

4.9.1.1　产业转型步伐加快

福州软件园、三坊七巷列入福建省级第一批现代服务业聚集区。福州市鼓楼区产业龙头促进计划有效实施，新增中富通、兴证国际 2 家上市企业和 15 家"新三板"挂牌企业。产业载体提升扩容，外贸中心大

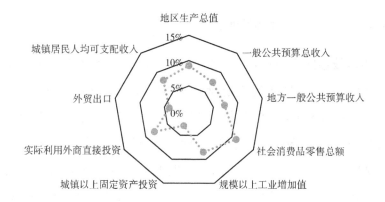

图 4 - 11　2016 年福州市鼓楼区经济运行指数增长率分析

资料来源：根据福州市鼓楼区政府工作报告及 CBD 研究基地数据资料整理。

楼等 11 栋 56.15 万平方米旧商务楼宇改造提升，海西商务大厦、三盛国际中心等 4 栋 35.2 万平方米商务楼宇相继落成，新增 3 栋税收亿元楼宇。园区经济快速发展，福州软件园创业创新新城加快建设，海峡软件新城招商取得明显成效，闽台软件与集成电路合作基地、谷歌体验中心和百度开发者创业中心等项目落户园区，实现技工贸总收入 518 亿元，增长 20%；洪山科技园改造提升扎实推进，新增百城新能源、网格商用等 3 家高新技术企业，蓝海天网卫星导航及船联网项目被列入"海上福州"重点项目，实现技工贸总收入 214 亿元，增长 11.3%。福州市鼓楼区商贸服务业提档升级，东街口商圈改造提升取得阶段性成效；南街地下空间、东百 B 楼建设顺利推进，全区新增 161 家限上商贸企业。新兴经济提速增效，全区入驻"正统网"电商企业 830 家，线上交易额突破 350 亿元，网购人口比例居福建省首位；旅游、文创产业发展态势良好，年接待游客突破 1 600 万人次，文化产业实现主营收入200 亿元，总量占福州市的 1/3。

4.9.1.2　专项行动扎实开展

福州市鼓楼区全面打响"百日攻坚"行动，105 个攻坚项目完成建设投资 80 亿元，全区实现交地 66.7 公顷（1 000 亩），征迁 1 882 户，完成征收房屋面积 60 万平方米。福州市鼓楼区 31 个市级行动计划项目完成投资 66 亿元，30 个市级重点项目完成投资 94 亿元，分别超序时17%和20%。积极开展"抓招商、促发展"行动，建立招商六项工作机制，全年引进智度科技、东海航运保险等 205 个项目，总投资达438 亿元。福州市鼓楼区全区成立"保增长、稳运行"、城建提速增效等指挥部门，现代服务业发展、交通治堵、亮化绿化等 20 项专项工作扎实推进。

4.9.1.3　改革创新取得突破

福州市鼓楼区大力推行"五证合一、一照一码"和电子营业执照等商事改革举措，全面落实"营改增"结构性减税政策，市场主体户数突破 7.6 万户，市场主体户数及注册资本总额均居全市首位。福州市鼓楼区行政审批改革走在全市前列，全区取消区级审批项目 44 个，调整职权 63 项，审批时限平均压缩到法定时限的23.57%。向社会公开区政府各部门及街镇的权责清单，南街街道被列为福建省街道权责清单梳理工作试点单位。福州市鼓楼区完成公车改革，区对街镇财税体制进一步优化。福州市鼓楼区被评为福州市创业创新示范中心，全区科技小巨人领军企业增至 45 家，福州省级企业技术工程研究中心增至 19 家，省、市级众创空间达到 7 家，云端创咖、凤凰谷咖啡入选国家级众创空间。

4.9.1.4 宜居品质明显提升

福州市鼓楼区对区域内 59 万平方米旧屋区改造顺利推进，当年新启动的旧改项目 100% 完成民房征迁工作。完成华大村下后营、杨桥新村二期等 19 个项目征迁扫尾，建成陆庄庭苑、龙峰雅居园等 4 个项目 28 万平方米安置房，1 097 户居民顺利回迁，一批"两逾"遗留问题有效破解。市政配套更加完善，文林南路等 5 条道路基本建成，崎下路、井关外路等 10 条小街巷改造提升，路网通行质量明显提高。福州市鼓楼区新增 1 002 个路外公共停车泊位，南街地下空间停车场等 7 个项目投入使用。健全防灾减灾责任人制度，完成 13 个地下配电房改造、54 个易涝点及 5 个地灾点整治，较好地防抗台风暴雨的袭击。福州市鼓楼区高标准实施环境综合整治，铜盘路西侧、大洋百货等 7 个重要节点 30 栋楼体立面焕然一新，省府路、达明路等 15 条道路沿街店牌店招美化提升。福州市鼓楼区启动大腹山休闲步道建设和温泉公园二期改造提升，左海—金牛山城市森林步道主轴基本贯通，城区新增绿化 23 万平方米。福州市鼓楼区大气污染防治扎实推进，淘汰黄标车 2 276 辆，城区空气质量优良率达 95% 以上，空气质量综合指数在五城区排名上升一位。打响市容卫生管理百日会战，探索"街长制"管理模式，新增 20 条"市容环卫严管示范街"，拆除"两违"7.37 万平方米。城区文明测评指数居全市首位。

4.9.1.5 社会事业协调发展

福州市鼓楼区推动教育优质均衡发展，全面推行区属高中免费教育；积极践行素质教育，"鼓楼少年好习惯"做法在福建省推广；重建旗汛口幼儿园，扩大普惠性幼儿园覆盖面，义务教育标准化水平稳步提升。医疗卫生和公共卫生应急能力持续提高；率先推行"互联网＋社区医疗"服务，在鼓东街道建成五城区规模最大的社区卫生服务中心，福州市鼓楼区通过全国计划生育优质服务先进单位省级评估验收。文体事业繁荣发展，完成区数字图书馆一期建设和 7 个街道文化站、55 个社区文化普及服务站达标提升，区文化馆改造提升达到国家一级馆标准。

4.9.1.6 民生保障扎实有力

福州市鼓楼区民生支出占一般公共预算支出比重的 76.5%，年度 10 大类 42 项为民办实事项目有效落实。就业、再就业更加充分，全区新增就业 25 528 人，失业人员再就业 2 356 人。社会保障体系更加健全，被征地群众 100% 参加养老保险，城镇居民社会养老保险参保率达 99.4%；全年发放各类补助资金 4 498.4 万元，将家庭人均月收入 1 000 元以下群体纳入低保边缘户，帮助 305 户住房困难家庭申请保障性住房。在全省率先建立芍园家庭综合服务中心和社会组织孵化基地，"三社联动"加快社区治理创新。深入开展隐患整治攻坚年活动，安全生产各项指标均控制在市下达的指标范围内。强化 15 个行业调解委员会规范化建设，率先建成基层劳动争议调解中心，成功排查化解矛盾纠纷 1 550 起。

4.9.1.7 政府建设不断加强

福州市鼓楼区加强政务公开和政府信息公开，区政府门户网站实现全省政府网站绩效考核六连冠。全区审批服务窗口全面推行"窗口无否决权"服务机制，政府系统办事效率不断提高。认真贯彻中央"八项规定"精神，全区"三公"经费支出比上年下降 26.53%。加强审计监督，抓好党风廉政建设，营造廉洁高效的干事创业氛围。

4.9.2 2017 年福州市鼓楼区社会经济发展预期目标

2017 年，福州市鼓楼区初步安排全区社会经济发展的主要预期目标是：地区生产总值增长 9%，规模以上工业增加值增长 8%，社会消费品零售总额增长 11%，城镇以上固定资产投资增长 5%。一般公共预算总收入同口径增长 7% 左右，地方一般公共预算收入同口径增长 8% 左右。实际利用外资增长 7%，外贸出口增长 3%，城镇居民人均可支配收入增长 8%。

4.10 长沙市芙蓉区发展建设整体状况分析

4.10.1 2016 年长沙市芙蓉区国民经济和社会发展计划执行情况分析

长沙市芙蓉区紧紧围绕"湖湘之心、中部标杆、全国一流"目标定位，全面实施"聚焦高端、提质增效、产城一体、双核驱动"发展战略，抢抓机遇，积极作为，为新一轮发展打下了坚实基础。

4.10.1.1 加快转型升级，经济质量稳步提升

坚持发展第一要务，全力以赴稳增长。长沙市芙蓉区主要经济指标稳中有升。2016 年实现地区生产总值 1 159.8 亿元，增长 10.4%；完成一般公共预算收入 111.2 亿元，增长 9.1%；全社会固定资产投资 501.5 亿元，增长 15.1%；社会消费品零售总额 788.5 亿元，增长 10.7%；规模以上工业总产值 454.4 亿元，增长 5.5%；城镇居民人均可支配收入 4.6 万元，增长 8.6%（见图 4 - 12）；产业结构更加优化，

第三产业主导地位凸显，完成增加值991.2亿元，占经济总量的比重达
85.5%。湖南省金融创新特色产业园完成平台建设并投入使用，成功举
办中国金融科技峰会，创建湖南省金融创新中心，金融业税收贡献率达
42.6%。长沙市芙蓉区打造律政服务、文化创意等专业楼宇，湖南影像
创客空间成为长沙市示范单位，楼宇经济税收贡献率突破60%。隆平
高科技园加速转型升级，人民东路隆平现代产业园完成概念性规划设
计，"中国种业硅谷"建设上升为国家战略。长沙市芙蓉区完成高新技
术产业增加值339.7亿元，创历史新高。长沙市芙蓉区招商引资成效显
著，大力实施精准招商，举办"浏河之芯·财富芙蓉"上海招商推介
会，引进中国国旅、万和证券、华夏交易所等企业总部和金融机构。新
引进投资过10亿元的项目3个，新增商事主体1.5万家，"新三板"上
市公司7家、楼宇企业550余家。实际到位外资6.4亿美元，湖南省外
境内到位资金98亿元，长沙市外境内固定资产投资267亿元。

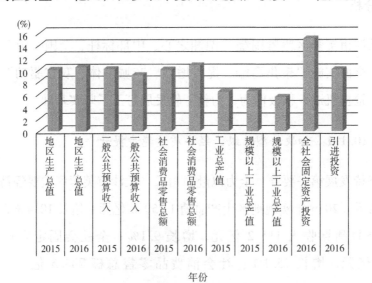

图4-12　2015、2016年长沙市芙蓉区经济运行指数增长率分析

资料来源：根据长沙市芙蓉区政府工作报告及 CBD 研究基地数据资料整理。

4.10.1.2　增强承载能力，城市建设协调推进

长沙市芙蓉区以"一带两区"①为发展重心，实施各类重点项目
173 个，完成投资 281 亿元。长沙市芙蓉区产业项目加快建设，湖南第
一高楼——长沙国金中心顺利封顶并启动招商，世茂广场等城市综合体
加快建设，新增商务楼宇面积 152.3 万平方米，楼宇总量全市领先。浏
阳河文化旅游产业带建设取得重大突破，隆平文化园、龙舟文化馆、汉
文化广场等核心项目基本竣工。长沙市芙蓉区成功承办首届浏阳河文化
艺术节，浏阳河品牌影响力进一步扩大。英氏孕婴童产品产业园一年内
实现建设投产，特格尔医药产业园、湘粤先进技术产业园等重大项目顺
利推进，申通快递、苏宁云商等物流中心投入运营。基础设施日益完
善，新建通车道路 15.8 公里，龟山北路、杉木南路等竣工通车。建成
港湾式公交站 11 个、公交专用道 20 余公里，新增停车位 3 380 余个，
公交都市建设走在全市前列。隆平高科技园投入 5 000 万元，完成建成
区 11 条道路提质改造，建设雨污分流系统及省内首个路灯共杆系统样
板工程，园区品质显著提升，企业获得感明显增强。长沙市芙蓉区征拆
工作有力推进，完成棚改 3 341 户、40 万平方米。

4.10.1.3　提升宜居品质，城区面貌精致精美

长沙市芙蓉区坚持加强管理、完善功能，充分彰显中心城区品质，
城市管理更加精细。深化"大城管"格局，推动城管工作重心下移；
常态化开展"周末看城管"行动，助推市容环境不断改善。长沙市芙
蓉区提质力度明显加大，完成首批 14 个社区提质提档，投入 2.5 亿元

---

① "一带"即浏阳河文化旅游产业带；"两区"即长沙芙蓉中央商务区和隆平新区。

提质改造第三批老旧农安小区，整治楼宇立面 151 栋，亮化楼宇 192 栋，惠及居民群众 4 万余户。基本完成芙蓉路、韶山路、解放路等 5 条主干道"六位一体"提质改造。打造营盘路、恒达路、凌霄路等 26 条特色街巷，"一街一品一特"的特色街巷群靓丽呈现。铺设修补路面和人行道 7 万平方米，疏浚下水管网 107 公里。环境质量不断改善，"3 年造绿大行动"顺利收官，新增提质绿地 62 公顷，拆违复绿 220 万平方米。长沙市芙蓉区建成全市首个"环卫作业车辆车载 GPS 综合管理系统"，新建改造垃圾站厕 16 座，整治黑臭水体 13 处，关停污染企业 334 家，浏阳河芙蓉段 11 个排污口实现截污，空气质量优良率提升 3.5 个百分点。

4.10.1.4 促进民生改善，人民生活幸福和谐

长沙市芙蓉区累计投入民生资金 42.9 亿元，占财政支出的 79%。社会事业全面发展，新增学位 7 000 余个，打造"幸福教育"特色品牌，在学生艺术展演、社区全民教育等方面获得国家级荣誉。促进科技成果转化，专利申请量 2 788 件、授权量 1 409 件。产学研合作成效显著，获国家科技进步二等奖 4 项、省科技进步奖 23 项，获评全国科普日活动优秀组织单位和湖南省先进集体。提质改造一批街道综合文化站和社区文化服务中心。中医药服务能力得到提升，健康管理家庭契约式服务签约 1 万余户。社会保障日益健全，成立全市首个失地农民创业就业服务指导中心，新增城镇就业 1.7 万人、创业主体 9 250 户，发放创业担保贷款 1 461 万元。长沙市芙蓉区慈善救助低保家庭覆盖范围在湖南省最广，补贴标准高于长沙市平均水平。社会治理有效加强，着力加强社区建设，打造"东湖夜话""庭院理事会"等社区自治品牌，荷晏、马王堆、东沙、东宜等社区获得全国表彰。统筹抓好社会治安防控

体系建设，创建零发案社区 36 个、平安社区 22 个，化解信访积案 30 余件。荣获湖南省社会管理综合治理先进区和安全生产先进区，有效开展道路交通堵点整治，区交警大队获评湖南省规范执法示范单位。

4.10.2　长沙市芙蓉中央商务区 2016 年取得全面进步

2016 年，长沙市芙蓉中央商务区管理办公室（楼宇经济办公室）、芙蓉区加速推进现代服务业发展领导小组办公室深入开展"品质提升年"主题活动，提升经济发展品质，各项工作取得了长足进步。

4.10.2.1　以务实精神推动工作发展

（1）以夯实工作基础助推楼宇发展。2016 年，芙蓉中央商务区（CBD）为提升楼宇经济工作水平，积极开展各项工作：一是加强街道楼宇专干业务培训，指导街道按楼宇建立电子台账，每季度组织一次楼宇专干会议，听取楼宇情况汇报，共同分析楼宇经济发展形势。二是加强楼宇资源数据库建设，坚持每月一统计，每季度一汇总，将楼宇基本情况呈报相关领导作为经济决策参考。三是不断增强楼宇商会凝聚力。2016 年，楼宇商会举办了楼宇管理服务暗访活动、卓越服务品质提升专题培训和物业公司标准化建设研讨会等重大活动，楼宇商会的 5 个专业委员会还分别组织了多次技术交流活动，取得了很好的效果。四是积极做好楼宇提高质量准备工作，制定了楼宇经济提质升级细化方案，学习重庆、宁波、福州等城市老旧楼宇提质改造的成功经验，走访京广线以西投入使用超过 8 年的重点楼宇。为提升楼宇品质，CBD 管理办公室（楼宇经济办公室）撰写了题为《芙蓉区老旧楼宇发展现状及提质策略》的调研报告，从完善管理制度、建立协调机制、出台政策扶持等方面提出对策和建议。截至 2016 年年底，芙蓉区有各类商务楼宇 212

栋（重点楼宇 86 栋，包括商务写字楼 41 栋，商住楼45 栋），建筑面积
595 万平方米，入驻企业达 4 900 余家。芙蓉区楼宇新入驻企业 478 家，
新入驻的企业中有现代服务业企业 283 家（占新入驻企业总数的
59.2%），产生了很好的产业集聚效应。

（2）以优质服务促进项目推进。长沙市芙蓉区 CBD 管理办公室积
极走访重点项目，加大帮扶力度，优化项目服务质量。芙蓉区在建和拟
建的商务地产项目有 19 个，其中，长沙国金中心、世茂广场 A 座、泰
贞国际等 12 个项目正在推进。

芙蓉 CBD 牵头举办了长沙芙蓉区商务楼宇集中观摩及楼宇经济发
展研讨会，邀请湖南省政府、大型企业领导、专家为芙蓉区专业楼宇打
造出谋划策。此外，芙蓉 CBD 积极参与长沙市、芙蓉区两级项目调度
会，勇于担当，主动做好项目服务工作。

（3）以联动促进现代服务业发展。芙蓉 CBD 主动对接长沙市、芙
蓉区相关职能部门，加强与服务业十大重点产业牵头部门分工协作，研
究制定了《芙蓉区关于加速推进现代服务业发展的实施意见》。同时，
芙蓉 CBD 积极报送服务业调研报告、经济运行分析及工作动态信息等
资料，积极申报湖南省、长沙市服务业引导资金，有效地促进现代服务
业的发展。

芙蓉 CBD 以开展活动推进浏阳河产业带建设。芙蓉 CBD 做好浏阳
河产业带办公室相关工作，积极争取上级部门支持解决难题，加强与芙
蓉区相关部门的协同配合，合力推进项目建设，着力为项目排忧解难，
优化建设环境，加快推进芙蓉浏阳河文化旅游产业带建设的工作步伐。

（4）以"直通车"为平台做好群众工作。芙蓉 CBD 坚持以人为
本，始终把群众事宜作为工作重点，通过实际走访、活动开展、交流座
谈、帮扶解困等多种形式与社区开展联点帮扶活动，取得实效。芙蓉

CBD 举办讲座送知识，邀请长沙银行的专业人员开展"杜绝金融诈骗"知识讲座。组织芙蓉区内企业员工开展"学雷锋主题月"活动，为空巢老人、外来务工人员、残疾人和困难家庭送温暖，坚持为民办实事、见实效。芙蓉 CBD 利用"直通车"平台，主动帮助区内居民排忧解难，解决了诸多民生实际问题。

4.10.2.2 芙蓉 CBD 工作特色

（1）创新工作方式，专业楼宇再发力。芙蓉 CBD 在专业楼宇打造上再探索，继总部大楼（中石油大厦）、金融服务大楼（中天广场）、影像创意大楼（科佳大厦）后，又分别举行了律政服务大楼、文化创意大楼推介会暨授牌仪式，进一步激发律政服务企业、文创企业的集聚效应。同时，为鼓励和推进专业楼宇健康发展，依据"一事一议"的原则，顺利出台了《关于支持和打造律政服务大楼的指导意见》。芙蓉 CBD 以"微创新"推动工作，精心制作 2016 版芙蓉楼宇地图纸质版，为楼宇经济实体服务，积极运用"互联网＋"思维开发芙蓉楼宇 H5 页面，取得了理想的效果。

（2）强化牵头作用，争取项目显效。根据《关于下达（长沙）市级现代服务业引导专项资金的通知》，芙蓉 CBD 成功为区内产业园、商务平台和实体企业申报湖南省服务业引导资金，获得了很好效果，为实体经济的发展增添动力。

（3）善于宣传造势，扩大对外影响力。加强访问交流，接待首都经济贸易大学特大城市研究院来访交流；积极对外交流，赴郑州参加2016 年中国商务区联盟年会，参与北京市哲学社会科学 CBD 发展研究基地组织的"第五届全国中央商务区发展高层论坛"征文活动，芙蓉CBD 提供的《提振楼宇经济 打造经济转型升级新引擎》和《长沙芙蓉

CBD 建设回顾与思考》文章收编至《中国中央商务区建设与治理研究》一书中。在 2016 年长沙楼宇招商推介会上，芙蓉 CBD 编制的《2016 长沙楼宇经济发展白皮书》和《芙蓉区楼宇推介手册》取得了很好的实效。《芙蓉月刊》《长沙晚报》等多家报刊专题报道了芙蓉楼宇经济、新引擎芙蓉全域 CBD 等，提升了芙蓉 CBD 的知名度和影响力。

4.10.3　2017 年长沙市芙蓉区社会经济发展预期目标

2017 年，长沙市芙蓉区社会经济发展的主要预期目标是：地区生产总值增长 9%左右，一般公共预算收入增长 6%左右，全社会固定资产投资增长 12%左右，社会消费品零售总额增长 10.5%左右，规模以上工业总产值增长 6%左右，城镇居民人均可支配收入增长 8.5%左右。

4.11　沈阳市沈河区发展建设整体状况分析

4.11.1　2016 年沈阳市沈河区国民经济和社会发展计划执行情况分析

2016 年是"十三五"规划的开局之年。一年来，沈阳市沈河区认真践行"为民、务实、创新、协调、突破"的发展理念，全面建设幸福沈河，加快打造"五个家园"，较好地完成了预期的各项任务。

4.11.1.1　全力打造富庶家园

沈阳市沈河区坚持稳增长总基调不动摇，调结构、转方式、换动力，综合施策，主动作为，城区竞争力和群众满足感不断增强。2015、2016 年沈阳市沈河区经济运行指数分析如图 4－13 所示。

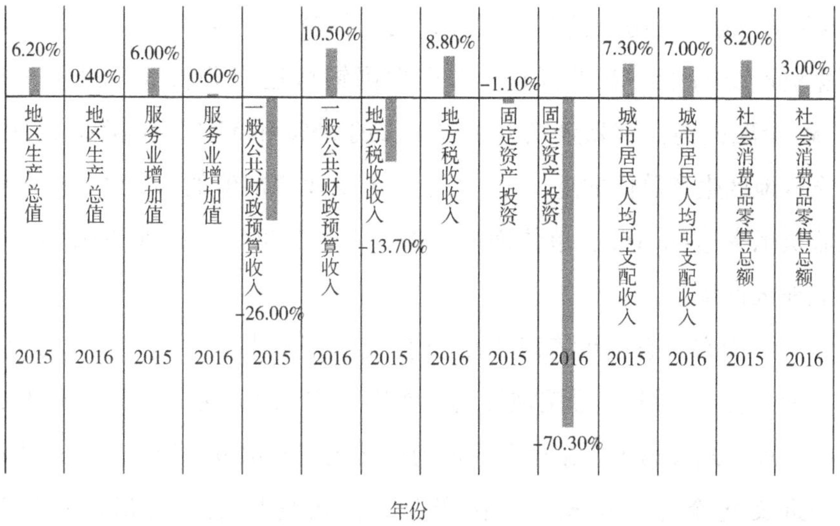

6.20%	0.40%	6.00%	0.60%	10.50%	−26.00%	−13.70%	8.80%	−1.10%	−70.30%	7.30%	7.00%	8.20%	3.00%
地区生产总值	地区生产总值	服务业增加值	服务业增加值	一般公共财政预算收入	一般公共财政预算收入	地方税收收入	地方税收收入	固定资产投资	固定资产投资	城市居民人均可支配收入	城市居民人均可支配收入	社会消费品零售总额	社会消费品零售总额
2015	2016	2015	2016	2015	2016	2015	2016	2015	2016	2015	2016	2015	2016

年份

图 4 - 13　2015、2016 年沈阳市沈河区经济运行指数增长率分析

资料来源：根据沈阳市沈河区政府工作报告及 CBD 研究基地数据资料整理。

（1）经济运行处于合理区间。由图 4 - 13 可见，2016 年沈阳市沈河区地区生产总值完成 941 亿元，同比增长 0.4%。服务业增加值完成 818 亿元，增长 0.6%，占地区生产总值的 86.9%。一般公共财政预算收入完成 84 亿元，增长 10.5%，其中，地方税收收入完成 80.8 亿元，增长 8.8%；地方税收收入占一般公共财政预算收入的 96.1%，高于全市 13 个百分点。固定资产投资完成 211 亿元，下降 70.3%。城镇居民人均可支配收入达 43 937 元，增长 7%。社会消费品零售总额完成 1 073 亿元，增长 3%。

（2）金融产业支撑优势明显。沈阳市沈河区被确定为沈阳市全面创新改革试验区中金融创新改革任务唯一承载区。中兴金融云项目取得积极进展，一批具有开拓性的金融创新项目落户开发区或正在推进：德勤会计师事务所入驻，世界四大会计师事务所齐聚沈河；首批跨境融资落地，实现东北地区跨境融资零的突破；辽宁股权交易中心挂牌企业达

1 283 家，融资交易额达 293 亿元；民间借贷登记服务中心正式营业；票据资产交易中心获批筹建。引进中国银行辽宁分行等金融类机构 72 家，金融机构存贷款余额分别占全市的 36% 和 52%，金融业增加值占全区地区生产总值的近 1/4，占全市金融业增加值的 1/3 强，金融业税收贡献率达 44.1%，单位面积金融企业聚集度和金融业贡献率稳居东北地区首位。

（3）新兴业态逐步培育壮大。沈阳市沈河区推动"老字号"引进、保护和开发。沈阳 11 号院被评选为沈阳市文化产业示范园区，保利大剧院管理有限公司等 3 家企业被评为市文化产业示范基地。沈阳市沈河区引进文化企业 110 家，文化产业产值占地区生产总值的比重达 7.6%。完成区创业孵化基地二期工程建设，华府青创空间被评为国家级众创空间，在辽宁省参评创业空间中排名第一。风雨坛等 7 家创业基地被评为市小微企业创业基地。

（4）商贸产业加快转型升级。沈阳市沈河区引导电子商务与商贸、物流等传统产业融合发展。阿里巴巴南塔产业带商品平台运行良好，五爱金融、五爱物流、辽宁筋斗云科技公司航空货运电商平台试运行，跨境电商综合交易平台建设取得初步进展。沈阳市沈河区是东北地区首个荣获"中国服装商贸名城"称号的城区。

4.11.1.2　全力打造精神家园

沈阳市沈河区坚持满足群众基本精神文化需求，加强公民道德建设、政治文明建设、文化民生建设，城区凝聚力和群众归属感不断增强。

（1）公民道德建设逐步加强。沈阳市沈河区积极开展"好家风·好少年"主题活动，有效衔接学校、社区和家庭道德教育。强化未成年人思想道德建设，"小微成长工程"育人教育取得很好效果。成立沈河区社会组织发展联合会，培育孵化社会组织 88 个，开展公益为民服务项目 71 个。

（2）政治文明建设全面推进。沈阳市沈河区强化政务公开，网上公开重要信息 1.5 万条，受理行政复议 15 件，承办行政诉讼案件 48 件。发挥社区评议监督委员会的作用，开展评议监督会议千余场，保障群众参与权、知情权和监督权。

（3）文化建设成果显著。沈阳市沈河区获评国家公共文化服务体系示范区。区、街道、社区三级公共文化服务设施网络全覆盖。打造 4 个特色文化社区、15 个特色文化楼院及 1 090 个特色文化楼道。加强公共文化服务数字化建设，实现区图书馆和街道社区分馆资源共享、通借通还。免费开放各类场馆，群众参与文体活动踊跃。

4.11.1.3　全力打造服务家园

沈阳市沈河区坚持"东北领先、全国一流"的目标，累计投入 23.8 亿元，实施为民办实事等工程，城区共建共享能力和群众认同感不断增强。

（1）服务供给能力不断提高。完成中学、幼儿园等 17 所学校改造，实验学校东部校区小学部投入使用。沈阳市沈河区教育局幼儿园等 3 家幼儿园晋升为省五星级品牌幼儿园，沈阳市沈河区被确定为市学前教育改革发展先行区，通过首批全国健康促进县（区）项目试点和全国计划生育优质服务先进单位验收。

（2）幸福社区建设深入推进。沈阳市沈河区加快社区标准化、精品化建设，打造菜行等 10 个精品社区。对 219 个老旧庭院实施绿化、道路、排水等综合环境改造，对 270 栋共 150 万平方米住宅楼实施"节能暖房"工程，受益居民达 2.4 万户。按照较高标准，打造 15 个示范型日间照料站，新建5个社区日间照料站，日间照料站社会化运营率超过70%。强化市民公共服务平台建设，完善"先予处置"机制，解决各类民生诉求案件9.6万件。城镇实名制就业50 479人，全区零就业家庭动态为零。

4.11.1.4 全力打造美丽家园

沈阳市沈河区坚持"绿色强区、绿色惠民"的理念，累计投入3.6亿元，推进绿化、美化、亮化、净化工作，城区宜居度和群众舒适感不断增强。

（1）智慧沈河建设深入推进。沈阳市沈河区强化政务服务中心内涵建设，构建区、街道、社区三级网上并联审批体系，推行联审联办和限时办结制度，企业"三证合一"注册时间提速50%以上。推进个体工商户登记制度改革，核发辽宁省首张"两证整合"营业执照。实施智慧社区建设，11个试点街道（社区）坚持"全年无休、全程协办"，实现政务审批信息公开和便民服务业务互联互通。中街步行街及重点商家免费智能 WiFi 全覆盖，中街智能交通停车诱导系统正式运行。

（2）城区规划建设再上台阶。沈阳市沈河区调整浑河沈河段防洪线，为东部地区释放1.5平方公里的发展空间。调整土地利用总体规划方案，新增近4平方公里建设空间。沈阳市沈河区获评全国国土资源节约集约模范县（市）称号，东部地区被确定为全市建设海绵城市示范区。完成19万平方米棚户区改造，17个供水、供气、供暖"三网"配套改造项目基本完成，改造面积56万平方米，涉及居民楼145栋、居民8 514户。完成11条18万平方米道路整修，维修养护820条街路面及排水设施，修补坑槽8.7万平方米。

（3）城区环境面貌有效改观。沈阳市沈河区全面开展以"楼院整治行动、打造美丽家园"为主题的实践活动，有效治理楼院"十乱"

问题，推进多部门联合执法，开展对违章建筑、占道经营、露天烧烤、流动食品大篷车等专项整治，全区 529 个小区、426 个网格面貌焕然一新。集民族文化、绿色环保、健康餐饮、旅游观光于一体的沈河区清真美食街改造工程完工；加强动静态交通管理，施划和复线停车泊位 1.8 万个；开展"蓝天行动"，取得良好效果。

4.11.1.5 全力打造平安家园

沈阳市沈河区坚持"依法治区"的理念，健全信访稳控机制，完善社会治安防控体系，狠抓安全生产，城区治理能力和群众信访稳定工作扎实开展。深化社会调解模式内涵，促进信访积案化解，息访积案 120 件，息访率为 46%，辽宁省、市交办案按期办结率为 100%。加强矛盾纠纷源头预防和风险评估，畅通群众诉求表达渠道，强化网上信访案件办理，"走基层、化积案、解民忧"活动效果明显。

（1）社会局面更加平安稳定。沈阳市沈河区加强公安信息化建设，推进视频"天网"工程，改造升级视频监控系统，新建 1 000 个视频点位，高清视频监控点位占比达 76.6%。强化社会治安管控，推进"平安庭院"建设，开展"招手就站、马上就办"流动警务服务，"零发案"小区占比达 95.6% 以上，平安沈河建设连续 5 年居辽宁省前列。

（2）安全生产形势平稳向好。沈阳市沈河区落实安全生产责任制，针对重点行业领域和重要时段开展安全生产隐患排查整治，整改率达 97.1%。

4.11.2 2017 年沈阳市沈河区社会经济发展预期目标

2017 年，沈阳市沈河区社会经济发展主要预期目标是：生产总值同比增长 7.5%，服务业增加值增长 8.5%，一般公共财政预算收入增长 3.5%，地方税收收入增长 3.5%，固定资产投资增长 15%，城镇居民人均可支配收入增长 7%，社会消费品零售总额增长 10.5%。

4.12　青岛市市北区发展建设整体状况分析

4.12.1　2016 年青岛市市北区国民经济和社会发展计划执行情况分析

2016 年青岛市市北区大力建设现代化国际城市主城中心区，经济、社会、城建各项工作保持良好发展态势。

4.12.1.1　准确把握新常态，经济运行平稳健康

由图 4 - 14 可见，2016 年，青岛市市北区地区生产总值实现 690.5 亿元，增长 9.1%，增速位列全市第四；一般公共预算收入完成 102.3 亿元，同口径增长 7%；固定资产投资完成 243.9 亿元，增长 8.9%；社会消费品零售总额完成 706.7 亿元，增长 7.1%；实际利用内资 171 亿元，实际到账外资 4.9 亿美元，外贸进出口总额完成 109.3 亿元，"十三五"实现良好开局（青岛市市北区经济运行指数增长率分析如图 4 - 15 所示）。青岛市市北区遵循产城融合、高端引领的理念，完成全区产业规划编制，启动以"精明增长"①与"多规合一"②为核心的综

---

① "精明增长"的核心内容是用足城市存量空间，减少盲目扩张；加强对现有社区的重建，重新开发废弃、污染工业用地，以节约基础设施和公共服务成本；城市建设相对集中，空间紧凑；通过鼓励、限制和保护措施，实现经济、环境和社会的协调。"精明增长"是一种高效、集约、紧凑的城市发展模式。

② "多规合一"是指在一级政府一级事权下，强化国民经济和社会发展规划、城乡规划、土地利用规划、环境保护、文物保护、林地与耕地保护、综合交通、水资源、文化与生态旅游资源、社会事业规划等各类规划的衔接，确保"多规"确定的保护性空间、开发边界、城市规模等重要空间参数一致，并在统一的空间信息平台上建立控制线体系，以实现优化空间布局、有效配置土地资源、提高政府空间管控水平和治理能力的目标。

合规划编制，为引导转型跨越发展提供了全局性、长期性的谋划依据。

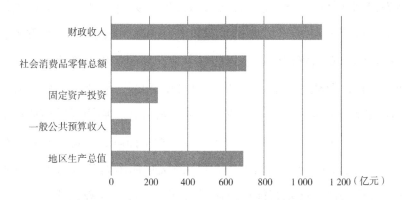

图 4 - 14　2016 年青岛市市北区经济运行指数分析

资料来源：根据青岛市市北区政府工作报告及 CBD 研究基地数据资料整理。

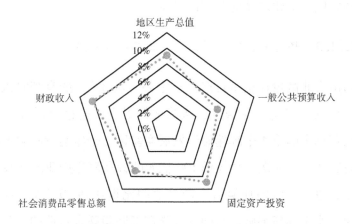

图 4 - 15　2016 年青岛市市北区经济运行指数增长率分析

资料来源：根据青岛市市北区政府工作报告及 CBD 研究基地数据资料整理。

4.12.1.2　拓展空间搭平台，项目建设加快推进

青岛市市北区坚持把项目作为经济工作的生命线，解难题、抓落

实，青房财富地带等 59 个项目竣工交付或主体封顶，启迪协信青岛科技园等 35 个项目开工建设。青岛市市北区中央商务区 9 个项目主体封顶，总建筑面积 45 万平方米的卓越世纪中心交付使用，上海重佑、光大安石等国内知名资产管理公司相继落地，封闭多年的敦化路、连云港路恢复通行，荣获"中国最具活力中央商务区"称号；新都心凯德广场、浮山商贸区居然之家等商业综合体建成开业，周边区域商业配套和服务功能进一步完善，沿地铁商业黄金连廊全面崛起；青岛科技街列入"国家自主创新示范区"范围，青岛啤酒文化休闲商务区与中粮置地签署战略合作协议，海尔智能产业园投入使用。最令人瞩目的是青岛市市北区总投资过千亿元的青岛国际邮轮港开发建设上升为青岛市战略，邮轮港管理局正式成立，综合规划编制基本完成，一个面向世界的邮轮之城、金融之城、文化之城的蓝图已经绘就。

4.12.1.3 坚定不移促转型，产业招商成效明显

青岛市市北区抢抓全市打造"三中心一基地"① 的有利时机，加快高端资源集聚、高端产业培育、高端项目引进。蓝色海洋经济加快发展，成功获批全国第 4 个邮轮旅游发展实验区，全年运营邮轮 80 航次，出入境游客 8.8 万人次。总规模 100 亿元的青岛海洋产业园区投资基金正式设立，海洋经济增加值占生产总值的比重达到 30.2%。青岛市市北区金融产业实现新突破，与国际大学创新联盟联合打造的中英两国第一个金融科技孵化器正式投入运营，幸福人寿保险、信达财产保险、富德生命人寿保险青岛分公司填补了青岛市市北区省级金融分支机构的空

---

① "三中心一基地"为青岛市委、市政府"十三五"重要发展战略。"三中心"即建设国家东部沿海重要的创新中心、国内重要的区域性服务中心和国际先进的海洋发展中心；"一基地"即建设具有国际竞争力的先进制造业基地。

白,中天石油投资、青岛港资产管理有限公司等 5 家亿元以上金融项目落户,全年新增各类金融机构 15 家、上市挂牌企业 13 家,金融业增加值实现 60 亿元,同比增长 8.2%。青岛市市北区创新引领作用不断增强,青岛科技创新大厦、天幕创想小镇等载体投入运营,北大、清华、人大等高校青岛研究院相继落户,特别是总投资 40 亿元的浪潮云计算大数据全国性研发中心项目签约落地,作为迄今为止青岛市市北区在科技信息领域引进的层次最高、规模最大的项目,未来必将在推动产业升级、人才聚集方面发挥重大作用。

4.12.1.4 攻坚克难求突破,棚改规模前所未有

青岛市市北区把加快棚户区改造作为拓展空间、提升品质、改善民生最重要的抓手,着力破解"产权证注销慢、补偿款发放慢、腾空房拆除慢"等瓶颈难题。完善大平台调度机制,完成 30 个集中片和部分零星片 1.7 万户房屋征收,占全年主城区任务总量的 71%,改造规模之大、涉及居民之多、工作推进之快为历年之最。青岛市市北区积极探索腾空房屋土地处置利用新模式,引入产业项目、打造绿化景观、建设停车场地、增配公共设施,城区功能品质不断完善。

4.12.1.5 大干快上补短板,城区品质加快提升

青岛市市北区深入推进"洁净市北"建设,启动品质提升 3 年行动计划,城区环境"一步一个脚印"持续优化。全面提高环卫保洁标准,对山东路等 4 条道路实施深度保洁,新增各类环卫机械车辆 500 余部,主干路机扫率、冲洗率均达 100%。青岛市市北区大力实施绿化工程,增植景观树 4 万余株、道路绿篱 2 万余米,全年绿化提升总面积 30 万平方米;多方挖潜,新增停车泊位 5 000 余个,全面实施综合行政

执法体制改革，拆除违法建设 15 万平方米、各类户外广告 1 万平方米，市容秩序管控成效明显。青岛市市北区高标准整治老旧楼院 370 个，完成 450 余处楼院 10 万米雨污水管线维修改造，为全区开放式楼院免费安装防盗门 7 700 个，居民生活环境得到明显改善。

4.12.1.6 持之以恒惠民生，社会治理不断创新

青岛市市北区加大民生保障力度，民生支出占财政支出的比重达到 77.1%。青岛市市北区继续丰富以政府兜底为主、商业保险为辅的救助体系，全区普惠型社会商业保险扩大到 5 种，近 500 户家庭获赔受益。完善就业创业扶持体系，加快青岛国际人力资源产业园①、青岛（市北）博士创业园等高端园区和孵化基地建设，新增就业 10.6 万人。

青岛市市北区加快优质教育供给，荣获青岛市首批"教育现代化区市"称号。青岛市市北区加快文化体育事业发展，打造 108 个全民健身辅导站点，实现 135 处社区广场和 4 处商业街区免费无线网络全覆盖。

青岛市市北区提高医疗卫生服务水平，打造公共卫生服务信息平台，在公立社区卫生服务机构建立远程会诊中心，全科医生个性化签约服务近万人。

青岛市市北区加大生产安全、食药安全、社会安全监管力度，提升舆情应对和突发事件应急处置能力，稳定和谐的发展氛围更加巩固。成立城市治理指挥中心，搭建网格化管理信息平台，将全区划分为 1 188

---

① 青岛国际人力资源产业园位于市北区台柳路 179 号，总建筑面积约 3.3 万平方米，由市人社局与市北区政府依托新都心和达大厦联合打造。该产业园是全市首家集"产业集聚、拓展服务、孵化企业、培育市场"等功能于一体的人力资源服务综合性产业园区，建成后将成为立足青岛、辐射山东、服务全国的创新示范基地。预计到 2021 年将吸纳人力资源服务机构 100 家以上，实现产值 80 亿元左右，在提升青岛"城市人才吸引力"、实现高端人才倍增和区域性服务中心建设方面发挥重要作用。

个网格，各类执法力量逐步纳入网格协同运行，"条块联动、属地为主、分级管理、责任到人"的现代城市治理工作格局初步形成，首届中国城市治理（青岛）创新年会①成功举办。

4.12.2　2017 年青岛市市北区社会经济发展预期目标

2017 年，青岛市市北区社会经济发展的主要预期目标是：全区地区生产总值增长 8% 左右；一般公共预算收入同口径增长 9% 左右；确保 19 个重点项目开工、18 个重点项目竣工、12 个重点项目主体封顶；固定资产投资与上年持平，实际到账外资 3 亿美元。

4.13　杭州市下城区（全域中央商务区）发展建设整体状况分析

4.13.1　2016 年杭州市下城区国民经济和社会发展计划执行情况分析

杭州市下城区践行创新、协调、绿色、开放、共享五大发展理念，加快推进全域中央商务区建设，攻坚克难、砥砺前行，为新一轮发展奠定了坚实基础（杭州市下城区建设为全域中央商务区，但目前还称为杭州市下城区）。

---

①　由市北区政府、北京大学城市治理研究院、青岛市人社局、青岛市建委等单位联合主办，于 2016 年 12 月 28 日在市政府会议中心举行。来自国家部委、高校院所以及相关企业的近 200 名专家代表出席。年会围绕"新型智慧城市与城市治理"这一主题，共同探讨新形势、新背景下城市治理的新思路、新模式，达成了一系列新共识。会上，市北区提出加快构建新型智慧城市，以北京大学（青岛）城市治理研究院为核心，吸引一批国内外知名研究机构共同组建高端智库集群，推动城市治理现代化和标准化建设。同时，青岛智慧城市设计仿真与可视化技术实验室等七大平台签约揭牌。

4.13.1.1 调结构、促转型，经济发展稳中有进

（1）综合实力持续增强。杭州市下城区地区生产总值 5 年年均增长 8.3%，达到 825.55 亿元。其中，第三产业占比提高了 4.9 个百分点，达到 95.32%，特别是商贸、金融、文创、健康、信息五大主导产业地位进一步巩固，增加值增速比平均值高近 1 个百分点。社会消费品零售总额达 1 009.23 亿元，年均增长 12.4%，绝对额和增量全省领先。累计完成固定资产投资 638.63 亿元，从南部的嘉里中心、国大城市广场、三立大厦、武林广场地下商城、汇金国际，到北部的杭州新天地、中大银泰城、新华广场、灯塔大厦、野风现代中心、三立时代广场、西联广场等一批重点项目相继建设、投用，新增建筑面积 462 万平方米。财政总收入、地方一般公共预算收入保持平稳运行，比 2011 年分别增长 10.04%、11.71%。

（2）创新动能不断积聚。杭州市下城区以智慧应用、功能优化为重点，加快推动武林商圈"王者归来"，被评为省级现代服务业集聚示范区、中国最具竞争力中央商务区。创新运营模式，以跨境电商综试区建设和综合体发展有机融合为抓手，积极打造跨贸小镇，成功获批省级特色小镇，综试区展示中心、O2O 国际街区、西狗国际等项目顺利落地。国际人力资源服务产业园、创新中国产业园、杭州国际创意中心和艾博、维健等健康产业园区建设扎实推进。拥有经纬创造社等市级以上众创空间 5 家，科技孵化面积达 6.5 万平方米，新增国家级高新技术企业 63 家。每万人发明专利拥有量达 61.76 件，位居全省第三。获评省软件和信息服务产业示范基地。累计引进国家"千人计划"5 名、省"千人计划"6 名，钱江特聘专家 10 名。

（3）开放合作深入推进。杭州市下城区累计引进大杭外资金

771.23 亿元，实际利用外资 17.15 亿美元，分别增长 46.29% 和 38.2%；浙商回归到位资金 332.1 亿元。引进摩根士丹利、壳牌石油等世界 500 强项目 7 个，引进新时空、华盛达金融控股等亿元以上项目 184 个。汉鼎股份等 4 家企业成功上市，卓锦环保等 12 家企业挂牌"新三板"。122 栋目标楼宇中，全口径税收超千万元楼宇达 90 栋，超亿元楼宇达 50 栋；年税收亿元以上、千万元以上的企业分别达到 18 家和 192 家。

4.13.1.2 强基础、破难题，克难攻坚成效显著

（1）土地征迁工作全面推进。杭州市下城区百井坊地块、塘河地块、三塘单元商业商务地块、城北体育公园南侧地块完成征收，并具备出让条件。杭氧杭锅地块征收全面完成，城市之星项目进入实质性启动阶段。机床厂地块项目、市儿童医院扩建项目、启正实验学校项目完成征迁并开工。省儿保医院项目、地铁 2 号线（下城段）、武林路历史街区、中国银行项目、杭氧生活区一期、备塘河项目、商储地块全部农居等征收任务也圆满完成。

（2）腾笼换鸟步伐加快。杭州市下城区全面完成 9 个规划单元控规的新一轮修编。完成三塘、西文、灯塔 3 个"城中村"改造任务和胜利、中舟、杨家、石桥、永丰部分农居的征迁任务，共征迁农居 1 244 户、回迁安置 6 511 套。完成省农都市场、长城机电市场群、长城五金、白鹿鞋城、东方布料市场的搬迁。提前关停新世纪钢材市场，371 家商户全部腾退。杭州轴承厂地块获批创新型产业用地项目。

（3）难点问题有效化解。杭州市下城区扎实推进危旧房改造 3 年行动，制订治理改造实施细则，完成 37 栋房屋解危工作，在全市率先试点危旧房拆复建模式，拆除朝晖九区 24 栋。完成 20 条支小路的移交

和交通设施改造，完成北景园原草荡生态公园绿化改造、皇亲苑等社区地下空间环境综合整治，以及市民健康生活馆问题整改。推动中铁田逸之星项目住宅交房，顺利化解塘南社区撤村建居遗留矛盾纠纷、天园阁小区一户一表安装等历史遗留问题 72 件。

4.13.1.3 抓建设、重治理，环境品质持续改善

（1）基础设施不断完善。杭州市下城区建成德胜快速路、重工路、新天地街以及新西路一期等 12 条支小路，完成延安路、环城西路、武林路沿线改造、北部园区 5 条道路的整治移交工作，完成庙桥港景观桥建设，19 处美化家园工程，8 个街边节点景观的提升改造。新建游步道12 611 米，完成 14 个老旧小区交通综合治理，建成和平广场停车楼等公共停车场（库）27 处，电动汽车充电桩 240 个，新增停车泊位5 048 个。

（2）环境整治深入开展。杭州市下城区建立智慧城管指挥平台，数字城管及时解决率达到 99% 以上，成为市智慧街面管控试点区。在31 条主次干道推行市政环卫一体化作业模式，建立渣土消纳点，日处理建筑垃圾 1 500 立方米以上。完成 38 条市政道路、58 栋建筑立面、95 栋建筑亮灯、75 座公厕提升改造。新增绿地 20.2 万平方米，绿地率达 16.7%。完成辖区黄标车和老旧车淘汰任务。市级生态街道实现全覆盖，成为全市唯一低碳试点城区。完成西湖文化广场提升改造工程，基本完成"两路两侧""四边三化"① 整治任务，北部地区环境综合整治取得成效。

---

① 两路两侧、四边三化是指重点在公路干线和铁路沿线的两侧开展洁化、绿化、美化行动。

（3）治水拆违全面推进。杭州市下城区严格落实"河长制"① 管理，出台黑臭河反弹问题责任追究、河道管理三色预警等制度，统筹规划水系引配水方案，重构水循环系统。完成 12 条黑臭河道治理，消除排污口 827 个；完成 15 个河道综合整治项目和 29 条河道清淤疏浚，在全市首创河道长效化清淤。打通断头河 3 条，泵（闸）站新建 3 个、改造 11 个。完成 23 个小区、57 条道路的低洼积水点治理。推进老旧小区污水管网改造，更换管道 18 666 米。加强贴沙河饮用水源人防、物防、技防建设。拆除违章建筑 92 万平方米，完成违建出租房整治 221 处，彩钢棚整治 46.84 万平方米，拆除大型广告牌 2 137 个，改造第五立面 122 处、通信铁塔 15 个。

4.13.1.4 保基本、惠民生，群众生活更加美好

（1）社会保障不断加强。杭州市下城区 5 年来财政民生支出占比提高了 9.73 个百分点，达到 84.01%。城乡居民养老保险参保率达 99.89%，医保参保率保持在 98% 以上。新增就业 14.2 万人，实现再就业 7.8 万人。落实各类困难救助帮扶资金 1.23 亿元，率先推出针对特殊困难人群的红十字人道救助办法。企业退休人员社会化服务进一步加强。政府资助型养老服务比例从 2% 提高到 9%，每百位老人床位数从 0.7 张提高到 4.2 张。建立居家养老服务照料中心 76 家，老年食堂 41 家。累计为 8 154 人次老年人购买居家养老服务，为 1.3 万户老年人、残疾人家庭提供家电统保服务，为 24 080 人次老年人购买意外伤害保险。

（2）社会事业协调发展。杭州市下城区加快教育现代化建设，制

---

① 河长制是指由各级党政主要负责人担任"河长"，负责辖区内河流的污染治理。"河长制"是从河流水质改善领导督办制、环保问责制衍生出来的水污染治理制度。

订教育资源"十三五"发展建设规划，启用长江实验小学武林府校区等校区（园）7 个，实行大学区交互式划片招生，设立海外研训基地和教育发展基金，5 所学校被评为市教育国际化示范校。实施中西医结合医院改革，引进树兰医院等高端医疗资源，完成天水武林社区卫生服务中心搬迁、朝晖社区卫生服务中心健康服务用房改造，社区卫生服务中心全部达到浙江省级示范标准。医养护一体化签约服务户籍人口覆盖率达 31.73%，建立区域卫生信息化平台，打造社区中医药服务强区，被评为全国新一轮计划生育优质服务先进单位。成功创建浙江省文化先进区，率先在全国发布 6 个公共文化服务地方标准，率先在浙江省建立群众需求征集和反馈机制，基层公共文化服务综合评估排名从全省第 68 名跃升到第 4 名。

（3）社区治理持续深化。杭州市下城区出台加强和创新社区治理的意见，理清社区党组织、居委会、公共服务工作站 3 张事务清单。强化居民自治，本地居民担任居委会成员的比例超过 75%。实施社工岗位量效评估，在全国首推社工转型。培育发展社会组织，达到 2 626 家。成立全省首家社区基金会，被评为全国社区治理和服务创新实验区。

（4）平安建设有序实施。杭州市下城区全面落实网格化管理模式，深化省平安建设信息系统和"网格化管理、组团式服务"两网融合工作。构建立体化的社会治安防控体系，加大重点区域治安挂牌整治，严厉打击各类违法犯罪活动。构建大调解体系，创新"枫桥经验"城市版，依法有效化解各类矛盾纠纷。扎实开展安全生产、消防安全等10 个专项整治，持续加强出租房屋、专业市场、特种设备、食药品等重点领域安全监管。事故总数和死亡人数连续 5 年双下降，成功创建浙江省级平安区十一连冠。

4.13.1.5　深改革、提效能，自身建设不断加强

（1）依法行政全面推进。杭州市下城区累计办理建议、提案987件，满意和基本满意率达100%。开展行政权力清单合法性审查，清减行政权力事项2 701项、非行政许可事项109项。推进行政复议工作，深化行政执法体制改革，完成"六五"普法工作，建立政府法律顾问制度。

（2）运行效能有效提升。杭州市下城区完成卫生、计划生育机构合并，工商、质监、食药监机构合并。武林路时尚女装街、中国丝绸城、武林广场、西湖文化广场、中北创意街区等管委会纳入街道管理，城管执法、市场监管职能下沉到街道。依托街道社会服务管理中心，打造15分钟行政服务便民圈。杭州市下城区建立项目专员联系制度和项目建设部门联席会议制度，创新投资项目审批模式。扎实推进"五证合一、一照一码"企业注册登记。制定完善促进经济发展、房屋征收货币化安置等重大政策。推动区属国有企业机构重组，实施企业化管理；探索区城建发展公司和区投资建管中心的管理体制改革，实现区办公用房、经营用房和拆迁安置房分类统筹管理。

（3）廉政建设得到巩固。杭州市下城区认真开展党的群众路线教育实践活动和"三严三实"、"两学一做"等专题教育。严格落实中央和省市各项规定要求，始终保持反"四风"高压态势。加强行政监察和审计监督，加大对政府投资项目、招投标、政府采购等重点领域和关键环节的监管。完成公车制度改革，严格控制支出，"三公"经费累计下降69.4%。

杭州市下城区举全区之力服务保障 G20 杭州峰会，高品质完成项目建设，高标准推进环境治理，高要求落实平安护航，高质量做好民生服务，努力打造最精彩、最温馨的城市客厅，展示下城区作为"杭州的心、城市的眼"的独特魅力。武林广场裸眼 3D 灯光秀、环城西路

"竹韵艺墙"、武林路智慧女人街、中国丝绸城等整治项目成为展示杭州韵味的"金名片"；"武林大妈"群防群治的经验闻名全国，得到了各级领导的高度评价；峰会项目"跨一步、帮一把"，整个过程最大限度减少扰民，赢得了周边居民好口碑。广大干部群众和辖区单位，万众一心、不辞辛劳、埋头实干，彰显了峰会精神，形成了推进各项工作的强大合力。

总结杭州市下城区的工作经验，可概括为五个"必须"：一是必须坚持一张蓝图绘到底，即保持建设全域中央商务区的定力，以"功成不必在我，功成必定有我"的理念，统筹当前与长远、经济与社会发展，稳扎稳打、善作善成。二是必须牢牢抓住经济发展的"牛鼻子"，即认识到经济是一个地区发展的基础，也是推动民生等其他事业发展的保障，更是体现区域竞争力的重要标志。唯有做优存量、做大增量，加快发展，才有出路。三是必须把握大势，抢抓机遇，即立足全局、大局，增强机遇意识，主动借势造势，势能越大、时机越准，工作开展就越有利，特别是综合性、突破性、事关长远的事项必须因势而谋，顺势而为。四是必须保持克难攻坚的良好态势，即牢牢掌握发展主动权，直面问题和"短板"，以背水一战的信心和决心，一鼓作气、迎难而上，打通关键节点，干一件成一件。五是必须始终坚持以民为本，即牢固树立宗旨意识，坚持问题导向和需求导向，着力解决群众的实际问题，努力把好事办实、实事办好，让群众共建共享改革发展成果。

4.13.1.6　安商稳商、创新创业，谋划产业发展布局

杭州市下城区注重安商稳商、以企引企，完善服务体系，大力培育根植性企业和企业家团队，加强与国内知名商会、协会的长效联络，推动辖区重点企业的新派生项目及关联项目落户。引进杭外到位

资金 177.1 亿元，到位外资 3.4 亿美元，浙商回归到位资金 79.2 亿元。

（1）突出重点平台。杭州市下城区着力提升武林商圈能级，以创建省级智慧商圈试点为契机，不断优化商业商务、休闲旅游、金融财富等综合服务功能，同时抓住环城北路隧道建设契机，推进地下连廊建设，优化商圈综合交通体系。加强跨贸小镇建设，用好用足省市政策，科学引导产业发展布局，进一步拉长跨境电商产业链，提升特色产业竞争力，提高经济贡献度。杭州市下城区大力支持创新中国、人力资源、健康服务、文化创意等重点产业园区建设，并结合区位、产业、人文等优势，积极谋划打造新的特色平台。发挥嘉里中心、汇金国际等优质资源的引领作用，积极打造高端品质楼宇、特色品牌楼宇，吸引国内外知名企业和跨国公司地区总部入驻，强化楼宇业态集聚，提高入驻率、注册率和税收贡献率。深化楼宇社区建设，优化为企服务机制，强化楼宇经济信息动态管理，提高服务的精准度和有效性，新增全口径税收超亿元楼宇 2 栋。学习借鉴先进经验，进一步加强对经合社经营性房产和留用地建设的规划指导，推动转型升级。

（2）支持创新创业。杭州市下城区提升众创空间运营水平，培育在孵创客企业 120 家以上；同时，强化跟踪服务，拉长扶持链条，促进孵后企业发展壮大。培育杭州市级以上高新企业、科技型中小企业、研发中心和专利试点示范企业合计 80 家以上。建立拟挂牌上市培育企业动态管理机制，鼓励企业借力多层次资本市场做大做强。继续深化"小微企业 3 年成长计划"和"个转企"工作。杭州市下城区加强人才工作力度，打造国际人力资源产业服务平台，引进外国专家 40 名、海外人力资源服务机构 6 家以上，培养高技能人才 1 000 名以上。

4.13.2　2017 年杭州市下城区社会经济发展预期目标

2017 年，杭州市下城区社会经济发展的主要预期目标是：地区生产总值增长 7.5%，地方一般公共预算收入同口径增长 7.5%，社会消费品零售总额增长 8%，固定资产投资增长 10% 以上，登记失业率控制在 4% 以内，节能减排相关约束性指标完成市下达的目标任务。

4.14　郑州市郑东新区中央商务区发展建设整体状况分析

4.14.1　郑东新区中央商务区概况

郑东新区中央商务区自 2013 年成立以来，一直保持强劲的发展势头。郑东新区中央商务区紧紧抓住"国家区域性金融中心、中原经济区商贸中心、国家区域总部中心、区域性会展中心"的定位不动摇，优化环境，扩大招商。

（1）园区建设。郑东新区中央商务区总体空间布局为"两环一带"，包括已经建成的如意湖中央商务区、正在建设的龙湖金融中心以及连接中央商务区和龙湖金融中心之间的运河两侧建筑群，规划面积 7.1 平方公里。截至 2016 年年底，建成区为 3.75 平方公里，总建筑面积约为 525 万平方米，完成固定资产投资约 287.71 亿元。截至 2016 年年底，郑东新区中央商务区已建成道路 42.4 公里；水、电、气、暖铺设分别完成 42.4 公里；建成桥梁 15 座、立交桥 1 座、变电站 2 个、停车场 6 个，郑东新区中央商务区路网基本全面形成。建成商业综合体 5 处,楼宇 66 栋，面积 287.6 万平方米。面积为 1.1 平方公里的龙湖金融岛，内环及沿湖商业项目由管委会下属平台公司与中国交通建设集团联合实施整体开发。

（2）产业集聚。2016 年，郑东新区中央商务区累计新增企业 1 317 家，各类市场主体 11 378 家。其中，"规模以上"企业 209 家；各类金融机构共计 193 家。截至 2016 年年底，"中原系"金融行业 6 家企业已全部入驻园区；河南九鼎金融租赁有限公司填补了郑州市金融租赁类非银行金融机构的空白；浙商银行的签约标志着郑州市成为全国第 5 个（继杭州、南京、成都、西安之后）集齐 12 家全国性股份制银行的省会城市。另外，中介机构 327 家，涉及会计、法律、咨询、设计等各个领域；累计共 49 家世界 500 强、68 家国内 500 强企业在郑东新区中央商务区设立区域性总部或分支机构，69 家各类上市企业聚集，郑东新区中央商务区总部经济发展规模基本形成。

（3）综合效益。截至 2016 年年底，郑东新区中央商务区累计入驻各类市场主体突破 1 万家，全口径税收突破 100 亿元，郑东新区中央商务区每平方公里贡献税收 14.3 亿元，贡献增加值 15.5 亿元。园区形成税收超亿元楼宇 21 栋，其中 10 亿元楼宇 3 栋，5 亿元楼宇 6 栋，亿元楼宇 12 栋；培育形成特色楼宇 13 栋。

2014 年 12 月，郑东新区中央商务区成功加入中国商务区联盟，驶入了发展的"快车道"。园区先后以综合考评第一名的成绩荣获"2014年、2015 年度河南省十强商务中心区"称号。2016 年 4 月，在河南省产业集聚区工作会议上，郑东新区中央商务区被授予全省首个也是唯一一个六星级服务业"两区"称号（商务集聚区和商业集聚区）。同时，成功举办了"2016 中国商务区联盟年会暨中央商务区建设发展高峰论坛"和"首届中国（郑州）国际期货论坛"，影响力和知名度日益提高。

4.14.2 郑东新区中央商务区建设发展

郑东新区中央商务区是郑东新区的核心部分。自 2013 年成立以来，郑东新区中央商务区严格贯彻落实河南省、郑州市政府关于服务业"两区"的发展指导意见，紧紧围绕打造国际化中央商务区和国际化区域性金融中心，服务郑州国家中心城市建设的目标，抢抓郑州"一带一路"重要的核心节点城市、中原经济区、自贸区等多重战略机遇，着力构建以金融业为主导，总部经济、交易结算、电子商务和中介咨询集聚发展的现代服务业体系。经过自 2013 年以来的快速发展，郑东新区中央商务区实现了"四个一"的突破①，并在第十二届北京国际金融博览会上获得"最具投资价值地区奖"。2015 年 12 月，郑东新区中央商务区成功举办上海合作组织成员国第十四次政府首脑（总理）理事会议，开启了国际化建设的新征程。

郑东新区中央商务区初步形成以金融业为主导的现代服务业体系，积极推动产业集群化、链条式发展，对全省经济发展的辐射带动作用不断凸显。

4.14.2.1 经济指标快速持续增长

郑东新区中央商务区自 2013 年成立以来，服务业增加值累计完成 300 亿元；税收收入累计完成 246 亿元，园区房地产税收占比由 2013 年的 91% 下降至目前的 59%，服务业税收占比逐年攀升，税收结构趋于合理；固定资产投资累计完成 75 亿元；实际利用省外、境外资金 94 亿元；累计融资 130 亿元；规模以上服务业企业（单位）达 209 个；从业人员达 10 万余人。

---

① "四个一"：即辖区累计入驻各类市场主体突破 1 万家，总部企业达 121 家，金融业增加值达到 110 亿元，全口径税收突破 100 亿元。

4.14.2.2　企业总部的新高地

以马士基、百胜集团为代表的 49 家世界 500 强企业，以浪潮集团、华润集团为代表的 68 家国内 500 强企业在郑东新区中央商务区驻扎；上市企业 69 家，规模以上服务业企业 209 家。2016 年，郑东新区中央商务区抢抓国家中心城市建设和自贸区获批机遇，积极响应国家"一带一路"倡议，引进航天科技、浙商银行、进出口银行等国内外 500 强、行业 20 强企业及区域总部项目 15 家以上。

4.14.2.3　金融机构集聚的新载体

郑东新区中央商务区已成为河南省金融机构最集中的区域，中国人民银行郑州中心支行、河南证监局等金融监管机构已入驻办公，中国第一家期货交易所——郑州商品交易所已于 2013 年搬迁至此；国外的汇丰银行、渣打银行，国内的中国银行、农业银行、民生银行、广发银行、中信银行、华夏银行、平安银行 7 家银行的省分行，中国人保、中国出口信用保险、新华人寿、平安财险、中华财险、交银康联、工银安盛、中银保险等近 20 家保险公司的河南省分公司，中原银行、中原证券、中原信托、百瑞信托、中原农保、郑州银行、华信万达期货、中原期货、中原股权交易中心、河南煤化财务公司、宇通财务公司 11 家法人金融机构汇聚于郑东新区中央商务区。随着龙湖金融岛开发建设的加快推进，郑东新区中央商务区的金融业承载、集聚、创新、辐射功能将大大增强。

4.14.2.4　中介咨询的新平台

郑东新区中央商务区累计入驻戴德梁行、亚太会计、大成律师、雷格斯等中介咨询龙头企业 327 家，涵盖咨询、经纪、评估、设计、代理等领域。入驻大河传媒等文化传媒机构近 100 家。以高端、品牌、专业、权威为特色的中介服务为地区企业发展提供了智力支持和发展支撑，奠定了国际化"一带一路"商务中心的发展基础。

4.14.2.5 交易结算的新中心

郑东新区中央商务区以郑州商品交易所、郑州粮食批发市场、中钢网等一批项目为带动，集聚电商企业 105 家，各类商品年交易额超 30 万亿元,形成链条完整的交易结算体系。郑东新区中央商务区各类商品年交易额超 33 万亿元，为中原经济区乃至全球经济发展提供了强劲助力。中国第一家期货交易所——郑州商品交易所发布的粮食期货价格和同样位于郑东新区的中国郑州粮食批发市场发布的粮食现货价格组成的"郑州价格"，是影响国际国内粮食市场的风向标；河南省唯一股权交易中心——中原股权交易中心于 2015 年 6 月在园区启动运营，该中心在园区的运营进一步带动了股权投资的集聚和发展。

4.14.2.6 科技创新的新引擎

郑东新区中央商务区聚集了四大国家平台[1]、九大创新创业综合体[2]和七类众创空间[3]，创新创业载体齐全；引进 5 名两院院士、6 名国

---

[1] 四大国家平台分别为国家专利审协河南中心、国家技术转移郑州中心、国家质检中心郑州基地、国家骨干互联网直联点。

[2] 九大创新创业综合体包括两类：政府投资类 5 个，分别是电子信息、中原金融产业园、金融智谷、创意岛孵化园、大学生及留学归国人员创业园；社会投资类 4 个，分别是物联网、清华大学华商产业园、医药研发、生物技术。

[3] 七类众创空间的第一类是以 yes！创客空间为代表的技术转移类；第二类是以 3C 云端咖啡为代表的投资驱动类；第三类是以达安基因为代表的产业垂直类；第四类是以爱创咖啡为代表的社交类；第五类是以 3Ucoffee 为代表的中介服务类；第六类以"Maker 创客＋"为代表的园区孵化类；第七类是政府平台公司投资建设的公益类。

家千人计划专家、21 个院士工作站和 21 个创新团队，各类高端人才汇聚；辅仁药业、东华软件、宏泽生物等龙头企业竞相进驻，创新主体多元发展，已成为推动产业发展的不竭动力。

4.14.2.7   高端商务的新支撑

郑东新区中央商务区依托国家电子商务示范基地，集聚电商企业 105 家，年交易额突破 500 亿元。借助区位优势，形成了塔博曼、中央商务区商业步行街、艺术中心等高端商业和文化交流中心的布局。郑东新区中央商务区会展中心先后承办世界旅游城市论坛等各类高端国际大型会议 16 场。JW 万豪、喜来登等高星级酒店群，为商务活动提供了强力保障。国际郑开马拉松比赛、中国国际龙舟赛等一批国际体育文化活动每年在此举办，使这里成为国际高端都市商务休闲中心。

4.14.2.8   新兴产业新基地

郑东新区中央商务区累计入驻中华粮网等电商企业 49 家，河南航投物流等跨境电子商务已投入运营。在"双创"① 打造方面，促进创业投资新型业态的发展，支持设立众筹咖啡等开放式、社交化创新和创投平台，"云端创投咖啡、爱创咖啡、Maker 创客"3 家创新创业企业在辖区运营。

4.14.2.9   配套服务情况

郑东新区中央商务区坚持"以人为本"的服务理念，着力构建完善的配套服务体系。

---

① "双创"泛指我国各地的城市与企事业等单位的两项创建工作，是由国务院总理李克强 2014 年 9 月在夏季达沃斯论坛上公开发出的"大众创业、万众创新"的号召。

（1）加大人才服务力度。园区累计举办 12 场次"如意前程"人才招聘会，为辖区企业输送各类人才 5 000 余人。

（2）增加楼宇服务中心数量。除建业总部港楼宇服务中心外，在外环 23 号的中科金座和商务西街社区设立楼宇服务中心。

（3）加大餐饮服务力度。高标准建设运营员工餐厅 39 处，总面积超过 3.5 万平方米；同时，出台扶持政策，加大对商务楼宇餐饮服务的支持力度，引导更多的商务楼宇配建员工就餐服务点（层），2016 年新增就餐服务面积约 1 100 平方米。

（4）增配特色商务服务。在解决员工就餐的基础上，注重引入咖啡厅、西餐厅、书吧等高端商务服务机构，为入驻企业创造便利的商务环境，截至 2016 年年底，已累计投入使用 25 家，总面积约 1.8 万平方米。

（5）建设绿色智慧交通系统。科学规划布置大型公共停车场，在全市智慧城市建设规划指导下，不断完善智能引导系统，争做郑州市智慧交通建设示范区；建设城市公共自行车租用系统，郑州首批公共自行车在郑东新区中央商务区投放，一期项目覆盖如意湖中央商务区区域，建设站点 32 个，投放公共自行车 1 000 辆，解决交通"最后 1 公里"问题；开设 3 条微公交线路，实现停车场和办公楼宇间的无缝对接。

（6）不断完善市政基础设施。郑东新区中央商务区路、水、电等配套设施建设基本完成，已建成道路 45.9 公里，水、电、气、暖铺设分别完成 29 公里、58.1 公里、29 公里、15 公里，建成桥梁 16 座、立交桥 2 座、变电站 3 座，停车场 8 个。

4.14.3　2017 年郑东新区中央商务区的发展思路

"十三五"时期，郑东新区中央商务区立足提升国家中心城市建设、推进建设中原总部经济区、逐步打造"一带一路"服务贸易区。

以建设国际化中央商务区为指导，结合郑东新区引领中原的国际化金融中心、商务中心、会展中心建设进程，通过建设国家中心城市、中原总部经济区和"一带一路"服务贸易区，加快促进郑东新区中央商务区金融业和商务服务从规模优势到贡献优势、从品牌形象到产出增长、从国内要素到国际节点的重要转变，实现金融机构高端化、金融业态创新化、电子结算国际化、要素流动全球化、文化会展交流常态化、区域环境建设持续化，逐步创建如意形国际化先导城区核心区，建设国际化中央商务区。

坚决贯彻中央提出的"创新、协调、绿色、开放、共享"五大发展理念，以建设国家中心城市和引领高端商务发展为己任，科学发展、率先突破；以国际化发展、融入全球化潮流、建设外向型经济新高地为方向，开放带动、创新驱动；全力发展金融、会展、商贸、文化四种高端经济业态，并行推进总部经济、楼宇经济、"互联网＋"经济三大经济形态发展，适时拓展郑东新区中央商务区辐射发展空间，统筹建设国家中心城市、中原总部经济区和"一带一路"服务贸易区三大目标区域建设。

（1）突出金融集聚，建设国家中心城市。推进中央商务区由规模式数量建设转向内涵式质量发展，着力建设多样化的金融机构体系，着力推进以郑州商品交易所为引领的期货开放发展，着力建设多层次的资本市场，着力建设要素市场体系，加速金融全业态发展，谋划金融国际化战略，通过产业结构上层次、提水平，逐步建设国家中心城市。

（2）引进区域总部，建设中原总部经济区。加快中央商务区龙湖金融中心项目建设进度，利用国内东部地区产业向中西部地区转移、"一带一路"倡议的实施、郑州国家中心城市建设等重大机遇，不断完善配套总部服务功能，大力吸引国际总部高端人才，积极引进国内外区域总部入驻，建设服务中原、链接世界的总部经济基地。

（3）发展高端商贸，建设"一带一路"服务贸易区。优化南北运河发展带及郑东新区中央商务区全局，紧抓"互联网＋"发展机遇，紧跟工业时代"郑州智造4.0"发展步伐，着眼"买全球、卖全球"发展视野和"连通境内外、辐射东中西"发展方略，在郑东新区中央商务区内重点吸引境内外知名星级酒店、大型购物中心、高端精品旗舰店等辐射能力强、品牌带动力大的项目，激发金融、文化、会展等产业要素融合实体经济联动发展；在全球范围内以金融产业集聚为坚实支撑，以文化产业发展为联系渠道，以国际会展交流为活动形式，以国际商贸业务电子结算、跨境商贸网络交易为途径，放眼国内外，大力发展航空金融、跨境金融、商贸金融等全业态产业链条，逐步建设"一带一路"服务贸易区。

4.15　本章小结

本章对所选取的 14 个城市的中央商务区区域经济进行综合分析，主要区域包括北京市朝阳区、上海市静安区、广州市天河区、天津市滨海新区、重庆市渝中区、成都市武侯区、武汉市江汉区、西安市碑林区、福州市鼓楼区、长沙市芙蓉区、沈阳市沈河区、青岛市市北区、杭州市下城区（CBD）以及郑州市郑东新区 CBD。区域经济综合分析主要包括 2016 年国民经济和社会发展计划执行情况以及 2017 年社会经济发展预期目标两部分内容。

通过综合分析，各城市中央商务区区域经济发展状况基本向好，不仅能够全面完成 2016 年预期的经济发展目标任务，而且在 2016 年良好经济发展趋势的基础上，为 2017 年社会经济发展提出了积极的预期目标，基本上保持了 6% 以上的增长速度，且固定资产投资、一般预算收入及人均可支配收入将持续增长，产业结构不断得到调整与完善。

城市中央商务区区域经济发展是地区经济竞争力的主要来源，不仅推动区域内经济的持续增长，也成为城市区域内社会功能完善及功能建设的核心区域，有效地带动了区域内社会经济的全面发展。可见，城市中央商务区区域经济已经成为特定区域内城市社会经济持续发展的主要增长点和区域经济发展的动力源。

下 篇

5 深圳市福田 CBD 发展及特色研究

5.1 深圳市福田 CBD 概述

深圳市福田区为全域中央商务区（CBD）。福田区位于深圳经济特区中部，是深圳市的中心城区，是深圳市委、市政府所在地，坐拥中心商务区，是深圳的行政、文化、金融、信息和国际展览中心。1990 年 10 月，经国务院批准，深圳市设立福田区，全区面积 78.66 平方公里，占全市总面积的 4% 左右。福田区东起红岭路，与罗湖区相连；西至侨城东路、海园一路，与南山区相接；南临深圳河、深圳湾，与香港新界的米埔、元朗相望；北到笔架山、莲花山，与龙华新区毗邻。福田区下辖园岭、南园、福田、沙头、梅林、华富、香蜜湖、莲花、华强北、福保 10 个街道，94 个社区工作站，114 个居委会。辖区内有上步、福田环庆、岗厦、皇岗、水围、渔农、石厦、新洲、沙尾、沙嘴、上沙、下沙、上梅林、下梅林、田面 15 家集体股份合作公司。2016 年年末，全区常住人口为 150.17 万，其中户籍人口为 95.35 万。

5.1.1 福田 CBD 发展历程

福田中心区位于深圳经济特区中部，背靠莲花山公园，面朝香港新界，东南西北分别以彩田路、滨河路、新洲路、红荔西路为界，总用地面积 413.77 公顷，是深圳的市中心区，也是深圳经济特区第二个 10 年的重点开发地区。鉴于福田中心区的特殊位置和特殊地位，早在 1985 年编制深圳经济特区总体规划之时，有关设计单位和有关中外专家就多次提出过福田中心区规划方案，近几年，又有 5 家中外设计单位提出了 7 个规划方案。这些方案经多次评议并修改，最后确定福田中心区规划总体上按照深圳经济特区总体规划提出的基本构思，保持方格形路网、中轴线对称、机动车和自行车分流等原则，并选定中国城市规划设计研究院承担福田中心区规划的设计工作。

1980 年的《深圳市经济特区城市发展纲要》中首次提出福田中心区的概念，当时还没有福田区的称谓，而是称为皇岗区。规划内容为："皇岗区设在莲花山下，为吸引外资为主的工商业中心，安排对外金融、商业、贸易机构，为繁荣的商业区，为照顾该区居民生活方便，在适宜的地方亦布置一些商业网点，用地 165 公顷。"这份发展纲要首次提出福田区为未来金融商贸中心区，标志着福田优越的地理位置在改革开放初期就已经进入城市发展战略的规划中。

1986 年 2 月，《深圳经济特区总体规划》完成，明确定位福田中心区是特区的主要中心，"重点安排在福田新市区的中心地段，逐步建成国际金融、贸易、商业、信息交换和会议中心，设立各种商品展销中心，经销各种名牌产品，形成新的商业区。"

1996 年，《深圳经济特区总体规划》第一次将深圳城市功能定位从以工业为主的综合性经济特区提升到区域性经济中心城市，而福田中心区在这一总体规划的定位下也进一步提升为体现国际性城市功能的中央商务区，也就是今天的深圳市福田 CBD。

经历了 20 年的开发，福田 CBD 基本成型，中心区内不仅写字楼林立，而且音乐厅、图书馆、美术馆、行政大楼等公共配套设施都已建成并投入运营，成功实现了城市 CBD 的功能。

2010 年，《深圳经济特区总体规划》将深圳的性质定为全国的经济特区，将原来的区域型上升到国家级的层面。福田 CBD 不仅承担全市行政、文化中心的重任，未来更要发展成为国内重要的金融和商贸中心。图 5 - 1 为深圳市福田区全貌。

图 5 - 1　深圳市福田区全貌

5.1.2　福田 CBD 空间布局

2016 年 2 月，福田区人大会议审议并通过了《深圳市福田区国民经济和社会发展第十三个五年总体规划纲要》，福田将构建以北、中、南三条产业带为基本骨架，整体构筑"一核两廊三带"的空间格局（见图 5 - 2），多途径拓展产业发展空间，全面提升中心城区的品质与内涵。

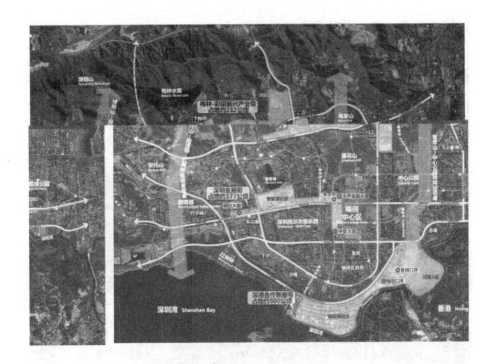

图 5 - 2　深圳市福田区"一核两廊三带"空间格局

5.1.2.1　"一核"功能再升级

"一核"的功能主要体现为实施 CBD 形象提升工程，推进平安金融中心等国际性综合体建设，增强中央商务区在金融、商务、信息、创新等领域的核心辐射力。

5.1.2.2　"两廊"网络再完善

完善"两廊"网络即高标准规划设计梅林山、笔架山、中心公园、福田河休闲运动廊带和塘朗山、安托山、园博园、红树林湿地景观廊带，联通重点片区和重要商圈。

5.1.2.3 "三带"产业引擎再提速

"三带"产业提速彰显三个特点:其一,全面铺开北部梅彩中轴创新产业带建设,城市更新和产业优化两手抓,形成现代金融业、专业服务业、新一代信息技术产业集聚区;其二,积极争取市里统筹推进香蜜湖片区开发,加快深圳"金融街"建设;其三,加快南部深港合作新廊带开发,重点推进皇岗口岸货检区及周边土地规划整备、福田保税区基础设施升级改造和广深高速福田段交通改善,夯实南部区域发展根基。

5.2 深圳市福田 CBD 发展现状

5.2.1 综合发展实力高位跃升

2016 年,福田实现地区生产总值 3 560 亿元左右,增长 8.6% 左右,接近国内中等城市的经济规模。完成固定资产投资总额 300 亿元,增长 27% 左右,投资总量创新高,增速快于全市平均水平。社会消费品零售总额突破 1 650 亿元,继续位居全市第一,占全市的比重达三成以上。外贸进出口 1 186 亿美元,占全市的 1/4,其中出口 527 亿美元,进出口、进口、出口三项外贸指标均稳居深圳市各区第一。完成一般公共预算收入 147.13 亿元,同口径增长 8.56%,实现税收总额 1 152.7 亿元,增长 3.75%,财税收入保持稳定,税收总额位居全市各区第一。万元地区生产总值建设用地、水耗、电耗均大大低于全市平均水平。

5.2.2 高端经济体系加快形成

福田区金融业高度发达,规模效益稳步提升。2016 年,金融业实现增加值 1 245 亿元，增长 10%，占全市的四成以上，占地区生产总值的 35%，与国内金融业最发达的北京西城区、上海浦东新区位居全国三强区。总部金融集聚力进一步增强，截至 2016 年 12 月，区内拥有持牌金融总部机构 150 家，占全市金融行业的 60% 以上。

依托深交所等平台，金融产业链完整。2016 年新增境内上市公司 7 家，境外上市公司 2 家，截至 2016 年 12 月底，福田区已培育上市公司（含境内上市、境外上市）总数 117 家，其中存量企业 80 家。总部经济规模不断扩大，至年末已有 353 家企业地区总部入驻福田，全市近一半律师、会计师等专业机构汇聚福田。

银行业运行稳健，市级以上分行机构 44 家，占全市总量的 62%；招商银行进入世界 500 强企业行列。证券基金期货业发展繁荣，目前福田区共有券商法人公司 14 家，占全市行业总量的 58%；基金法人公司 17 家，占全市行业总量的 81%；期货法人公司 11 家，占全市行业总量的 78%。保险行业蒸蒸日上，截至 2016 年年底，福田区共有保险公司地区分公司以上机构 53 家，占全市行业总量的 69%。

福田区现有超过 100 米的高层建筑 193 栋，约占全市的 31%。平安金融中心正式封顶，在未来数年内，还将有 20 多栋总部式超高层楼宇项目陆续建成。福田区"亿元楼"达 74 栋，楼宇经济发达且带动效应明显，实现增加值约占 GDP 的六成，实现税收占全区税收一半以上。

5.2.3 民生优先导向成效显著，公共服务品质全面提升

教育事业成就突出，完成 3 所学校改扩建，新增学位 1 050 个，辖区各类学校 238 所，获评教育部"基础教育国际化综合示范实验区"和全市唯一"全国家庭教育工作示范区"。医疗卫生服务持续优化，在全市率先启动分级诊疗工作，辖区医疗机构突破 500 家。探索推进居家

养老多元化发展，委托中国人寿合作运营"颐康之家"，提供精细化的上门护理服务。区图书馆理事会制度顺利通过文化部评审验收，"数字文化馆"项目正式列入国家首批试点单位。

社会保障与公共安全持续强化，关照特殊人群和家庭，构建"1＋6＋2"（以低保为基础，以教育救助、医疗救助、法律援助、就业援助、住房救助、养育扶助为主体，以临时救助、慈善救助为辅助的社会救助帮扶体系）社会救助帮扶体系，专门出台特殊教育提升计划，发放各类社会救助金 1 300 多万元，区残工委获评"全国残疾人工作先进单位"。健全社会保险服务体系，推进社保业务向基层延伸，促进法定人员全覆盖。加大住房保障力度，供应保障性住房 3 300 套，向低收入家庭、低保家庭及低保边缘家庭发放货币补贴约 420 万元。全面推进落实社区基本公共服务和增益性公共服务清单。坚持"精准＋长效"，突出"生态＋科技"，强力推动广东和平、新疆塔县、广西河池对口帮扶工作，拨付帮扶资金 2.3 亿元。城市民族工作服务体系进一步完善。国防动员与军民融合发展取得新进步，成功实现"双拥模范区"创建"六连冠"。出台"福田英才荟"计划 16 条措施，建立"1＋1＋3"（第一个"1"是指人才联席会议；第二个"1"是指《福田区人才发展"十三五"规划》；"3"是指 3 张人才工作清单，分别是人才工作职责清单、人才发展政策清单、人才服务职能转移清单）人才工作机制，在住房保障等方面为杰出人才和创业团队提供支持。优化政府投资项目建设管理流程改革，加快政府物业资源的统筹规划，探索整合管理的新思路和新模式。

5.2.4 城建管理能力稳步提升

深化"国家生态文明示范区"建设，新建和改造社区公园 7 个，辖区公园总数达 111 个，绿道总里程达 147 公里。开展中心城区慢行系统稳静化试点工程建设，完成福田区步行和自行车交通系统规划及"两廊"规划编制初稿。大力开展治水提质计划，创建 85 家排水达标小区，完成 20 个小区优质饮用水入户管网改造，污水处理厂一、二期工程完工并投入使用，创建 84 个宜居社区。全面启动新洲河、福田河等黑臭水体治理工作，编制完成生态补水方案及新洲河流域整体提升方案。辖区饮用水源（梅林水库）水质达标率 100%，水质稳定在国家Ⅲ类标准以上。全年空气质量优良率为 95% 以上，同比上升 1.4 个百分点，PM2.5 日平均浓度为 24 微克每立方米，同比下降 4 微克每立方米。开展花卉世界综合整治，拆除隐患违建超过 4 万平方米；开辟隐患违建整治"第二战场"，拆除香蜜湖违建超过 1 万平方米，累计拆除各类违法建设近 12 万平方米，消减"存量"38.6 万平方米。

5.2.5 中心城区功能持续强化

金融、商务、物流、对外贸易等功能集聚辐射效应明显，金融业增加值占全市五成以上，社会消费品零售总额占全市三成以上，外贸进出口总额占全市近三成，集深圳市 60% 以上的银行分行机构，80% 以上的保险公司、证券公司、基金公司、期货公司，基金公司密度和数量居全国前列，律师事务所数量和执业律师人数全国第一。会展经济、地铁经济和口岸经济日益成熟，物流枢纽优势凸显，辐射力和影响力日益增强。福田综合交通枢纽正式启动运行，广深港客运专线福田段为亚洲最大的地下火车站，福田口岸、皇岗口岸通关服务与国际接轨，"双口岸"辐射带动能力和服务水平显著提升。

率先实施国际化先导城区建设行动计划，推进东海、水围等 10 个国际化示范街（区）建设，中外文化、多元文化在福田区共融发展。

已建立法国伊西莱·莫利诺市和日本长野县饭山市两大国际友城。国际性展览、赛事、文化节参与人次大幅提升。图5-3为深圳市福田区会展中心。

图5-3 深圳市福田区会展中心

5.2.6 "国家生态区"折桂建成

以中央商务区慢行系统为核心，以笔架山、中心公园休闲运动廊和塘朗山、安托山、园博园、红树林湿地景观廊为生态廊道，形成"一心、两廊"整体生态空间结构。全面建设梅坳片区、皇岗片区绿色生态项目，依托绿道和慢行网络，贯通全部公园、绿色廊道、水系，扩大福田"山、林、城、海"生态资源一体化综合效应，构建亲水、亲绿、亲自然的"三亲"生态格局。推进基本生态网络和体系建设，加强重要生态空间保护和修复，推动城市生态保育和休憩功能融合发展，严防外来物种入侵。划定27.54平方公里的生态保护红线，依托梅林山、塘朗山、梅林水库、海岸带等自然区域，构建生态网络安全格局。

深化"百园福田"建设，全面完成香蜜公园建设，开建深南大道多条休闲公园带和景蜜、沙嘴等多个主题社区公园。对全区现有 111 个公园进行系统性规划，分批进行功能完善和更新，通过绿道贯通、地铁复绿、河流廊道连接，形成景观性与生态性并存的公园体系，使福田区成为公园密度最高的中心城区。全力推进立体绿化建设，多渠道拓展城市绿化空间，打造立体绿化示范区，深入推进垂直绿化和屋顶绿化工作，建设 10 个以上屋顶绿化、垂直绿化、立交桥绿化等多种形式的立体绿化项目，完成福田污水处理厂上盖休闲体育公园、深圳人才园、红树林博物馆的屋顶绿化，形成面积达 13 万平方米的超级绿化集群体。至 2020 年，全区立体绿化率将达到 10%，处于全国领先水平。图 5-4 为深圳市福田区园博新园。

图 5-4　深圳市福田区园博新园

5.2.7 改革创新全面系统推进

政府职能转变取得突破，实施政务服务"全流程再造"和行政审批"两集中、两到位"（即推进一个行政机关的审批事项向一个处室集中、行政审批处室向行政审批服务中心集中，保障进驻行政审批服务中心的审批事项到位、审批权限到位）改革，被广东省确定为相对集中行政许可权改革全国试点区。推行事业单位法人治理结构改革，推进教育法人治理结构和集团化办学，探索"管、办、评"分离体制，探索以院长为法人的现代化医院管理体制改革。成立全国首家区级"文化议事会"，区图书馆"公共文化机构法人治理结构"及数字文化馆建设项目获国家级试点。打造"十大文化功能区"，进行公共文化服务标准化体系省级试点改革。以 PPP 模式引入社会投资建设普惠性幼儿园、老年人日间照料中心等公益设施。可复制、可推广的制度创新成果达百余项，机关事业单位内部控制规范改革被财政部列为联系单位，首创人民调解"福田模式"及福田文化议事会模式。创立"民生微实事"民生品牌，被新闻媒体评为"街坊口碑榜十大金奖"并在全市推广。

5.2.8 法治政府建设亮点突出

深化法治政府建设，出台相关制度，明确政府议事程序和行政决策机制；全面推行法制专员制度；深入推进审判权运行机制和检察权运行机制改革。完善公共法律服务，开展"一社区一法律顾问"行动，率先实现社区法律顾问全覆盖。依托福田区公共法律服务中心，建立"法治大讲堂""法治文化走廊"，建成景田法治文化主题公园，打造"福田普法""法润福田""社区法治"3 个微信平台，实现普法推送、普法交流和普法服务监督的有机对接。

5.3 深圳市福田 CBD 发展机遇及挑战

5.3.1 福田 CBD 发展机遇

5.3.1.1 服务业做大做强，拓展新空间

"十三五"是形成消费主导经济增长新格局的关键时期。国内消费结构从生存型消费向服务型消费升级，消费模式从单一性、同质性向个性化、多样化转型，消费需求呈现高端化、品质化、服务化特征，由生活消费向知识、健康、信息、文化、旅游、养老消费转移。福田区是深圳市商贸和服务业第一大区，消费升级将推动生产性服务业向专业化和价值链高端延伸，生活性服务业向精细和高品质转变，有利于福田区在服务业领域顺势构建新的增长点，夯实优势地位。图 5-5 为深圳市福田区 CBD 建筑景观。

图 5-5 深圳市福田 CBD 内高楼林立

5.3.1.2 福田成为粤港澳大湾区的前沿重地

福田区作为深圳市的经济中心及出口大区，将成为深圳践行"一带一路"倡议的先行区，在沿线国家以及其他发展中国家新一轮发展中抢占新的市场机遇，推动拥有资本优势的福田区企业输出技术、标准及服务，获得资本外溢收入。福田是粤港澳大湾区的前沿重地，将深度参与粤港澳贸易自由化，打开福田"面向湾区"发展的大门。福田南片区将成为深港合作的重点区域，有利于发挥香港法律、制度、环保、税收、管理和服务等方面的优势，依托深圳创新型产业的实力和广阔的市场腹地，吸引国际一流的科研机构和著名的科技创新型、文化创意型企业入驻，共同打造深港合作示范区。

5.3.1.3 优势产业转型发展，迎来新契机

福田区服务业占 GDP 的 93.4%，"互联网＋"和"大数据"将促进三次产业内部各行业的结构优化和业态创新，催生新的增长点，例如："互联网＋金融"提供普惠金融服务，"互联网＋商贸"扩展商贸辐射力，"互联网＋现代服务业"有利于高端服务业拓展市场。抢抓"大数据"机遇，推动福田区跨领域、跨行业的数据融合与协同创新，将成为促进经济转型发展的新动力、重塑竞争优势的新机遇、提升政府治理能力的新途径。

5.3.1.4 市场激发增长新动力

福田区是全国市场化程度最高的中心城区，在资源、空间和环境承载力不足的制约下，企业的市场主体活力是最重要、最基本的动力，企业在市场规律的作用下转型升级已显露出良好势头。福田区作

为深圳市加快推进政府职能转变、行政审批制度改革的试点，将率先推进供给侧结构性改革，提高全要素生产率，汇集加快转型升级的内生力量。

5.3.1.5 民生服务与社会建设进入新阶段

"十三五"时期，我国将着力提高城市治理能力，解决"城市病"等突出问题。福田区精细化管理程度较高，居民素质、文化水平和收入水平均较高，民生福利、社会治理水平居于全市乃至全国前列，拥有一批深受群众认可和赞誉的城市管理、民生服务、社会治理、社区建设等品牌，居民参与社会管理的主动性进一步增强。国家进一步强化依法治国的新形势，有利于发挥福田区中心城区的优势，坚持包容和谐、共建共享等社会发展理念，争当深圳市乃至全国城区管理治理的先锋。

5.3.2 福田 CBD 发展面临挑战

5.3.2.1 产业发展空间紧缺

土地等资源要素的紧缺增加了发展成本，全区建设用地约 56.82 平方公里，存量用地仅剩碎片化的 2 平方公里，福田区在资源瓶颈中求发展将成为常态，空间约束导致经济和产业发展受到制约，存在优质企业迁出的压力。福田区亟须规划布局新的重点发展片区，加快城市更新改造的步伐，增加高端产业用房面积，确保产业空间得到高效利用，种好"高产田"。因此，要继续创造良好的发展软环境，培育新型发展业态，由依赖有形物理空间向拓展无形虚拟空间转变；有效利用地下空间，布局基本配套设施和地下商业，节约用地，形成立体空间格局。

5.3.2.2　公共服务供给仍显不足

福田区作为高度建成区，建筑密度高，人口密集。至 2016 年年底，每平方公里人口密度高达 1.91 万人，随着辖区人口的持续增长，中心城区学位、医疗、养老等公共服务资源短缺的矛盾日益凸显。福田区亟须提高公共服务供给、共建能力和共享水平，确保提供多元化、优质化和均等化的公共服务。

5.3.2.3　地区崛起形成竞争压力

回溯深圳的历史，深圳城市中心的迁移可总结为"东移西进"，由最初的罗湖区人民南路、国贸片区开始，扩展到蔡屋围东门，而后到福田中心区，再延伸到南山。由此可见，特区一体化趋势增强，城市显现出"泛中心化"的迹象。

随着时间的推移、城市的建设和发展，改革开放近 40 年来，深圳市产业发展和城区建设都面临突出的矛盾，其中包括土地资源受限、落后产业亟须淘汰、新兴产业尚未成熟等诸多问题，深圳的改革创新需要增添新的活力。近年来，前海深港现代服务业合作区的概念被提出并付诸实施。深圳前海中心等地的崛起已在渐渐地冲击着福田区的优势地位，福田区需要做出进一步的努力，以凸显自身的竞争优势。2016 年 4 月 12 日发布的《深圳市国民经济和社会发展第十三个五年规划纲要》表明，福田区的发展定位为努力打造金融高地、专业服务高地、智慧人文高地、创新创业高地，建成一流的国际化中心城区和首善之区。

5.4 深圳市福田 CBD 发展规划及路径研究

5.4.1 福田 CBD 发展规划

5.4.1.1 努力打造现代金融高地

巩固提升福田区作为深圳金融中心核心区和港深大都会国际金融中心重要组成部分的地位，构建以多层级资本市场为核心，业态丰富、创新活跃、空间集聚、功能完善的金融产业体系，基本建成全国性的资本交易中心、中小企业投融资中心、财富管理中心、金融创新中心。深层次优化金融生态环境，增强金融创新源动力，提升市场能级和开放水平。至 2020 年，金融业增加值占地区生产总值的比重将高于 33%，巩固其支柱产业的地位。

5.4.1.2 努力打造专业服务高地

继续发挥福田区专业服务业链条完整、行业集聚、创新力强等优势，进一步强化行业核心竞争力。以市场为导向，完善专业服务支撑体系，重点支持跨境供应链管理、国际知识产权、市场开发、工程技术、投融资、商务咨询、法律、会计、科技推广、人力资源和信用评估等服务业的发展。塑造具有国际影响力的龙头企业和专业品牌。精准对接国际贸易和投资规则，促进专业服务业"引进来、走出去"，扩大规模，推动国际开放与合作。在社会服务、教育、医疗、文化、环保、特殊群体关爱等领域积极拓宽专业服务业发展门类和培育新型服务主体，鼓励和扶持社会智库、基金会、社会团体和社会服务机构等参与合作。至 2020 年，专业服务业增加值占 GDP 的比重将高于 12.5%。

5.4.1.3 努力打造人文智慧高地

突出"以人为本"的理念，高度重视市民需求与文化、科技的融合发展，促进社会全面进步，实现人的全面发展。大力发展先进都市文化，促进文化与智慧融合，增强文化的创造力、影响力，彰显文化强区。加快建设一流高速、移动、安全、泛在的智慧城区，推动互联网、云计算、大数据技术向经济社会文化发展的各个方面广泛渗透和相互融合，着重促进智慧＋绿色融合，加快建设绿色生态城区，促进智慧＋制度创新融合，发展民生服务智慧应用，提升政府公共服务水平，优化公共服务供给质量，加快建成优质生活城区。

5.4.1.4 努力打造创新创业高地

持续构建有利于创新创业的制度和机制，打造发展理念、产业形态、科学技术及社会进步等全面创新的策源地以及大众创业的热土。建成强大的自主创新体系，进一步深化与先进国家和地区交流的深度与广度，形成以企业为主体、人才为核心、环境为支撑的创新生态系统，使创新成为福田区发展的主动力。依托区内金融、专业服务业优势，集聚各类创新资源，对接全球创新活跃地区，鼓励研发新技术、新产品、新模式、新业态，探索众创空间线上线下联动发展新模式，鼓励高科技人才、创新团队、研发人员、青年企业家在福田创业，力争成为全球创新链的重要节点。至 2020 年，取得专利数（5 年累计）将超过 35 000 件，战略性新兴产业增加值占 GDP 比重高于 19%，成为经济新增长点。强化创业就业机制，打造"乐业之都"。积极探索推进基层治理体制改革，实现高效管理、精准服务。至 2020 年，福田区将成为社会管理创新典范区。

5.4.2 福田 CBD 发展路径

5.4.2.1 集聚高端资源，促进转型提质

坚持高端发展的战略取向，持续推进质量型增长和内涵式发展，增强核心竞争力。加强对核心技术和高端环节的控制，引增量、强存量，引导投入向价值链的更高环节攀升。保持经济大区的优势，增强中心区功能，集聚国内外的高端资源，汇集专业化人才，承担更多国际性乃至全球性资源配置功能，突出金融业、专业服务业和商贸物流等现代服务业优势，规划建设金融街和专业服务业、商贸业集聚基地。借助"一带一路"倡议及"粤港澳大湾区"战略的强劲动力，主动对接和参与制定国际贸易投资规则和标准，增强影响力、辐射力和带动力，立足深圳、链接港澳、面向全球。

5.4.2.2 推动全面创新，促进融合升级

率先形成符合创新驱动要求的机制体制，打造集制度创新、科技创新、业态创新、社会创新、文化创新于一体的综合创新格局，让创新成为城市发展的主动力。集聚要素资源，构建普惠创新支持政策体系，强化创新、创业、创投、创客"四创联动"，促进众创、众包、众扶、众筹"四众发展"，全面激发大众创业、万众创新的活力，培育创新引擎与创新型经济增长极，推动各种规模企业形成共生共赢的创新群，形成"互联网＋金融""互联网＋民生""创意＋智造"等跨产业、跨领域的新业态和新形态，建设线下与线上一体的公共服务平台，提高知识产

权服务能力，提升配套水平。

5.4.2.3 对标国际一流，促进改革开放

主动对接国家"一带一路"倡议，积极参与全球经济合作与竞
争，不断推进经贸合作、对外投资和人文交流，以技术、标准、服务
的输出外溢为主，融入全球产业链、价值链、物流链，扩大国际影响
力。逐步扩大辐射半径，强化在粤港澳大湾区、珠三角乃至全国的经
济地位。深化与粤港澳的合作，依托广深港客运专线、福田综合交通
枢纽，以福田保税区和河套为平台，建设河套深港融合发展的新廊
带。构建开放型经济新体制，积极探索与香港合作的新模式、新领
域。围绕市场化、法治化、国际化改革方向，破除制约经济社会发展
的机制体制障碍，着重开展政府自身建设、供给侧、城市管理治理、
教育、卫生、文化、集体经济、财政、国有资产等系列改革，形成经
济社会发展的新动力。

5.4.2.4 实施空间再造，促进提升扩容

统筹产业、空间和规模，明确片区空间布局、功能定位，实现紧
凑、集约、高效发展。构建"一核、两廊、三带"格局，推进区域组
团化产业发展，打造世界级、国际性的中央活力区，增强核心功能服
务和辐射能力。构造多方位、立体化战略布局，结合城市更新改造，
再造产业发展空间，加强土地整备，增加高端供给。节约集约利用土
地，一体化开发地下空间，拓展无形虚拟空间，形成地上与地下、有
形与无形有机结合的空间载体。提升城市品质，优化交通网络。改造
升级基础设施，加快建设高速、移动、安全、泛在的智慧信息基础设
施，构筑功能完善、生态优良、管理科学、安全高效的国际化、现代

化基础设施体系。

5.4.2.5 坚持优质均衡，促进民生共享

坚持优先保障和改善民生的导向，促进人的全面发展，完善基本民生政策和制度安排，为民众提供高品质、多层次、广覆盖的公共服务。调动社会参与，让发展成果更多、更公平、更实在地惠及民众，进一步增强居民的获得感和中心城区的亲和力与包容力。加大民生投入，立足于保障基本和政策公平，建立符合区情、制度完善、可持续的普惠型公共服务体系。推进重点民生工程，大力提升学位、病床位、养老位、停车位和就业岗位等供给，促进民生服务和供给高端化。提高城区管理精细化水平，构建大安全管理体系，形成城市管理多元共治新局面，提高居民生活的舒适度和安全感。

5.4.2.6 突出绿色低碳，促进持续发展

推进基本生态网络和体系建设，加强重要生态空间保护和修复，融合城市生态保育和休憩功能，综合治理污染物，大力开展生活垃圾减量分类，重点实施优质新型公园体系建设、水体生态修复、河道生态补水和景观建设、绿化拓展、海绵城市建设、慢行系统提升、公园湿地改造等工程，启动"治水提质"十二项行动计划，创建水生态文明示范城区。全面创新各项制度，强化资源消耗约束性指标管理，建立和实施绿色低碳循环发展的产业体系及评估体系，节能、节水、节地率引领全国。推进生产生活的循环链接，实现生产、生活、生态"三生"融合持续发展。

5.5 深圳市福田 CBD 发展特色

5.5.1 金融创新

深圳是金融创新的热土，福田一直站在这片热土的前沿，成为新兴金融企业在深圳落户的首选区域：全国第一个私募基金行业协会、第一个小额贷款行业协会均在福田发起成立。作为中国三大金融集聚地之一的深圳市福田区，2017 年第一季度金融产业增加值达 340.33 亿元，对地区生产总值的贡献率达 77.3%。深圳福田区金融产业发展稳定，金融产业成为该区最重要的支柱产业，多项金融科技创新引领业界。

5.5.1.1 金融政策创新

深圳市福田区通过在全国地方政府中首个发布有关金融科技专项政策——《关于促进金融科技快速健康创新发展的若干意见》以及推出第一只反映我国金融科技产业发展的股票指数——香蜜湖金融科技指数，向有国际影响力的金融科技中心迈进。这只由深圳市福田区投资推广署和深圳证券信息有限公司联合开发的金融科技指数，旨在反映深圳市场金融科技相关上市公司的整体表现，向市场提供更丰富的业绩基准和投资标的。

5.5.1.2 "金融街"建设

深圳福田正在开展"深圳金融街"相关规划建设，扩展高端金融空间，巩固提升深圳金融中心核心区的地位，打造深圳金融中心新名片、新地标以及现代服务业新兴增长极。加快推动福田—前海双轮驱动、比翼齐飞的金融发展新格局，联通"福田—前海金融创新走廊"，推动粤港澳湾区经济发展。

5.5.2 积极引进人才、引进企业

千秋大业，人才为先。福田区能够持续创新，归根到底是依靠人才。"英才荟"措施深入贯彻上级人才工作部署，坚持增优势、补短板，福田区各单位牢固树立科学人才观，深入学习掌握上级人才新政和"英才荟"措施的重要内容，大力推进人才工作，为建设一流国际化中心城区和率先落实"四个全面"的首善之区提供组织和人才保障。[①]

5.5.2.1 加大人才发展资金投入力度

自 2017 年起，福田区财政未来 5 年投入不少于 10 亿元资金，用于人才引进、培养、激励和服务，探索设立福田人才创业投资基金，采取政府引导、市场运营的方式，引导社会资本加大对辖区人才创新创业项目和初创型企业的投资力度。

5.5.2.2 加大产业发展和创新人才奖励力度

福田区财政每年安排不少于 1 亿元资金，对辖区内企业上一年度在产业发展与自主创新方面做出突出贡献的人才，按贡献度给予配套奖励。

5.5.2.3 激励金融及专业服务人才载体引进

新引进并达到获得福田区产业发展专项资金支持标准的金融机构，

---

① 摘自"中共深圳市福田区委、深圳市福田区人民政府印发的《关于实施"福田英才荟"计划的若干措施》的通知"。

其董事长或总经理级别的人员被认定为"福田英才"①；对其筹备团队按产业发展贡献度给予最高 80 万元的引才奖励，由团队负责人自行确定分配方案。

新引进并达到获得福田区产业发展专项资金支持标准的专业服务机构，其董事长或总经理级别的人员认定为"福田英才"；对其按产业发展贡献度给予最高 80 万元的引才奖励。

此外，福田区政府积极引进上市公司带动该地区的经济发展，增添经济活力，为新入驻的企业提供几百万元、几千万元的财政补贴用于购买和租用写字楼，以协助上市公司扎根福田。同时，对达到政府商业增长要求的企业，政府也会给予一定的奖励。

5.5.3 打造良好环境与市场经济活力相结合

深圳市福田区在积极引进企业和人才的同时，也为各企业的发展建设营造了良好的环境。一是福田区政府按最高标准建造了各大写字楼，创建了优质的办公环境；二是助力打造福田民生项目，修建地铁、地下管网改造、天然气改造、增加绿色景观等；三是政府设立企业服务中心，为企业的入驻提供"一条龙"的服务。在此基础上，福田区充分利用市场的自动配置功能，激发市场的经济活力。

福田区政府不对企业进行干预，开发商完全凭借自身的意愿和企业的承受能力招商，因此引进了大批承受能力较强的企业，比如衍生类、投资类、贸易型的公司，带动了福田区经济的快速发展。

5.5.4 居民"可感知"的公共服务体系

"民生至上、服务为重"是社会建设的出发点和归宿，社会建设是

---

① "福田英才"定义取自《关于实施"福田英才荟"计划的若干措施》。

让居民可感知的建设，社会发展是让居民可感知的发展。社会建设最大的意义在于让居民感受到越来越多、越来越好、越来越便捷的公共服务。福田区以公众需求为导向，以政府职能转移、服务流程再造、服务效率提升为基础，创新公共服务供给方式，丰富基本公共服务项目，打造居民"可感知"的公共服务体系。

福田区在社会建设领域提出"民生导向"理念，制定落实"民生清单"，继续加大社会事业投入，在教育、卫生、就业、交通、社会保障等民生领域推出一系列惠民措施。福田区政府通过开门办民生，提前安排民生实事计划，通过区人大代表向选民以及各部门向群众收集选题100多件，并按照"老百姓迫切需要的优先办，争议较大的谨慎办"的理念，利用"福田民生"等微信平台，组织辖区内的群众评选出最希望政府办好的民生实事，最后确定为民生实事清单。福田曾经创新开展"民生微实事"，针对当前居民反映的身边一些小的民生工程预留一定的财政资金，在全区10个街道开展惠民小项目，用最快的速度解决老百姓身边的小事、急事、难事，体现"保基层、保基本、保基础、惠民生"。充分发挥居民代表和社区居民议事会的作用，由居民共同商议、集体决策，充分调动居民参与社区事务的热情，真正做到"我的家园、我的实事我做主"。

福田区还着力建立公共服务多元化投入机制。针对公共服务事业的建设运营过于依赖财政资金投入、运营质量和效益不佳等问题，福田区通过体制机制创新，努力撬动社会资本服务民生。在办好民生实事的同时，福田区还将推进公共服务均等化，制定《福田区社区基本公共服务清单》，调查了解福田区公共服务现状、居民满意度和需求，完善已有的服务项目，拓展新的服务项目，逐步实现社区基本公共服务项目的多渠道供给、全辖区覆盖。推进社区服务专业化，加强社区服务体系建设，注重引入枢纽型社区社会组织，开展综合性、集约化、专业化、个性化的社区服务活动。

5.5.5 打造网络智慧福田

在大数据时代，人民群众的工作、生活日益信息化，通过信息化手段，便捷、准确、真实地了解群众所想所需，了解民意，体察民生，借助信息化手段服务民生、治理社会，推进治理体系和治理能力现代化已是大势所趋。福田区网络建设将通过构建网格服务管理模式，实现信息融合共享和智能运用，提高城区精细化治理水平。其中，全面推进"织网工程"暨智慧福田建设是重中之重。

"织网工程"暨智慧福田建设，通过物联网、云计算、大数据等新一代信息技术的运用，将极大地促进信息的融合、共享、部门循环、智能推送，再造工作流程、优化工作程序、减少工作环节、转移政府部门职能、提高管理服务效率所带来的影响将是冲击性和革命性的。在信息化时代，广大人民群众对政府的服务方式、服务内容、服务效率都有新的要求。在建设智慧福田的过程中，福田区始终以便民、利民为出发点和落脚点，十分注重政府服务方式、服务途径的转变。在这种模式下，居民面对的只是办事事由，只是综合受理窗口和发证窗口，不再面对具体的办证部门。区政府通过清理和规范行政审批事项，整合审批业务类型，区行政服务大厅由原来的 123 项审批事项缩减为现在的 75 项，对审批材料重新审核，删除法律规定之外的附加条件，对审批没有实质性影响的材料一律免予提交。同时，对涉及多部门的审批事项，按照"一门受理、抄告相关、同步审核、限时办结"的原则，由政府内部进行联审联办，并联审批，市民办事只需出一趟门、去一个地，直接在窗口或在网上办理即可。逐步实现全区通办，辖区内居民可不受时间和地域限制，进行网上申报，并可在辖区范围内任何受理点就近办理事务及获取审批结果。受理窗口依照操作规程，扫描原件并网上推送至户籍或居住地审批，居民也可通过快递获取审批结果。届时，政务服务事项即来即办率将超过 80%，审批时限提速 80% 以上。此外，力推无纸化办证，通过建设证照证件数据库，实现智能比对，不再要求居民提供相关纸质证明和重复提供复印件，只需要提供身份证或法人机构代码证就可以办理证照证件，着力解决申报材料多、重复提交多等问题。

在网络建设中，福田还将构建政务征信体系，建立政务征信信息主题库、政务征信信息查询系统和服务网站，并制定相应的政务征信信息管理使用办法，实现"守信者处处受益、失信者寸步难行"，以此促进社会自我管理、自我约束，促进社会和谐自律。为了充分披露企业的各项信息以及督促企业的诚信行为，深圳市建立了企业信息系统，福田区这方面的工作也进展良好。在深圳的信用网上，记录了法人企业的股东信息、成员结构、董事监事、社保数据和进出口编码等，同时也把一些企业的违纪违法情况、审判信息等公布在网上，只要是法人企业，都可以通过这个网站查询。深圳市信息网的信息是实时更新的，由工商部门、法院及社保局等提供相应的数据，这对营造良好的市场环境大有益处。

5.5.6 优越的自主创新环境

福田区召开专门会议，提出要为辖区企业自主创新营造八大环境。一是营造有利的政策环境。通过对全区科技型、创新型企业进行调研普查，有针对性地出台扶持政策和配套措施，支持企业发展。二是营造有利的人才环境。实施"高层次人才引进计划"，使福田成为创业者的乐园。三是营造有利的空间环境。打造"大天安"科技园区，加快"上沙科技园"等园区建设，改善松岭、八卦岭、保税区等科技孵化园区的管理和服务。对上步、八卦岭、彩田梅林工业区、金地工业区等老工业区进行厂房再造和产业置换。四是营造有利的权益保护环境。设立福田区知识产权专项资金，强化知识产权执法。五是营造有利的金融环境。促进金融市场的公平竞争，创新银行业治理结构，逐步完善金融监管的法律体系。六是营造有利的技术服务环境。完善"福田 IC 设计园"建设，加快"福田软件技术平台"建设，分梯次培育一批自主创新的企业群体。七是营造有利的合作交流环境。利用 CBD 优势，吸引跨国公司区域总部进驻福田。八是营造有利的文化环境。培育"激励创新、认同冒险、宽容失败、保护权益"的创新文化氛围。

5.5.7 创建网吧公共电子阅览室——文化创新

"网吧公共电子阅览室"是深圳市福田区利用社会力量开展公共文化服务的一次创新。该项目获得福田区宣传文化体育事业发展专项资金资助，是福田区政府部门与协会合作、借助网吧场所和电脑提供公益文化服务的工程。目前，福田有 35 家网吧设置有全天免费使用的"网吧公共电子阅览室"，接纳和服务于不同行业的弱势群体。

网吧可以让有需要的人免费使用数字图书馆，同时还可承担各类文化活动的门票预订、报名以及义工招募等部分社会服务的职能；智能终端不间断地为市民提供各类演出、讲座、公益活动等公共文化活动信息。在这里，市民不需要借书证，也不用去图书馆就可共享、下载图书馆及互联网上的各类电子资源。

除了推动数字化阅读的普及，该项目还推进了基本公共文化服务标准化和均等化，关注城市弱势群体，尽量选取传统图书馆覆盖不到的城中村、人口密集处的网吧，在接待人群方面也一视同仁，使福田辖区外来青年工人便利地享受到公共电子阅览服务。福田区"网吧公共电子阅览室"项目自 2014 年 7 月启动以来，共有 48 家上网服务场所参与其中，为 40 万余人次提供了免费阅读服务，图书馆链接访问量超过 200 余万次。福田区计划下一步在全区更多网吧中推行该项目，使福田区居民在家门口就能享受到便利的"网吧公共电子阅览服务"。

6 南京市河西 CBD 发展及特色研究

　　南京市河西 CBD 位于南京市河西新城核心位置，北起应天大街，南到秦淮新河，东抵庐山路，西至长江夹江，占地面积为 22 平方公里，核心区面积为 3.5 平方公里，是江苏省和南京市倾力打造的全国重要的泛长三角区域金融中心核心功能区，是"南京市现代化国际性城市新中心"的中心。作为 2014 年青奥会主会场窗口区域，河西 CBD 力争通过 5～10 年的努力，建设成为错位上海、独具特色、全国知名、华东一流的区域金融中心和总部经济中心。图 6－1 为南京市河西 CBD 核心区。

图 6－1　南京市河西 CBD 核心区

6.1 南京市河西 CBD 简介

6.1.1 南京市河西 CBD 的发展机遇与挑战

从区域性发展形势来看，南京市建邺区河西 CBD 地处长三角和南京都市圈，这两个区域的基本发展形势既为河西 CBD 提供了机遇，也带来了挑战。主要表现为：近几年，长三角区域继续成为承接全球产业转移和生产要素重组的热点地区，尤其是服务领域对外资开放后，国际性公司和企业对长三角主要城市的关注度越来越高，特别是南京市作为长三角经济区北翼的经济文化中心，外资进入的速度加快，带动与此相关的现代服务业的发展。此外，南京都市圈经济一体化进程不断深入推进，形成实质性的发展。都市圈内交通网、流通网、金融网、信息网四大网络的建设不断完善，产业向核心城市集聚程度不断提高，南京的区域性服务功能进一步增强；作为承载现代服务业产业集聚和辐射周边功能的河西 CBD，拥有长三角和都市圈发展带来的双重机遇。但需要清醒地认识到：在长三角区域内，河西 CBD 必须考虑到与上海在资源配置、产业的区域性转移方面的激烈竞争带来的压力，尤其要寻找与上海陆家嘴 CBD 的功能错位和接轨，同时也要准确预计与长三角杭州、苏州、无锡等城市在构筑 CBD 发展平台上面临的招商、市场要素、政府效能方面的激烈竞争，从而扬长避短、错位发展、迅速形成聚集优势。

从南京自身的城市发展形势看，江苏省提出全省现代服务业中心的功能要求，进一步促使城市空间布局的有效调整与组织，迫切需要构建 CBD 作为承载现代服务业的核心城市功能区。作为南京市建邺区河西现代服务业集聚区产业支撑的，集金融信息、总部经济、旅游会展、商贸商务等功能于一体的河西 CBD 将发挥重要的载体和平台作用，然而也必须冷静思考南京市固有的城市中心即新街口地区发展的影响。新街口作为南京市的重要商业中心久负盛名，被誉为"中华第一商圈"，历来就是商业、商务活动聚集、商家汇聚的区域，商贸功能强，人气较旺，具有明显的商务区域集聚的历史惯性。最近几年，新街口中心商贸区针对其存在的商业功能远胜于商务功能，同时配套功能薄弱，难以从整体上烘托与支撑现代化商务中心的综合性功能缺陷，已经着手从交通组织、环境品质、生态环境等方面考虑改造和提升，对河西 CBD 的生存与发展带来严峻的考验。因此，无论从大区域还是从小区域看，河西 CBD 均面临着极为严峻的竞争环境。

从河西 CBD 自身发展的条件来看，具有五个方面不可比拟的优势：一是特殊的区域地位。在交通区位上，河西 CBD 处于南京新的城市二环空间的几何中心，将成为南京轨道交通网的重要节点与中心；在地理位置上，具备"南北呼应、东西承接"的优势，是南京跨江发展战略的实施前沿与关键环节；在产业空间上，河西 CBD 的发展可以直接为江北浦口高新技术开发区、化学工业园和江南新港开发区、江宁开发区提供金融、信息等生产性服务业的配套支撑。二是科学的规划使各种配套设施一次到位、完备呈现。河西新城规划结合新城的环境及区位属性，坚持用创新的规划理念，注重空间要素与配套设施的优化组合，并体现功能建设与配套设施整体设计的科学原则，同步建设并适度超前部署各项现代化的配套设施，并一次建设到位，有利于河西 CBD 整体功能与产业聚集效能的发挥。三是优美的环境、完善的交通、促成强力的区域聚集效应。独特的滨江自然环境，中央商务区绿轴和中央公园优美的人文环境，奥体滨江体育文化轴线精致悠闲的生活氛围，以及 20 平方米的人均公共绿地、45% 的绿化覆盖率，构成典型的生态化城区格局；同时，以地铁 1 号线为主的立体化交通格局和完善的交通组织构筑成河西 CBD 发展的交通优势条件。这些优势为聚敛河西 CBD 的人气以及企业、商家集聚提供了基础性条件。四是"十运会"和"首届中国国际绿化博览会"的独特资源及品牌效应。作为 2005 年第十届全国运动会、首届中国国际绿化博览会的举办地，独特的场馆资源为河西 CBD 提供了一流的文体休闲设施和人性化的环境；同时，"两会"及举办的多项节庆活动有效地将河西 CBD 的品牌推向市场，对河西知名度的提升产生了持续的拉动效应，也为河西 CBD 的长远发展提供了新的助推力。五是政策配套的优惠性。为加快南京服务业的发展，建设现代服务业中心，南京市对河西 CBD 发展金融产业给予了 3 年每年 5 000 万元的政策扶持，并出台了相应的产业促进政策，为河西 CBD 金融产业集聚提供了低成本保证。这将成为河西 CBD 发展的重大优势条件。

河西 CBD 的发展也面临一些矛盾与问题，主要是资金筹措和未来市场开发的压力。河西在新城建设过程中资金需求量极大，在面临宏观经济发展"紧运行"的政策环境影响下，河西 CBD 产业载体后续建设和公共服务基础设施建设所需资金筹措的压力加大。此外，新城产业基础薄弱、城市综合功能发展不均衡，支柱产业、主导产业难以在短期内形成；同时，新城城市功能完善程度存在空间发展上的不均衡。在这样的环境中，河西 CBD 的产业集聚会受到不利影响，可能会成为制约河西 CBD 产业发展的难点。

6.1.2 南京市河西 CBD 的发展规划

河西 CBD 围绕南京建设"五个中心"（长江国际航运物流中心、长三角先进制造业中心、全省现代服务业中心、全国重要的科教中心、东部城市绿化中心）的城市定位，紧扣现代 CBD 发展的国际化、信息化趋势等特征，按照现代化新城区的内涵标准，致力于加快发展、科学发展，形成支撑新区发展的重要增长极和未来新南京的城市新中心。南京市河西CBD发展规划沙盘如图6-2所示。

图6-2　南京市河西CBD发展规划沙盘

按照科学发展观的基本要求，围绕增强河西新城的产业基础和促进南京城市新中心的发展，河西 CBD 以实现现代服务业产业空间聚集为基本方向，抓住长三角经济一体化加快推进和沿江大开发的有利时机，坚持"准确定位、科学规划、市政先行、市场导向、机制创新"的原则，整合各方资源、拓展并优化发展空间，加快现代服务业的集聚进程，培育打造区域核心竞争力，构建具有区域经济管理功能、集散功能和信息服务功能的城市核心功能区，努力打造形成具有新概念典范的南京城市新中心和都市圈商务活动示范区。

通过"十二五"及更长一段时期的建设与发展，河西 CBD 将最终实现既定的目标：以"三区一轴一核"（商务区、商贸区、旅游展览区、商务绿轴以及中央公园）为主体的、个性形态彰显的实体空间架构；以现代金融、信息服务、商贸旅游等为核心的特色产业功能；形成适应国际化要求的内部功能结构优化、规模适度，具有实体 CBD 与虚拟 CBD 双重结构（E - CBD）的现代化生态型 CBD，并成为承载南京现代服务业发展的窗口与基地。

6.1.2.1 现代服务业聚集中心

河西 CBD 适应和体现城市发展的多功能性，以提升城市发展水平和综合竞争力为导向，在更大区域内、更高层次上为生产、生活服务，为本地产业与都市圈经济服务。重点发展体现知识经济特质的生产者服务业，大力发展新兴的消费者服务业。跟踪现代服务业发展前沿领域，强化社会化大生产的分工协作，不断衍生新行业、创新服务，推动现代市场体系建设，加快构建南京乃至都市圈区域服务业发展的绝对优势。

6.1.2.2 市级商业中心

河西 CBD 按照"大市场、大流通、大贸易"的发展要求，依托南京市特有的经济、区位优势，形成具有强大的商品吸纳和辐射能力、分销系统完善、市场规则健全、管理手段科学、全方位对外开放的新格局，形成有形市场和无形市场（电子商务等网上交易）、国内市场和国外市场、商流物流和信息流、传统商品销售和新型营销方式相融合的立体化、规模化、外向化的市场网络，成为在都市圈内有竞争优势的商业服务中心。具体而言，一方面是完成河西 CBD 核心区范围内基础设施的配套建设，构建河西 CBD 交通、景观、绿化等硬件配套设施的轮廓与框架；另一方面是核心地带的商务、行政办公、居住、酒店式公寓等功能初步显现，引进一批金融、信息服务企业，建成开业一批商业设施，如 Shopping mall、步行街等；完成 CBD 区域的信息化发展的基础设施，基本构建电子商务、电子贸易的总体架构，信息化功能逐步显现，具体规划目标如下：

（1）推动经济增长。CBD 区域增加值 10 亿元以上，年均保持高增长，占 GDP 比重上升到重要位置，并为新城发展提供重要的税源基础。

（2）加快服务业集聚程度。用 5～10 年时间，在河西 CBD 区域集聚南京 50% 以上的涉外商务、商业资源（跨国公司代表处、外国银行、外资商业企业等）。

（3）形成总部经济集聚态势。5 年内集聚公司总部 30 家以上，并有世界 500 强企业区域总部与代理机构入驻。

（4）优化行业结构。现代金融、信息服务、商贸流通、旅游会展将成为 CBD 区域四大支柱产业，占服务业的比重提高到 60% 以上。CBD 区域招商入驻率达 70% 以上，内部功能结构形成金融商务办公占

30%，商业零售占 20%，信息服务占 20%，住宅公寓、酒店占 20%，其他设施占 10% 的基本格局。

6.2 南京市河西 CBD 发展特色

6.2.1 金融创新服务魅力彰显

河西 CBD 紧紧围绕南京特色，建设特点鲜明的河西金融集聚区。根据 2013 年国务院发布的《苏南现代化建设示范区规划》，南京市被定位为"全国重要的区域金融商务中心"。南京市金融发展办公室拟定的《南京区域金融中心建设规划（2011—2020）》将河西金融集聚区明确为泛长三角区域金融中心核心功能区，重点围绕金融机构集聚中心、金融交易中心、资金管理中心、金融研训中心和金融信息服务中心进行建设。

江苏省"金融改革创新试点区"、南京市"互联网金融示范区"相继在集聚区挂牌，标志着河西 CBD 金融改革创新取得突破；除此之外还有 30 家左右的互联网金融企业已经入驻，包括国内领先的信息化金融服务机构"快钱"、大贺传媒的"文化众筹"等互联网金融项目集聚于此。

在建设规划的引领下，河西 CBD 集聚了越来越多的金融机构。2016 年 4 月，邮政储蓄银行江苏省分行成为首家正式入驻金融城一期的金融机构，南京银行等各家金融机构将陆续入驻。2017 年，金融城一期项目全面交付使用，金融城二期已举行奠基仪式，民生银行南京分行等 6 家金融机构签署入驻协议，建成后的金融城二期将成为集聚金融优质资源、引领金融改革创新发展的新高地。

截至2016年8月，河西CBD集聚的金融及准金融机构总数超过350家。其中，金融机构法人总部13家，各类省级以上金融一级分支机构70余家，准金融及新型金融组织近270家。银行类金融机构17家，证券类金融机构26家，保险类金融机构34家，港台金融机构7家，法人金融机构和外资金融机构数量均占全市的2/3以上。各类产业基金、股权投资、创业投资机构等企业超过百家，募集资金规模超过1 000亿元。

6.2.2 总部重大项目加速集聚

河西CBD发展势头良好，吸引了包括世界500强、国内500强、上市公司、跨国公司、地区总部等在内的近4 000家企业入驻，目前已集聚各类总部及地区总部80余家。

2016年上半年，河西CBD完成地区生产总值73.4亿元，一般公共预算收入7.4亿元（不含列举税收），全社会固定资产投资77亿元，服务业增加值69.7亿元，各项经济指标居建邺区4个功能园区之首。2016年以来，河西CBD相继引进了包括江苏紫金文创园、华润电力江苏销售总部、首期200亿元规模的"一带一路"（江苏）沿海开发投资基金等大型项目落户河西CBD，区域产业资源优势明显。

2016年9月，南京金秋经贸洽谈会期间，河西CBD强力推介以南京国金中心（IFC）等为代表的一批高端商贸商业载体。其中，国金中心（IFC）由香港最大的地产发展商之一——新鸿基地产倾力打造，是继香港中环地标——香港IFC和上海陆家嘴地标——上海IFC之后的第三个巨作，将成为傲视南京都市圈的顶级品牌集中地。欧洲城、新地中心三期等正紧锣密鼓展开招商，计划打造独具特色的城市综合体，为广大市民和客商提供丰富的生活配套和消费体验。

6.2.3 全力打造河西国际会展城

在国际会议与大会协会（ICCA）最新发布的 2015 年度全球会议目的地城市内地排行榜中，南京以举办 16 个国际会议排名第四，仅次于北京、上海、杭州。目前，南京正在全力打造河西国际会展城。

南京在 2015 年提出，以南京国际博览中心、奥体中心、青奥中心为主体，以河西 CBD、江东商贸区等为综合配套，打造南京（河西）国际会展城的目标，并将持续增加酒店、餐饮、交通等方面的配套设施，满足办展人员的食、住、行需求。

2016 年以来，河西 CBD 先后举办或承办了"半程 2016 中国经济新趋势与产融创新高峰论坛""2016 年江苏创客风云会""一带一路大战略下非车财产险经营策略"、江苏保险大咖秀、"2016·CBD 金融商会互联网金融江苏论坛"等会议。

6.3 南京市河西 CBD 发展经验借鉴

6.3.1 开发机制保证建设规划的有效实施

河西 CBD 是贯彻实施南京市确定的"一城三区"（河西新城区、东山新市区、仙林新市区和江北新市区）城市发展战略精神，满足城市跨江发展需要，着眼增强南京城市区域综合服务功能和提升国际性城市品质，在"十五"期间全新构筑并初具雏形的城市核心功能区。河西 CBD 的建设坚持规划先行、确立空间布局架构与产业功能导向，初步形成 CBD 发展的物质性框架；同时，通过大量的招商宣传、项目推介以及相关配套扶持政策的到位，已经逐步培育形成了与商务楼宇建设相一致的产业发展的良性互动机制。《南京市河西新城区中心地区一期工程城市设计》是河西 CBD 发展的物质性规划，主要确立河西 CBD 的发展空间和物质形态，明确了 0.8 平方公里的 CBD 一期工程范围，科学设计了中央商务绿轴、标志性建筑、中央公园等要素结构，规划将着力构筑以商务、商业、酒店式公寓为主体功能、与现代化新区相匹配的全新 CBD 形态。

《南京河西 CBD 产业发展规划（暂行）》是有关产业发展的软配套规划，主要明确了河西 CBD 面向都市圈的区域功能定位，并落实以现代金融、信息服务等为主的现代服务业产业集聚的发展方向；同时，制定了行业准入名录，为产业载体的布局、招商提供了基本方向和依据。南京市河西 CBD 产业发展软配套规划如图 6 - 3 所示。

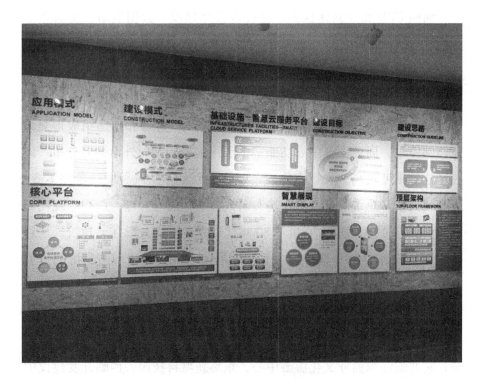

图 6 - 3   南京市河西 CBD 产业发展软配套规划图

在 CBD 规划实施过程中，组织创新十分重要。政府的职责主要是规划引导、加强市场建设、提供信息服务和宽松的外部环境；建立有效的、高层次的规划实施基础信息管理系统，建立新区规划实施信息共享、考核、督促有关制度，提高 CBD 规划的实施程度。

CBD 规划实施工作需要江苏省、南京市和建邺区共同促进，需要寻求南京市建邺区与河西建设指挥部及相关部门的各种协作机制，要逐步尝试和完善规划目标和项目的分解、落实机制，从各方面促进 CBD 的长效发展。

6.3.2 功能定位凸显新区 CBD 特色

河西 CBD 属于新建区域，在硬件载体建设、数据通信、交通系统的设计上突出了高标准、科学化、实用性和审美观相结合的要求，以承载今后经济迅速发展对 CBD 的要求。新街口地区位于南京老城区中心部位，总体格局以中山路与汉中路组成 CBD 交叉十字轴贯穿全区，东西延展至虎踞路和龙蟠路两条快速干道，内有 7 条城市干道组成正交纵横路网体系，商业商务中心功能集中于片区核心并向外沿轴向分布。该片区建筑密度较高，人口密度大，建筑类型复杂，风貌质量参差不齐：既有朝天宫、总统府等文物古迹和名人故居，又有金鹰、新百等现代商场和商务办公楼，还有 20 世纪 80 年代以来建设的大批住宅建筑。从总体上看，新街口 CBD 处于提质升级发展阶段，它对于城市经济的发展起到了积极的促进作用。

南京河西中央商务区（CBD）位于南京河西新城核心位置，2002 年开始规划建设，总投资约 300 亿元，分为一、二期建设。作为新城之核，它北临江东商业文化旅游中心，东临新城科技园，西临开发建设中的中国—新加坡（南京）科技生态岛，三大功能园区将河西 CBD 聚核其中，形成资源共享、效能互动、优势互补的战略发展态势。南京河西 CBD 立足南京，呼应上海，快速融入长三角经济圈，是集金融、总部、会展、文体、商贸于一体的江苏省现代服务业集聚区。

6.3.3　加快载体建设 拓宽发展承载空间

河西 CBD 在建设过程中突出标志性建筑与公共环境建设，促进河西 CBD 空间环境形态的整体性培育与优化，形成以"三区一轴一核"为主体的物质性承载空间，确定以"商务办公＋商贸服务＋酒店式公寓＋综合配套＋休闲绿地"作为结构布局的基本要素，构筑河西新城区高度现代化的 CBD 形态。在楼宇建设过程中，重点建成多栋标志性建筑，并突出公共空间和绿地建设，完善旅游、酒店、休闲等综合配套设施，提升 CBD 的人文、环境品质，塑造产业发展的良好环境。

6.3.3.1　建设中央商务绿轴

按照 CBD 一期工程设计方案，河西 CBD 加大公共投入，建设江东南路东侧、梦都大街与河西大街之间的以标志性建筑为象征，沿建筑群长约 2 公里，面积为 85 500 平方米的生态绿轴，为商务办公人员、市民提供富有特色且环境优良的公共活动空间。

6.3.3.2　加快形成中央公园商务核

河西 CBD 以用地 8 万平方米、总建筑面积 12 万平方米的河西十字型城市规划中心节点，即中央公园为核心，以地铁元通站为重要支撑，建设以绿化、水面、铺装等为装饰的下沉式广场以及周边文化艺术中心、旅游资讯中心、特色旗舰店、咖啡茶座等功能性建筑，形成地下商业广场及周边商务集聚区。

6.3.3.3　打造形态和主题各异的载体功能区

（1）生态商务活跃区。以"绿色、生态、环保"为主题特色，在商务绿轴两侧具有象征意义的标志性建筑群中，精心规划营造南京市、都市圈乃至长三角内第一家"生态商务办公活跃区"，使公司、总部的商务活动运行过程可以始终贯穿并享受绿色、生态的自然体验。

（2）高端消费商贸区。以标志性建筑的功能性设计特征为依托，与河西大街商业轴线一道，选择以商业贸易活动为主题，通过布局大量精品商店、城市综合广场等业态，满足成功人士和高端消费者的商业需求，形成具有一定区域影响力的高端消费商贸区，构筑南京商业网点规划设定的市级商业中心的初步框架。

（3）观光旅游博览区。在商务绿轴的西侧以及奥体中心南面的部分地块，以旅游、文化等为主题，规划建设文化休闲中心，并配以开阔的休闲娱乐空间；同时，延伸与奥体、河西南部、商务绿轴融合，形成观光旅游博览区，使整个 CBD 更富精神内涵、更具文化品位，提升其精神功能。

6.3.3.4　加强河西 CBD 在空间形态与功能布局方面的优化整合

重点突出商务绿轴地位，整合四周资源，放大中心集聚和辐射效应。采取弹性滚动开发模式，功能空间选择北联南拓，东扩西延，组合河西大街商业轴线与滨江奥体体育文化轴线，如此优化整合，可以延伸河西 CBD 的发展空间，构筑大河西 CBD 产业发展的综合性环境。

6.3.4　不断加快产业引入与培育

依据河西 CBD 的总体功能定位以及产业发展目标，围绕全市打造现代服务业的战略目标，结合南京市建邺新区产业基础重建的实际要求，河西 CBD 重点发展包括现代金融、信息服务、商务办公、旅游会展及相关配套服务等在内的现代服务业，努力构筑具有特色的服务产业集群，形成支撑南京城区经济增长、带动河西新城产业体系发展的城市新中心现代服务业经济核心区。

6.3.4.1 主导产业集群的发展方向

（1）现代金融业。以现代金融产业为河西 CBD 培育的核心产业功能，抓住金融业扶持政策深入实施带来的现代服务业加快发展的机遇，重点发展银行、保险、证券、信托、基金等金融业态，广泛吸引和发展国内外各类金融机构，尤其是金融机构的总部经济形态或地区性总部，建立和完善与 CBD 功能相适应的多层次、多类型的金融体系，把河西 CBD 打造成为现代金融业聚集区。

第一，金融业自身的培育：河西 CBD 利用外资金融业进入领域放宽的机遇，积极吸引外资银行地区支行及其派生机构和外资性质的保险机构；同时，注重引进国内商业银行或地区性分行机构入驻，培育形成相对集中的金融业发展集聚区，构建覆盖南京区域的项目贷款和银团贷款的金融服务网络，并逐步形成资金清算、拆借、贴现和外汇交易的中心市场框架。

第二，金融衍生的服务产业：重点发展与金融产业相适应衍生的法律、会计、咨询、担保、审计等新兴技术服务产业；同时，集聚包括证券、期货、产权、钻石、黄金交易在内的要素市场等。

第三，配合 CEPA 的实施，积极支持香港中小银行入驻 CBD：加强两地证券和保险市场的合作，共建保险公司、证券公司和基金管理公司以及相关的套配金融业务机构；同时，加强金融业监管机构的信息捕捉与沟通，加快各类银行、保险等总部机构的引入，形成具有金融业特定主题的产业聚集格局。

（2）信息服务业。信息服务功能是体现 CBD 信息化水平的主要标志之一，也是现代 CBD 产业建设与发展的主要内容之一。信息服务业是信息产业十分重要的组成部分，是现代服务业中最具科技含量而又发展势头强劲的产业。信息服务业主要是指采用计算机、通信、网络等现代信息技术向用户提供的信息服务，主要包括电信服务、广电服务、网络服务、软件应用和系统集成服务以及其他服务。

河西 CBD 引入和培育发展包括电信服务、广电服务、网络服务、软件应用和系统集成服务在内的信息服务业，重点关注高科技研发、公共数据服务以及文化创意产业中的动漫和网游等产业环节的发展；同时，聚集了一大批媒体、网络中心、电视台、电台等业态，使河西 CBD 成为南京地区甚至更广阔范围的信息交换中心。此外，河西 CBD 积极鼓励发展 IT 产业及其服务业，主要是以信息技术为基础支撑，实现金融办公、金融活动的信息化（电子货币化，EB）、信息产品的销售以及售后服务等配套的服务业，并鼓励入驻的信息企业着力发展多媒体信息库，开发商用数据库，逐步形成若干成熟并具备相当规模的数据中心。

（3）高档商贸零售业。河西 CBD 内商贸零售功能在特定发展阶段将担纲极为重要的角色，功能完善、规模适度、业态先进的商业零售业在某种程度上吸引了更多的消费群体，使其成为地区商贸流通扩张以及产业升级的核心载体，从而为商务区的发展聚集人气、提高知名度，激发商务区功能的提升。配合河西中心区市级商业中心的定位积极运作，努力促进河西 CBD 商贸产业的快速发展。

在业态内涵上，重点引导、培育并形成若干规模和数量适度的大型精品高档百货零售市场。利用便利的交通条件以及消费者的消费心理和层次差异，着力发展业态层次较高的大型的 Shopping Mall 和专业店、品牌店，加速发展国际国内知名品牌的旗舰店、连锁店等。营建特色商业街道，如餐饮一条街、步行街等，对商务区内精品经营、品牌专卖、特色餐饮、休闲娱乐等商业功能在空间上进行合理布局。此外，利用 CEPA 概念打造 CEPA 香港商品主题城等，或积极利用商贸业对外开放的世界贸易组织（WTO）的承诺，大力引进外商独资的商贸业企业。加快电子商务建设，促进电子商务成交额占贸易额的比例提升。

（4）会展博览产业。会展产业是城市的无烟工业，是朝阳产业；会展经济是第三产业经济中的新经济，是城市经济新的增长点。河西 CBD 在南部延伸区域规划选址建设大型会展中心（20 万～30 万平方米），即南京国际博览中心，为南京市提供现代化的、具有标志性意义的会展设施，重新塑造体现南京的经济文化大省省会形象，使其在南京河西 CBD 内构成一个新的旅游景观带。总体要求是建成国内一流、国际先进的集展览、商贸、科技、信息交流、餐饮、娱乐、办公、旅游为一体的多功能综合博览设施，组织大量会展博览活动（地方产品博览会、特殊博览会也即专题博览会），即代表全区域、全国等特别专业、事业领域所共同关注的专题，由此带动 CBD 内相关配套服务业的发展。

（5）辅助服务产业。规划确定的河西 CBD 辅助服务功能主要有旅游、文化等，主要是从人们衣、食、住、游、玩五个方面综合考虑分析，即宾馆酒店业、观光旅游业、餐饮娱乐业、房地产业四个层面。

第一，宾馆酒店业：从"住"上看，结合建筑外观和形态以及宾馆内部服务质量综合提升宾馆的品位和层次。在 CBD 内有选择地引入并培育形成 2～3 家 4 星或 5 星级的宾馆酒店。

第二，观光旅游业：体现在"玩"的层面，利用独具一格的景观轴线—商务绿轴、以"绿和自然"为主题的中心广场、106 座标志性风格各异的建筑群以及与商务区相距不远的滨江观光旅游，大力发展观光旅游产业；同时，积极利用旅游业对外开放的 WTO 承诺，引进外资旅行社及合资旅行社。

第三，餐饮娱乐业：重点在具有休闲功能的大型设施和专业特色街内发展餐饮娱乐业。同时，在商务绿轴南侧、中心广场左侧文化区以及奥体中心周边引入并布局一批具有文化品位的酒吧、茶社、咖啡馆和艺术展厅等。

第四，房地产业（现代居住、酒店等物业）：为避免商务区在晚间出现"空城"现象，住宅功能在商务区乃至延伸区内仍占有相当比重，以满足区内居民的生活需要。按照商务区的功能定位，主要是建设与商务区相匹配的高级公寓，如在河西 CBD 核心区域附近规划建成连片高档公寓，以满足商务区办公人员的生活需要。同时，强化 CBD 区域内物业管理的标准化建设，以 ISO 认证规范物业管理行业，通过 ISO 认证规范物业管理企业的质量行为，为 CBD 入驻企业提供合格的、优质的物业管理服务，增强 CBD 在目标市场中的品牌竞争力。

从产业形态来看，着力在河西 CBD 区域内大力发展公司总部经济，努力营造具有特色的总部经济聚集区。河西 CBD 将利用环境、交通、招商条件以及先进的 CBD 建设理念优势，吸引更多的国内外著名企业的公司总部落户河西 CBD，并在战略高度上使其尽快地形成规模和集聚效应。重点吸引在行业内有较大影响力的国家级、省市级国内优势企业和外国公司驻华地区的企业总部、职能运营中心、地区研发中心、结算中心、分销中心以及采购中心。

6.3.4.2 强化产业集群的空间组织

河西 CBD 按照混合功能使用并渗透产业功能共生的理念，加强产业集群发展的空间组织，落实具有特定主题的载体组团，形成河西

CBD内部业态各异、有序共生共促的产业空间格局。

（1）现代金融产业发展功能区。以中央公园为核心，包含周边一定空间与标志性建筑，规划引导形成金融产业集群发展区。主要涵盖已有的超高层、设计优雅简洁的"双塔结构"的标志性建筑，以及利用河西CBD产业促进政策，在中央公园南部和CBD二期预留空间内建设金融业总部大楼，加大吸引中外金融、保险等机构的力度，并着力构筑国内、国际金融业楼群组团。

（2）信息服务产业发展功能区。以宋都等标志性建筑集群为载体，大力引入社会调查业、信息处理业、信息提供业、电信服务业、咨询业等信息服务业态与企业机构，努力聚合形成具有信息服务特色的产业集群发展区，打造南京都市圈的信息港标志区，由此巩固提升南京区域信息服务中心的地位。在发展信息服务主业的同时，逐步完善配套商业如服饰精品店、产品展示、特色酒吧以及综合服务如会所和配套的娱乐餐饮等。

（3）商业综合功能区。主要构建两大集群功能区：第一功能区为城市轨道交通枢纽商业中心区。主要依托河西CBD南端的地铁元通站，结合河西大街商业轴线，打造圆通广场交通枢纽商业区。以圆通广场为基础，住宅和办公面积共有20多万平方米，其中商务面积为6万平方米，商业面积为5.8万平方米，布局精品百货、连锁超市、书店、影院、数码城及餐饮等业态。在河西CBD北端地铁2号线的奥体东站区域，按便民利民原则配套社区商业业态，打造河西CBD社区商业区。以紫鑫中华广场、欧洲城两大标志建筑群设施为基础，住宅和办公面积共有42万平方米，其中商务面积为6.2万平方米，商业面积为27.6万平方米（紫鑫中华广场16万平方米、欧洲城11.6万平方米），在两大建筑群低楼层布局如传统百货、欧洲及世界各国精品、名品展示交易中心、大型购物超市和大型建材超市等业态，高楼层则可适当布局小型商务办公区，作为以服务地区居民生活消费为主的中档商品商业区和小型商务办公区。第二功能区为高端商务、精品商业核心区，以四季仁恒、郎玛国际两大建筑的商业设施为基础，商业面积共 5.2 万平方米，主要以经营高中档精品百货为主，形成精品商业区，吸引高层消费的消费群体；以圆通广场、中泰国际六大建筑商业、商务设施为基础，着力构建主题商品城和室内名品街等商业业态，并针对商务办公的需求，推进以 B to B 为主要形式的电子商务建设。此外，为使配套功能进一步完善，在该区建设一座或两座品位高、规模适当的五星级宾馆酒店。

（4）旅游会展功能服务区。利用中央商务绿轴、双塔结构、中心广场以及周边的奥体中心、艺兰斋、滨江风光带、绿博园等旅游景点与设施完备的会展场馆等资源，整体包装开发旅游休闲、会展服务业。此外，在江东南路、纬九路（河西大街）十字路口地段建设 8 万 ~10 万平方米的大型城市中心型 Shopping Mall 和一个大型的绿地商务广场，与中央商务绿轴内的中央公园遥相呼应，成为以时尚化、个性化、大众化消费为特征的，以会展展示、精品经营、品牌专卖、特色餐饮、休闲娱乐经营为主的大型服务设施，同时也在区内着手开辟以时尚服饰、汽车、数码电子产品展示为主的大型展示区域，以此完善商务区的会展功能。

（5）现代居住功能服务区。在河西 CBD 及其周边配套支撑区域，规划建设了一定数量的高档居住区。在河西 CBD 进一步发展的过程中，一方面推进商务办公楼宇建设，另一方面开发精品房地产，促进并保持新城中心区房地产业发展的持续性，迅速形成 CBD 发展的现代居住支撑性功能。通过构筑顶级商务楼宇和住宅园区，进一步打造和提升城市新中心的形象，努力实现河西 CBD 发展的业态共生共促的组合形态。

6.3.5　积极营造产业群发展的软环境

根据市场需求，分阶段推进河西 CBD 的开发建设，还需要整合各类资源，积极营造有利于 CBD 商务活动低成本运行的系统化软环境。

6.3.5.1　不断促进河西 CBD 发展政策的系统化建设

着眼"南京市促进河西 CBD 金融发展政策规定"以及"区加快高新技术和现代服务业发展若干意见"两大政策，河西 CBD 加快有关系统化、可操作的细则与执行机制建设。从政策细节的规定及具体实施程序、执行机构、反馈服务、监督评估等多个方面，通过上下内外多种既定政策的相互叠加、汇总优化，形成针对河西 CBD 特定地域空间的政策运作体系，主要是以本地经济为依托，以都市圈和长三角经济供求为拉动，针对河西 CBD 现代服务业的产业定位和集聚功能，形成差别化的政策引导效应。把握入区企业性质和经济规模，大力吸引一流的大型金融产业、现代信息服务业，拥有国际、国内知名品牌的企业，拥有自主知识产权、具有重大商业利益的企业，以及那些具有广阔的市场营销渠道的企业入区。

此外，持续完善 CBD 产业发展相关调节政策，营造良好的投资经营生态环境。针对 CBD 产业发展，推进一站式办公，提高 CBD 行政管理效率；形成包括吸引投资、公司进入和人才汇聚的优惠政策，实现资本、贸易、人才、信息的无国界、无障碍自由流动，构建与新街口商务区错位经营的优势。同时，根据总部经济"营运自由"的需求，在利润汇出、产品出口、人员流动、户口、子女入学、出入境审批等方面给予外埠企业便利。

6.3.5.2 营造低成本、高效率的服务环境

进一步完善河西 CBD 的管理体制，重点加强政策咨询、项目推介、信息导向，创造便捷、高效和透明的政府服务环境。根据世界贸易组织规则，积极探索新的企业登记注册与监督管理办法。成立河西 CBD 管委会机构，统一协调工商、税务、公安、统计等部门对商务中心区的管理，创造良好的市场环境，依法维护公平竞争，为企业营造宽松的外部环境。利用 CBD 商会，统一组织整体活动，实行行业自律，提高整体经营水平。设立社区服务中心和集中式的、引入 ISO9000 质量管理体系的社区物业管理中心，细化社会服务，提高社会服务的效率，降低社会服务的成本，逐步形成政府引导、企业行为、市场运作的自治管理新模式。

6.3.5.3 注重项目及城市规划方面的政策倾斜

河西 CBD 严格执行"老城区范围内严格控制见缝插针项目，原则上停止审批高档写字楼、商务楼；规划引导商务中心、金融机构、行政办公、广播电视、文化艺术等项目落户河西新城区"的规定，加快促进规划的商务资源向河西新城的倾斜，确保河西 CBD 在未来得到持续的、不断递增的市场需求量和连续的资金投入，初步形成河西 CBD 现代服务业产业的集聚功能。

大型项目和政府项目有助于河西 CBD 商务氛围的形成，因此，要大力引进政府项目和大型公共建筑项目。通过实施缓收土地出让金、补地价、土地入股或地价优惠、税收、引进人才等方面的扶持政策，引进一些重点项目、龙头企业、标志工程及中外大机构、大财团、大企业；尤其是积极引导政府部分职能部门进入 CBD，利用政府的影响力带动

CBD 内部以及周边环境的发展，加快 CBD 行政服务中心的建设。

6.3.5.4 加强招商引资及相关宣传策划工作

制订 CBD 整体招商计划，尤其是在招商推广方面。一是整合各方资源，制定缜密、详尽的整体规划与项目包装策划方案，寻找适合每栋标志性建筑的市场兴奋点。按照符合国际规范的各项政策与配套的管理措施，确立市场形象和招商发展的远期目标。制定产业引进指导目录，根据河西 CBD 的功能定位，明确河西 CBD 区域发展的产业方向，制定产业引进的指导目录，构筑特色产业群发展的"门槛"条件。二是利用招商研讨会等媒体宣传烘托气氛，大力推介河西 CBD 的概念、项目与运营模式。三是选择媒体对南京新城 CBD 进行系列报道，宣传独具一格的经营规模和营运策略等信息，充分展示河西 CBD 项目的独特经营理念；同时，有针对性地选择招商目的地，组织专业人士组成团队，依托招商地相关机构，重点对目标群体介绍河西 CBD 的产业属性、定位与配套政策等。此外，还要加强与国内外有关 CBD 管理机构的联系，通过主动加入国内有关联谊会、参加有关商务节等形式扩大河西 CBD 的知名度。

6.3.6 完善配套设施 提升综合服务功能

实现快速、便捷、即时的 CBD 信息流，需要着力加强信息化基础设施建设，搭建以实现电子数据交换、电子商务、电子政务、电子金融、社会公共服务等为目的、以信息技术为基础的统一开放的公共电子信息应用平台，初步铺设并基本建成 SDH 同步数字网（考虑未来DWDM 波分复用技术的应用）、ATM 交换试验网（考虑未来基于 IP 和ATM 集成的 MPLS 多协议路由交换技术的应用）、窄带 ISDN 及 Internet

国际出口等信息基础设施和功能开发项目。在标志性建筑开发建设过程中，着力超前设计并铺设内部的信息化设施，力促标志性建筑成为智能化楼宇，为河西 CBD 冲击 E - CBD 创造理想的平台。以 CBD 延伸区域基本建成的载体为依托，加快完善为商务等基本产业活动所必需的生活性设施，引入并配置休闲场所、学校、医院、城市监管系统、家政服务、安全部门等公共服务设施，为河西 CBD 创建优质的生活与工作环境。此外，以新城大厦为主体，加快营造行政办公氛围，建设新城行政服务中心。

6.3.7 便捷的交通系统保证人员流动和物流畅通

河西 CBD 的内部交通组织主要建设了"核心绿轴"和"环状"的出行组织系统。一是构筑"商务绿轴"交通路网，建立河西 CBD 步行系统。以"安全化"和"步行化"要求为宗旨，建立满足公众商务、购物、休闲、娱乐需求的步行街区。二是规划建成轨道交通换乘中心。依托河西 CBD 南北两端地铁 1 号线与 2 号线交汇的元通站和 2 号线奥体东站，积极引入地面公共交通，设置公交首末站和小汽车、自行车停车场（高容量的停车系统），基本实现"零换乘"，在河西 CBD 形成南京城市新中心的立体化公交换乘中心，提升 CBD 人员流动快速聚散的基本功能。

河西 CBD 外部交通规划方面，主要是结合都市圈的交通体系规划，充分利用城市绕城公路与二环线。一方面，在河西 CBD 主要路口、路段和地下停车场建设交通引导系统，推进交通管理自动化和信息化，促进内部交通体系与外部大交通的连通度；另一方面，加强轨道交通与道路交通的换乘便利性。此外，通过规划参与，积极争取并促进未来都市圈市际轨道交通线与区内地铁交通的连接，使 CBD 成为都市圈内潜在的区域性公共换乘中心。

6.3.8 形成持续的投入机制

河西 CBD 充分发挥全社会的积极性和创造性，扩大资金融入的渠道，坚持"谁投资、谁拥有、谁受益"的原则，动员和依靠全社会的力量，形成"政府引导、社会齐上、集约经营、共同发展"的新格局。通过放宽准入、改善服务、税收优惠等多种措施，吸引更多的民间资金投入，鼓励社会资金以独资、合作、联营、参股、特许经营等方式进行投资。积极引进外资，趋利避害，加大河西 CBD 利用外资的力度，积极探索政府投入的新方式。在河西 CBD 初期发展建设与管理方面，很多资金的投入难以通过市场化方法筹集，对资金进行内部平衡；通过设立河西 CBD 专项发展基金（由南京市、建邺区安排基本建设投资、土地出让金、市政公用设施建设费、城市基础设施"四源费"等组成）进行公益性补偿，形成发展的内生机制，促进河西 CBD 的快速发展。

6.3.9 加大资金政策的扶持力度

2014 年 7 月，南京市出台《关于全面深化金融改革创新发展的若干意见》，随后又推出重要的金融政策《关于全面支持南京（河西）金融集聚区发展的实施办法》（以下简称《实施办法》），制定 15 条措施、23 条细则全面支持河西金融集聚区建设，推动其建成泛长三角区域金融中心核心功能区。这项重要的金融政策具有以下八大亮点：

亮点一：南京（河西）金融集聚区专项资金扩充至 1 亿元。

为进一步突出南京（河西）金融集聚区在全市金融产业布局中的自身特色和核心地位，南京市将专项资金额由原来的每年 6 000 万元扩充至每年 1 亿元，重点支持河西金融集聚区打造成为区域内金融机构集聚中心、金融交易中心、财富管理中心、金融研训中心和金融信息服务中心。

亮点二：继续强化机构集聚，法人总部最高可获千万元补助。

新政策明确提出，全市新建金融机构必须向河西金融集聚区集中。通过载体置换、租房补贴、规费减免等多种优惠政策，鼓励省、市各类金融总部迁入河西金融集聚区。积极引进境内外总部法人金融机构或国际性、全国性管理总部、业务运营总部等功能性金融机构入驻河西金融集聚区，进一步提升金融集聚层级。对新设立入驻集聚区的金融机构法人总部给予 500 万~1 000 万元的一次性资金补助；对新设立入驻集聚区的金融机构地区总部或一级分支机构、金融后台、注册资本 1 亿元以上的准金融机构在正常营业后给予不超过 200 万元的一次性资金补助。新设立入驻的外资金融机构代表处，对其在河西金融集聚区内租赁自用办公用房，按照实际租赁面积，3 年内给予每年每平方米 1 200 元的房租补贴，补贴面积最高不超过 200 平方米。

亮点三：金融中介、新型金融机构入驻最高可获百万元补助。

新政策支持集聚区建立健全金融中介服务体系。对符合条件的金融中介服务机构，包括在集聚区新设立的知名专业化人才培训、投资咨询、信用评级、资产评估、会计审计等金融中介服务机构，以及互联网金融、资产管理、财富管理等新型金融机构，经认定后给予首期 30 万元的开业补助，累计补助最高不超过 100 万元。

亮点四：入驻金融城最高可获补贴 1 500 万元。

《实施办法》第 12 条规定：购买"南京金融城"自用办公用房的金融机构，对其自用办公用房给予每平方米 2 000 元的一次性补贴，法人总部、地区总部的补贴标准分别不超过 1 500 万元、600 万元，金融后台、注册资本 1 亿元以上的准金融机构补贴标准不超过 300 万元；对租用南京金融城办公用房 3 年以上的，3 年内给予每年每平方米 1 200 元的房租补贴，法人总部、地区总部的补贴累计不超过 360 万元，金融后台、注册资本 1 亿元以上的准金融机构补贴累计不超过 260 万元。

据了解，目前已签约入驻金融城的金融机构包括工商银行、中石化财务公司、省金融租赁、省信用再担保、紫金财险、紫金农商行、南京证券、紫金投资集团、永丰银行（中国）等。《实施办法》还明确要求加快实施金融城二期规划、土地摘牌等前期工作，于 2014 年内开工建设。

亮点五：金融人才可连续 3 年获奖励补贴。

《实施办法》对金融人才的奖励标准和范围均有新突破。对新设立入驻集聚区的金融机构法人总部副职待遇以上高级管理人员，连续 3 年给予每个职位每年 5 万元的奖励，各公司年度奖励总额不超过 50 万元；对新设立入驻集聚区的金融机构地区总部正职高级管理人员，连续 3 年按每个职位每年 3 万元的标准给予奖励，各公司年度奖励总额不超过 9 万元等。

同时，《实施办法》明确提出，在河西金融集聚区率先试点建立并开展金融高层次人才认定机制，对符合条件的高层次人才，根据其相关贡献，连续 3 年给予最高不超过每人每年 3 万元的奖励。鼓励海内外金融人才在集聚区创立、发展各类新型金融业态，积极支持符合条件的金融创新和领军人才申报全市"321 人才计划"。

亮点六：1 亿元天使投资基金可获开办资金补贴及投资额奖励。

南京市的股权投资政策规定，对 1 亿元以上的公司制股权投资基金和 2 亿元以上的合伙制股权投资基金可以享受开办补贴及后续投资奖励，但很多天使投资基金的规模都在 1 亿元以上，为此，《实施办法》降低了对天使基金的扶持门槛，对集聚区内设立的 1 亿元（含）以下的天使投资基金参照投资初创期的股权投资基金的奖励标准，予以 30 万元首期开办资金补贴以及本地投资额 1% 的追加补贴。此外，为了鼓励在集聚区内设立经认定的具有项目发现、筛选、孵化、投资机制的"基金＋孵化器"创业服务主体，按照不超过本市实际投资额 10% 的比例给予风险补偿资金支持，最高补偿资金不超过 100 万元。

亮点七：支持河西建设区域性要素交易市场。

对集聚区内的场外交易市场为本市企业提供挂牌服务，且获得融资的企业数量累计达到 50 家以上的，经南京市金融发展办公室牵头组织认定后，一次性给予该交易场所 100 万元奖励。

《实施办法》还明确支持江苏股权交易中心做大规模、做出特色，鼓励全市各类非上市公司在江苏股权交易中心进行挂牌融资，推动建立江苏股权交易中心与全国中小企业股份转让系统和沪、深交易所的转板机制，打造面向江苏、辐射全国的一流的区域性场外交易市场。支持南京石化商品交易合约中心开展现货挂牌融资，努力打造全国大宗油品的交易中心、定价中心和物流中心。鼓励河西金融集聚区组建区域金融资产交易、碳排放交易等新型要素平台。

亮点八：试点全市各项金融改革创新。

经过 10 余年的发展，集聚区金融产业发展已经走在全市前列，除了继续发挥优惠政策的后发优势外，集聚区将在金融服务功能、改革创新中别开生面。《实施办法》明确提出，将成立市级的南京（河西）金融集聚区发展协调小组，借鉴北京、上海、深圳等地的先进做法，在河西金融集聚区率先试点设立区域金融创新奖，重奖各类金融创新机构和业务，率先试点金融高层次人才认定机制，鼓励海内外金融人才创新创业。支持集聚区申报保险创新试验基地、规划建设"台湾金融中心"、建成区域股权投资中心等改革创新任务。

7 成都市锦江 CBD 发展及特色研究

7.1 成都市锦江 CBD 概况

7.1.1 成都市锦江 CBD 概述

成都市锦江区于 1991 年 1 月 1 日成立，是成都市区划调整后新设置的 5 个中心城区之一。锦江区位于成都市东南部，西北与青羊区相连，西部邻锦江、府河，与武侯区相望，东与成华区毗邻，东南与龙泉驿区接壤，南与高新技术开发区相依，面积 62.12 平方公里，常住人口为 67.38 万，辖 16 个街道、59 个社区。锦江区属地为古华阳县及其近郊，具有悠久的商业历史。自唐代开始，古华阳县便以"百业云集，市廛兴盛"而饮誉川西，是近代中国西部"洋务"和"兴商"的发祥地。区域内有蜀中"首街"东大街、赞为"百年金街"的春熙路、源自宋代的染坊街小商品集散地、始建于民国的全国四大劝业场之一的商业场。建区时，锦江区经国务院批准为"商贸繁华区"，从而确立了锦江区的发展定位。

锦江区依据产业发展基础、重大项目布局以及不同资源的环境承载力，充分考虑人口、经济、资源、环境和谐发展的需求，将全区划分为提升发展区、加快发展区和优化发展区三大总体分区，重点打造中央商业商务核心区，东大街金融产业带与滨江路休闲产业带，发展沙河片区、柳江片区、"198"生态片区、东村片区，形成"一核两带四片"的空间发展格局。

经过近年的经济发展，锦江区的综合实力显著增强。2016 年，完成地区生产总值 822 亿元左右；固定资产投资 370 亿元，5 年累计完成1 800 亿元，是上个五年的 1.29 倍；一般公共预算收入 50 亿元，是 2011 年的 1.45 倍；社会消费品零售总额 860 亿元，是 2011 年的 1.82 倍；城镇居民人均可支配收入 38 293 元，是 2011 年的 1.57 倍。同时，在经济增长的同时，锦江区全力调整产业结构，发展质效显著提升，在"1 +4"的基础上，提出"1 +4 + N"的产业体系，补牢产业链全景图，即形成以总部经济为龙头，以现代商贸为基础，以文化创意、金融服务、旅游休闲为支撑，以网络经济、节能环保、健康养老等新兴服务业为增长点的产业体系。远洋太古里和国际金融中心成为成都市现代服务业发展标杆，现代商贸、金融服务、文化创意及旅游休闲产业增加值占比大幅提升，三次产业结构由 0.2:18.8:81 调整为 0.1:12.4:87.5。锦江区先后被评为中国民营经济最具活力区、中国最具投资价值金融生态示范区、中国现代服务业发展能力百强区及中西部地区首个通过国家级生态区验收的大城市主城区。愈发突出的产业集聚效应、不断优化的投资环境，使锦江区成为投资成都市的首选之地。

7.1.2　成都市锦江 CBD 管理体制

锦江区设置 5 个功能区管委会，着力推进产业结构调整，实现企业集聚发展。5 个功能区管理委员会分别是中央商务区管理委员会、创意产业商务区管理委员会、生态商务区管理委员会、国际新城商务区管理委员会、金融街商务区管理委员会。

功能区管理委员会的主要职能有七项。

（1）负责按照全区城市建设规划、土地利用规划和产业发展规划，拟定功能区发展战略和产业发展规划，并做好战略、规划的组织实施工作。

（2）负责检测、分析和预测功能区产业发展态势，对功能区产业发展中的重大问题和热点、难点问题进行调查研究，及时提出政策建议。

（3）负责功能区范围内的招商引资和对外开放工作。

（4）负责功能区各类投资项目的推进、协调、服务工作；承担固定资产投资目标任务。

（5）负责功能区范围内企业服务、协税护税工作。

（6）负责功能区内经济统计及分析工作。

（7）完成区委、区政府交办的其他工作。

按照以上职能，各管委会设置三部一中心。其中，综合部、产业一部、产业二部为内设机构；投资服务中心为下属事业单位（见表 7-1）。

表 7-1　锦江区管委会部门设置及主要职责

部门	主要职责
综合部	负责管委会机关党务、政务、纪检、群团工作；负责管委会目标管理、会务、接待和后勤服务工作；负责制订管委会工作计划；负责综合协调管委会内设机构，做好管委会议定事项的督查、督办；负责做好区域信息化建设；负责对外宣传工作，做好功能区内会展、节庆活动的组织和服务工作
产业一部	负责拟订并牵头组织落实功能区发展战略和产业发展规划；负责固定资产投资项目的协调、推进、服务工作，完成固定资产投资目标任务
产业二部	负责功能区范围内的协税护税和产业发展相关政策落实工作；负责做好功能区内限额以下企业的经济统计工作；负责监测、分析和预测功能区产业发展态势，对产业发展中的重大问题和热点、难点问题进行调查研究，提出相关政策建议

续表

部门	主要职责
投资服务中心	将工业总部基地管委会服务中心更名为"创意产业商务区管委会投资服务中心"，不再挂区投资服务第一中心和第五中心的牌子 主要职责为负责功能区内招商引资、对外开放和对企业的服务工作

资料来源：根据锦江中央商务区管理委员会提供的资料整理。

7.2　成都市锦江 CBD 发展现状

锦江 CBD 主要包括春熙路、红星路、盐市口、骡马市、顺城街等主要传统商务、商业区域，以金融、商务、行政、办公、宾馆等为主。核心区之外的片区是中央商务区的外区，中央商务区占地面积 5.3 平方公里，建筑面积达 679 万平方米。其中，5 000 平方米以上的重点写字楼 85 栋，超甲级写字楼 4 栋，甲级写字楼 5 栋。全区楼宇入驻企业6 306 家，平均入驻率达 86.74%。亿元楼宇 16 栋，5 000 万元楼宇 11 栋。

7.2.1　总部经济

成都总部经济发展能力排名全国前九，居中西部第一位，是中国西部总部经济最集中的区域。经过几年的发展，成都总部经济呈现出区内大型企业总部数量多、增长迅速、国际化程度较高、辐射力日益增强的特点。以《财富》"世界 500 强"企业为例，截至 2016 年，锦江区重点楼宇入驻世界 500 强企业共 127 家，总部经济型企业 347 家，成为锦江区楼宇经济的支柱。并且，锦江区作为区域总部经济高地，入驻锦江区的大型企业，其业务影响范围稳步拓展，对省内、西南地区乃至全国的影响力日益增强。

锦江区总部企业覆盖行业广泛，行业互补性强，入驻锦江区的总部企业主营业务涉及金融、地产、商贸、物流、文化创意、电子信息、食品加工、生物医药、专业服务等诸多领域，其中以商贸、金融、制造等行业企业为主。各行业总部经济协调发展，相互促进。总部经济重点发展方向和招商领域是金融总部、金融制造、信息产业总部、文化传媒总部等传统行业，同时重点引进围绕大型龙头企业形成的专业服务总部以及电子商务、互联网经济等新兴企业总部。

7.2.2 楼宇经济

2009 年，锦江区率先在成都市发展楼宇经济，经过 7 年的发展，楼宇经济呈现出以下五个方面的特点：

（1）楼宇载体规模不断扩大。锦江区地处成都市中心城区，商务商业楼宇规模扩大。5 000 平方米以上的重点楼宇 85 栋，面积 679 万平方米。超甲级写字楼 4 栋，甲级写字楼 5 栋，面积 176 万平方米，总量和规模均位居成都市第一。

（2）楼宇业态结构逐步优化。经过几年的发展，锦江区楼宇经济的业态结构逐步优化，业态布局趋于合理，已经初步形成"1 + 4"现代服务业体系，产业集聚加速发展，产业基础不断增强。

（3）楼宇经济指标提高较快。2016 年，锦江区楼宇入驻企业 6 306 家，平均入驻率为 86.74%，全口径税收 51.16 亿元，楼宇税收占锦江区税收总额的 45.5%。税收 1 000 万元以上楼宇 50 栋，其中税收上亿元的楼宇有 16 栋，5 000 万元的楼宇 11 栋。2011—2016 年锦江区楼宇经济相关数据如表 7 - 2 和图 7 - 1 所示。

表 7 - 2   2011—2016 年锦江区楼宇经济相关数据

年份	入驻率（%）	注册率（%）	全口径税收（亿元）	楼宇税收占全区税收总额的比例（%）	亿元楼宇（栋）
2011	88.50	69.53	21.00	30.00	6
2012	90.37	73.23	29.56	35.73	10
2013	91.33	85.67	39.28	43.28	12
2014	91.08	88.36	48.32	48.26	14
2015	90.42	87.13	42.13	44.04	15
2016	86.74	86.00	51.56	45.50	16

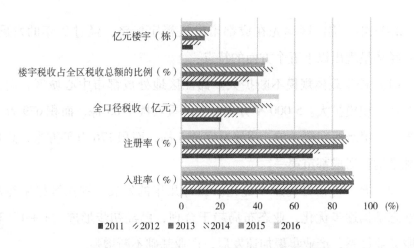

图 7 - 1   2011—2016 年锦江区楼宇经济相关数据

（4）楼宇集聚效应逐渐显现。近年来，锦江区楼宇集中分布在春熙路—盐市口商圈、红照壁—人民南路商圈、大慈寺—红星路商圈、东大街"天府门廊"等区域内，形成了较大的产业带动及连锁投资效应，带动了区域相关产业的发展，集聚效应逐渐显现。图 7 - 2 为成都市锦江 CBD 一隅。

图 7-2 成都市锦江 CBD 一隅

（5）楼宇产业品质不断提升。锦江区高度重视楼宇品质及服务，从已建成的中环广场、香格里拉中心写字楼、仁恒置地广场、成都远洋太古里、成都国际金融中心，到目前正在建设的乐天百货、环球贸易广场等项目，均是引进国际、国内知名的商业地产开发和运营管理的企业，具有国际、国内商业商务楼宇的成功运作经验，极大地提升了全区楼宇的品质。同时，锦江区还引进了仲量联行、仕邦魏理士等五大全球知名物业服务机构，其招商和物业管理业务覆盖成都市高端写字楼，推动了全区楼宇的招商及物业服务水平的提升，楼宇竞争力显著增强。

7.2.3 商贸业

7.2.3.1 行业概况

锦江区以其悠久的商业传统、优越的中心地理位置、良好的商业氛围、充足的物业供应、完善的基础配套，一直以来都占据着成都商贸业的巅峰。商贸业是锦江区的支柱产业，锦江区商贸业在成都市范围内规模最大，增长动力强劲。2015 年，锦江区实现商贸销售总额 1 319.8 亿元，同比增幅为 8.55%。其中，实现社会消费品零售总额 780.81 亿元，居五城区第一；拥有商贸企业 5 462 家，限额以上商贸企业 482 家，销售额超亿元企业 116 家。

锦江区商贸业的重点发展方向和招商领域是最具国际影响力的高端时尚零售品牌企业，知名社区连锁商贸企业以及以特色化、定制化服务为主体的高端零售企业及分支机构。

7.2.3.2 产业投资承接载体

（1）春熙路中央商业区。春熙路中央商业集聚区位于锦江区核心区域，是目前成都市规模最大、零售业态最齐全、高端品牌最丰富、商业服务功能最完善的现代化商业名片区，是成都当之无愧的商业中心，也是不可复制的成熟商圈。尽管受到宏观经济增速放缓的不利影响和来自其他区域的竞争，但是作为成都市最核心、辐射力最强的商圈，春熙路——盐市口商圈的销售业绩仍然强劲，且经营档次和多样化水平提升明显。

（2）锦江国际新城。锦江国际新城作为成都市重点打造的项目，吸引着来自全球的企业和外籍人士的目光，在规划之初就被定义为成都的高端商务商业中心和国际化宜居新城。锦江国际新城目前已吸引新鸿基、韩国乐天、香港置地等国际知名商业地产开发运营商入驻。该区域规划居住人口 10 万以上，建筑面积 600 多万平方米，商业面积近 70 万平方米，相当于"春盐商圈"现有的总面积。锦江区国际新城将继续引进知名商业地产商建设综合商业、办公、居住、酒店、展览、餐饮、会议等功能的城市综合体，打造西部商贸业地标性建筑。

7.2.4 金融业

成都市是中国西部的金融中心，锦江区是金融机构立足成都、开拓西部的桥头堡，金融业是锦江区的支柱产业之一，2015 年增加值较上年上升 14.41%，达到 204.9 亿元。锦江区金融机构云集，分属银行、保险、证券基金、小额贷款、融资担保、融资租赁等诸多金融领域的超过 370 家内外知名金融机构，为锦江区的经济繁荣做出了巨大贡献。

银行业是锦江区的金融优势产业，作为传统金融业的代表，区内银行业起步较早，发展较为成熟，国际化程度高，是外资银行机构的集聚区域。截至 2015 年年末，锦江区已拥有 12 家外资商业银行，占成都市外资商业银行总数的 73%。保险业是锦江区金融业的一大突出优势领域，依托成都市乃至四川省日益成长的保险市场，锦江区以其突出的区位优势和良好的商务环境，吸引了包括外资保险公司在内的诸多保险机构入驻。截至 2015 年年末，锦江区已有保险公司 33 家，外资保险机构 15 家，占成都市外资保险机构的 72%，集聚效应显著。新型金融行业小额贷款、融资租赁、股权投资等新兴金融行业虽然起步较晚，但发展迅速，目前锦江区已拥有包括美兴、维仕、富登、普罗米斯在内的 12 家小额贷款公司，发展势头强劲。同时，锦江区金融产业重点发展方向向互联网金融、第三方支付平台、P2P 项目等消费金融业及新兴金融业以及大型行业龙头企业发展。

7.2.5 文化创意产业

成都是我国西南地区的文化创意中心，而文化创意产业是锦江区发展现代服务业的主导产业，目前锦江区内已初步形成以精品园区为载体，以重大产业项目和现代信息技术服务企业为主导，创意设计类、出版传媒、演艺娱乐、文化产权交易等行业持续健康发展的文化产业格局，逐步成为成都市建设"文化创意产业鼎力之城"的引领区，西部第一、国内领先的文化创意产业的高端示范区，逐步形成在国内外具有影响力的"创意城区"。2015 年，锦江区的文化创意企业数量高达1 800 余家，进一步提升了锦江区作为成都文化创意中心的地位。

锦江区文化创意重点方向和招商领域主要集中于广告创意、出版传媒、原创艺术与交易、工业设计、演艺影视等文化创意产业。目前，锦江重点打造的文化创意园区包括红星路 35 号文化创意产业园、锦江创意产业商务区、东部文化创意产业规划区等载体。其中，红星路35 号文化创意产业园拥有 70 余家广告创意产业上下游企业，包括国内工业设计排名前三甲的洛可可设计有限公司、浪尖工业设计有限公司和嘉兰图设计有限公司以及 4A 级广告公司奥美。锦江创意产业基地位于成都市区东南，北至南三环路三段、二段，西至锦江，南至锦江大道，东至锦阳大道，总面积为 10.16 平方公里，是以创意和现代信息服务业为特色、以数字出版传媒为重点、以总部经济为基础的楼宇经济聚集区。该基地建成后将重点发展三大主导产业：数字出版传媒产业；基于现代印务、工业设计、建筑设计的创意产业；以软件开发、系统集成、软件应用服务等为重点的信息及信息服务产业。该基地的目标是建设成为西部地区最大、全国最具影响力的国家级数字出版传媒产业示范基地，加快形成创意产业群，形成现代信息技术服务业的聚集发展。

7.2.6 休闲服务业

成都市是全国闻名的休闲之都，而锦江区则是成都休闲服务产业最为发达的区域。在中西部领先的商贸业和高质量的载体资源的基础上，以酒店业、餐饮业为主导的锦江区休闲业长期以来取得了全面发展，使锦江区成为休闲服务业的龙头区。目前，锦江区的旅游、酒店、餐饮和休闲娱乐业融合了更多国际化、品牌化、专业化和高端创新性的发展元素，为休闲服务业的转型升级注入了新的活力。

锦江区酒店业发展水平较高，以香格里拉大酒店为代表的五星级酒店占成都市挂牌星级酒店的46%，相比其他各区有着巨大的优势。其中，香格里拉大酒店服务公寓及仁恒辉盛阁国际公寓两大高品质服务式公寓，房间数量占成都市的32%。另外，位居市中心繁华地段的尼依格罗酒店和太古里博舍酒店已逐渐成为成都高端精品酒店的代名词。在都市休闲和餐饮、娱乐方面，位于锦江区繁华中心地段的国际金融中心和远洋太古里，不仅是成都市中央商贸区的新地标，而且引领了国际时尚与艺术体验相结合的新潮流。与之毗邻的崇德里，则在保留了川西历史建筑的同时，糅合了成都特有的休闲文化元素，散发着浓厚的时尚文艺气质。锦江区的都市休闲和餐饮、娱乐业体现出高端化、国家化、特色化、综合化的发展趋势。不仅如此，全新打造的水锦界通过46个风格独特的川西四合院落，集时尚、国际、先锋、艺术于一体，是成都传统建筑和都市文化完美融合的中央休闲区。2013年改造升级的兰桂坊特色街区着力打造出集餐饮、娱乐和购物于一体的多元化休闲消费街区，以其大体量、综合性的餐饮、娱乐品牌集聚效应，迅速成为吸引年轻市民的人气之地。

锦江区休闲服务业目前重点发展方向和招商领域主要集中在具有国际影响力的高端餐饮、酒店服务企业以及旅游医疗、旅游养老等高端特色生态旅游服务企业，同时，个人定制化旅游、线上线下旅游服务相生相融的企业也展现出良好的发展前景。

7.2.7 新兴产业

锦江区的新兴产业主要包括网络经济、节能环保、健康养老等新兴服务业，作为产业体系中新增的"N"，锦江区将努力构建新兴产业比较优势。其中，网络经济及信息服务业是锦江新兴服务业的重点之一，目前锦江区正在积极推进"天涯移动互联网国际智慧村"和"信息安全产业园"建设；同时，依托金融、商贸、文创、休闲旅游产业优势，正在积极推动以互联网金融、电子商务、电子支付、在线旅游、云计算、大数据、网络安全、移动医疗等为主体的"互联网＋"产业发展，预计未来网络经济将成为锦江现代服务业的又一大亮点。节能环保产业是锦江增速较快的新兴产业。截至 2015 年年底，锦江区已打造 1 栋环保产业专业楼宇，引领北京首创、四川能投、中博汇环保、四川京诚锦美监测等知名环保企业 36 家，联合北京大学组建成都环保研究院，获批四川省首个现代节能环保服务业园区。锦江区将充分利用这一优势，大力发展节能环保产业，加快现代节能环保服务业园区建设，加速聚集一批业内领军企业，推进北京大学成都环保研究院建设，积极争创国家环保服务业园区。同时，在养老方面，健康养老已逐渐成为锦江新兴服务业的二次增长点。未来锦江区将以建设"全国智能化养老实验区"为契机，探索医养融合模式，大力发展远程诊疗、家庭医生、电子保姆等养老产业。

锦江区新兴服务业的重点发展方向和招商领域主要集中在以信息安全、智慧社区、智慧养老、智慧交通、智慧医疗为主体的网络信息服务业企业、总部企业、研发中心，以水污染治理、大气治理、生态环境修复等为主体的环保龙头企业及相关服务业企业，以智慧养老、康护服务、老年大学及文化体育等为主体的健康养老企业。在新兴产业投资载体方面，锦江区已着手打造信息安全产业园、环保产业园，拥有全国智能化养老实验区等基础载体，具备承接新兴产业投资的基础条件。

7.3 成都市锦江 CBD 发展优势

7.3.1 区位优势

成都市作为四川省省会，是我国西南地区的地理中心，也是西南地区的经济中转站。成都承担着国家西部中心城市对外交往中心和综合交通枢纽的功能，是承接华南和华中、连接西南和西北、沟通中亚和东南亚的重要交会点，是"一带一路"倡议和"长江经济带"战略的支点城市。向西，是面向欧洲的桥头堡；向东，是"长江经济带"西部重镇；向南，是"孟中印缅经济走廊"的北方门户。

锦江区作为成都市中心城区之一，是成都市 CBD 核心区域和商贸繁华区，拥有春熙路—盐市口百年商圈，是成都市人员流、物流、信息流最密集的区域，是规划的西部商贸中心、西部金融中心的重点区域，其特殊的地理位置不仅具有衔接南部和东部城市副中心的功能，而且辐射带动成都市现代服务业发展的区位优势最强。

7.3.2 交通优势

成都市作为连接我国西部地区的重要交通枢纽，其航空、公路、铁路交通设施先进。航空方面，成都是中国内陆最大的航空枢纽，已经初步建立面向东南亚、东亚，直达欧洲、北美的国际航线网络。距离锦江 CBD 约 17 公里的双流机场是国内第五个、中西部第一个拥有双跑道和双航站楼的机场。截至 2015 年，通航城市达 194 个，开通国际国内航线 252 条，其中国际航线 85 条，国际地区通航城市 71 个。新机场距离锦江区 60 多公里，计划在"十三五"期间建成投用。新机场建成后，成都将成为继北京、上海之后，国内第三个拥有双机场的城市，也是副省级城市中第一个拥有双机场的城市。公路方面有成渝、成绵、成南、成雅 4 条高速公路辐射整个四川。在铁路方面，成都是西南地区最大的铁路客货运枢纽，是我国西南地区与华东、华北、华南地区沟通的枢纽。成都市域内现有宝成、成渝、达成、成昆 4 条国家干线铁路，已形成包括绵乐客专、成灌铁路及彭州支线、成都枢纽环线和北环线在内的"二环七射"铁路网络，市域内铁路运营总里程达 672 公里。规划至 2020 年，成都作为全国铁路第五大枢纽的功能将进一步增强，全面形成成都至重庆 1 小时快铁交通圈，至环渤海、长三角、珠三角地区 8 小时快铁交通圈，建成承接华南和华中、连接西南和西北、沟通中亚和东亚的西部铁路交通运输枢纽。

锦江 CBD 区域拥有成都市最便捷的交通网络，其中，地铁 2 号线和 3 号线均经过锦江 CBD，另有多条公路通过，公共交通便捷，出行方式灵活、出行成本低廉，能够满足人们出行的需要。

7.3.3 经济优势

作为成都市的中心城区，锦江区具有无可比拟的经济优势。随着经济的发展，锦江区 CBD 成为集商贸、商务、金融、交通、科技、教育、文化为一体的商贸中心区，成都市中心区 80% 以上的商务都聚集在锦江，是国务院确定的"商贸繁华区"。春熙路闻名全国，有"中国第三街"的美誉，是成都市商贸业的名片，成都 IFS、成都远洋太古里是成都新的时尚地标，商业氛围浓厚，商业理念先进，商业运作模式成熟，该区"春熙路—盐市口"商圈更是大多数跨国企业、知名品牌、资本运作的首选落户地。同时，为进一步扩大锦江区商贸产业的知名度和辐射力，拉动消费，提升商贸企业销售业绩，锦江区多年前就开始强化节会经济，打造出一系列精品节会品牌，极大地促进了消费增长，带动了经济发展。同时，共享经济、创意经济形成完善新经济的产业体系，共享经济的三驾马车——共享单车、网约车、共享汽车均入驻锦江，使锦江区共享经济的发展走在成都市的前列，对锦江新经济的发展形成了"蝴蝶效应"。按照新的规划，到 2020 年，锦江区及锦江 CBD 将在提高产业层次、提升城市品质、展现国际形象上担当重任；坚定地走高端融合、创新发展之路，突出发展创意经济、智慧经济等新兴产业，强化产业有机更新，推动传统产业提档升级。锦江 CBD 的集聚效应明显，在成都市各大战略发展平台中一直处于领先地位，是成都市的经济支柱。

7.3.4 教育优势

成都市在教育方面可谓是底蕴深厚，小学和中学都不乏百年名校。锦江 CBD 所依托的锦江区是服务配套设施较为完善的中心城区，教育资源优势明显。其中，成都优秀小学"五朵金花"（泡桐树小学、龙江路小学、成都实验小学、成都师范附属小学、盐道街小学）中的成都师范附属小学和盐道街小学同属于锦江区。而"五朵金花"中历史最悠久的就是创办于 1908 年的成都师范附属小学，由此可以看出锦江区在教育上的底蕴优势。同时，在教育资源发达的锦江区还形成了优质全龄段教育配套：文轩 YOYO 国际幼稚园、成师附小、成师附中、七中育才、爱思瑟国际学校，从幼儿园到中学都是全成都一流的学校。如此多的名校汇集在一个区域是非常少见的。在国际教育方面，爱思瑟国际学校、成都伊顿国际学校等国际教育机构的入驻，为前来成都拓展事业的外籍人士的子女提供了良好的学习环境。

7.3.5 配套优势

锦江区除具备上述区位、交通、经济和教育优势外，在住宅物业、人文资源、生态环境、医疗资源方面也具有很大的优势。

住宅物业方面，作为锦江区总部经济的重要配套，高端住宅物业的供应为随企业入驻的商务人士提供了优质的居住条件。目前，锦江区是成都市高端住宅最多的城区，开发商包括华润、九龙仓、新加坡置地、吉宝等国内外地产巨头，拥有一流的国际化居住配套机构。

人文资源方面，锦江区 CBD 附近汇集了大量的人文设施，如博物馆、艺术馆、宗教场所等。毗邻的天府广场坐落着西南地区规模最大的城市博物馆——成都博物馆新馆，区内综合性博物馆、专业博物馆、纪念馆和艺术馆的全方位布局已初步形成。

生态环境方面，锦江区西南方向以自古闻名于世的锦江为界，东部跨越成都的另一条主要内河——沙河，江流浸润，环境优越。府南河、沙河经过两次大规模的综合治理改造，沿河已建成独特的人文、绿化景观带；同时，198 绿地、公园、湿地等资源丰富，为锦江 CBD 的发展提供了良好的生态环境。

医疗资源方面，锦江区医疗资源汇集，成都市第二人民医院为三级甲等医院，第十人民医院是市内唯一一家国家法定传染病定点收治非营利性医疗机构，四川省第四人民医院也位于锦江区。除大型医疗机构外，锦江区已形成了完善的社区医疗体系，区内居民能够就近就诊。这些医疗方面的优势也成为吸引人才与企业入驻的重要因素。

7.3.6 专业服务优势

成都市作为中国西部经济社会发展水平最高的城市，国际化的发展模式需要以产业规范化和技术专业化作为支撑，大量汇集的高端专业人才资源，使成都专业服务业的发展得到有力保障。锦江 CBD 高度集聚的总部经济和集中发展的金融等产业，形成了对高端专业服务业的巨大需求。

锦江 CBD 是进驻成都市的国内外知名专业服务业企业的首选之地，进入成都的国际知名会计师事务所、人力资源公司全部落户于此，使锦江 CBD 成为知名专业服务类企业聚集度最高的区域。锦江 CBD 专业服务类企业、行业齐全，区内已形成了以会计审计、人力资源、地产服务为核心，其他专业服务行业协调发展的格局。

锦江 CBD 专业服务业对区域社会经济发展水平的提升发挥了重要作用。区域内的高端专业服务类公司为本地经济增添了活力，提高了东大街总部经济配套水平，提升了企业经营理念，规范了企业经营活动。

7.4　成都市锦江 CBD 发展中面临挑战

7.4.1　受宏观经济和政策影响，税收增长幅度趋减

受经济下行压力和政策调控的影响，企业税收增长缓慢。一是房地产行业持续低迷，区域内房地产企业发展受到影响。二是在"营改增""营业税起征点"结构性减税和产业转型升级的双重影响下，税收缺口难以快速弥补。三是传统商贸销售收入下降，税收收入不乐观。四是受政策影响，一次性税源引入困难，对整体的宏观环境形成了较大的压力和挑战。

7.4.2　传统商贸业受网购影响较大

目前，锦江区包括锦江 CBD 在内的商贸业是高端百货与传统商业混合生长。主要布局是两大区域：一是一环内区域。在青年路开设有九龙、万紫服装批发市场，署袜街有金开、署袜、锦昕、锦绣服装批发市场，以及集中在青石桥的海鲜零售批发市场。该区域的核心区有仁和春天、仁恒置地、美美力诚 3 家高端百货商场，有王府井、太平洋、伊藤、伊

势丹、茂业、百盛等中高端百货商场，以及尚都等低端零售场。在荔枝巷、春熙路西段、春熙路北段、大业路分布了大量的运动休闲服装品牌专卖店。一环内还集中了综合性购物中心的财富中心、家乐福超市、万达影城、星巴克咖啡等配套休闲餐饮以及星级酒店，是全市最繁华的地区。此外，该地区有索菲特万达、锦江宾馆、香格里拉、海悦花园酒店、紫薇银座、总府皇冠假日酒店、四川宾馆等，以及汉庭、锦江之星、如家、王府井商务公寓类型的公寓式酒店。餐饮业中，除麦当劳、肯德基、必胜客等西式快餐店外，区域内主要沿街还分布较多餐饮店，而在百货商场内，香槟广场区域则集中了较多的特色餐馆、西点、咖啡等饮食店。二是一环至三环路内区域。这一区域以灯具、灯饰批发为主，零售大型百货主要集中在万达广场一处。满足社区需求的红旗、互惠等小型超市和零售商铺则处于区域内居民社区。经济型酒店主要集中在万达广场片区，东大街沿线有一些满足附近就业人群的餐饮店。从以上商贸餐饮业布局可以看出，该区域批发、零售商业最为集中。

虽然锦江区内餐饮、酒店等行业保持了一定的发展态势，但部分大型传统百货企业的销售量下滑，究其原因，主要是网购的快速发展、新兴大型商场的兴起和日趋成熟，造成消费分流。

7.4.3 商贸格局调整加剧竞争

随着成都市建设"世界现代田园城市"战略目标的提出，中心城区纷纷将产业发展瞄向高端，在商贸业的发展上更加注重国际化、综合化商贸功能的打造，并以功能更加融合、发展更加集约的城市综合体的建设为表现形式。从各个中心城区"十二五"期间的商贸业重大工程来看，商业综合体遍布东、西、南、北各个板块。与锦江区相比，不少中心城区的在建城市综合体体量更大，所设置的业态也更加丰富，对锦江区商贸业的发展形成了相当大的竞争压力。

在城市功能升级和功能外溢的双重压力下，特别是成渝经济区、天府新区规划建设的启动，中心城区高端服务功能的竞争压力明显加大，尤其是在总部经济、高端商务服务等项目引进方面将面临更大挑战。同时，成都市中心城区的经济基础与发展条件趋于均等化，内部产业结构趋同，中心城区在金融、文化、商贸、商务等城市核心功能方面的竞争更加激烈。

7.4.4　城市交通瓶颈影响加大

由于锦江区中心商业区业态类型高低混搭，导致不同层次消费群的大量涌入，消费环境未得到及时、有效改善，一定程度上影响了顾客群的消费体验；时常的交通拥堵，挤压了区域内交通便利的通达性。同时，由于传统商业区地下空间开发滞后，写字楼上班族对停车位的大量占用以及上下班交通高峰导致的道路拥堵，也一定程度上挤压了消费群的消费便利性。图 7 - 3 为成都市锦江区街道交通示意图。

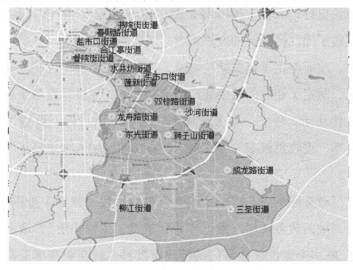

图 7 - 3　成都市锦江区街道交通示意图

7.5　成都市锦江 CBD 发展特色

7.5.1　创新政府服务

为统筹协调商务、商业楼宇的相关服务工作，锦江区成立了楼宇经济发展服务中心，与 CBD 管委会相互配合，在成都市率先创立"楼宇信息管理系统"平台，采集全区重点商务楼宇的基础信息、招商要求等数据，配套有工商、财政、税收等相关业务信息，实现了全区重点商务楼宇网格化、精细化的管理服务。锦江区政府在为企业服务方面，在每栋楼宇中成立楼宇服务中心，以功能区和街道办事处派驻人员为首席服务员，以区工商、税务、投资促进、房管、派出所等单位指定联系人员为服务员的"1+2+6"服务团队。同时，成立区楼宇经济发展办公室，负责牵头楼宇经济发展工作，真正做到为企业服务落实到个人，促进企业更快更好地入驻。2016 年，锦江 CBD 实现 6 000 多家企业入驻，极大地促进了锦江区经济的发展。

同时，政府制定了相关扶持政策，针对楼宇管理单位和入驻企业的实际情况，制定了相应的楼宇和产业配套政策，促进政府与企业、物业之间的良性互动。建立一套考核体系，围绕发展目标，设置楼宇入驻率、注册率、税收贡献率等考核指标，将功能区纳入全年经济工作目标考核。

锦江区政务服务中心以电子政务建设为手段，创新审批服务方式，创造优质高效的政务环境。推行"并联审批 + 免费注册"，政务服务中心集中了 30 多个审批职能部门的行政审批科，让企业在享受高效、快捷服务的同时获得政府减免企业登记注册费的服务。同时推行"项目代办＋政务服务热线"，开通政务服务热线，免费为企业办理审批手续，为企业提供"保姆式"服务。推行"呼叫中心＋局长在线"，建立专人值守制度，企业和居民可以通过"呼叫服务"和"局长在线"实现网上办事咨询、投诉、举报、"疑难杂症局长调处"等服务。锦江区政务服务中心还开设了网上政务大厅，推广网上政策咨询和办件受理，完善政务服务网格化建设，着力构建"15 分钟政务服务圈"。

7.5.2　招商引资多样化

强化专业主体招商，聘请专业招商人才，开创招商引资新局面；提高招商引资的针对性，围绕商圈核心产业招商；创新招商引资方式，采取以商招商、网上招商、代理招商等形式，走出招商引资的新路子；强化部门联动、社会联动、政企联动，多方引进项目、资金、技术、人才，加快商圈发展；对重点项目进行全面推介和对口招商，有针对性地开展对国内外知名企业的招商引资活动，重视技术、资金密集型重大项目的引进，力争引进国内外知名企业，尤其是世界 500 强企业。

在楼宇招商服务方面，凝聚各种力量，政府对相关产业进行扶持以及对楼宇招商制定一系列优惠政策。楼宇招商借助戴德梁行等五大行中介的力量，五大行借助政府的力量，使市场与政府有机结合起来，形成联动机制。按照"政府引导，企业联动"的原则，建立政府、专业招商机构、行业协会、楼宇管理单位联动招商机制，运用多媒体、采取多渠道统筹实施楼宇二次招商。依托已建成的"天府门廊""锦江国际新城"等重点区域形象展示场馆，加大宣传推介，提升重点区域、精品楼宇的知名度和影响力。充分发挥政策的杠杆作用，针对国际金融中心、四川航空大厦、达瑞华酒店、星汇广场等新投用楼宇，锦江区积极组织楼宇业主赴新加坡、中国台湾、北京等城市和地区举办楼宇招商推介活动，重点围绕"1＋4"主导产业大力引进世界 500 强、总部企业以及知名跨国公司、细分行业龙头企业和贡献大的企业，增加市场主体，确保入驻企业注册地与经营地"双落地"。

在招商的同时，锦江区着力提高服务质量，深化企业培育。一是加强楼宇管理引导的针对性。掌握入驻企业租赁期限信息，实施"腾笼换鸟"，置换楼宇低端企业，使优质楼宇资源效益得到充分发挥。同时，加大对注册率较低的川信银行、第一城、财富中心等楼宇进行全面清理，加大剥离和引进的力度，提高楼宇对税收收入的贡献。二是深化楼宇企业培育，对确定的目标企业实施跟踪服务，引导新华人寿保险控股有限公司四川分公司升级为总部经济型企业，培育毕马威企业咨询有限公司成都分公司实现全口径税收较上年翻番。三是修改完善《关于发展专业楼宇的办法》，明确打造专业楼宇的标准，按"一楼一业主"的思路，提前介入楼宇产业定位和招商，引导楼宇业主合理定位楼宇功能，重点培育国际金融中心、中加国际等一批专业特色楼宇，实现高端化业态集聚。

7.5.3 积极推动甲级以及超甲级写字楼建设

成都市锦江区商务局积极服务楼宇，鼓励楼宇提升服务，再创成都楼宇超甲（超甲级写字楼）标杆。四川航空广场在现有的硬件设施基础上，不断刷新物业服务标准，使其服务超越企业的期望值，在楼宇中开拓创新服务方式，设立共享图书室、空中健身房、妈妈关爱室、淋浴间、司机休息室五大功能空间，将更加人性化的创新服务理念融入楼宇服务中，让企业在写字楼内实现更加高效的办公，提升锦江区商务楼宇的服务品质，吸引更多优质企业入驻锦江区高端商务楼宇。目前，中国国际能源控股有限公司、成都东原房地产有限公司、永达理保险经济有限公司等企业已入驻。在成都市商务委员会 2016 年甲级、超甲级写字楼评审中，成都仁恒置地广场、四川航空广场等多栋写字楼被评为超甲级写字楼。

成都仁恒置地广场是新加坡仁恒置地集团参与中国西部大开发的重要投资项目之一。项目位于成都城市中轴线人民南路与新光华街交汇处，地处锦江 CBD 核心区，位于城市中轴线人民南路旁，紧邻成都地铁 1 号线和地铁站，高端写字楼、五星级酒店、国际商业品牌云集周边，荟萃成都的商业精华和人文景观，区位资源优势得天独厚。项目规划建筑面积约 20 万平方米，主体建筑包括国际标准的甲级写字楼、酒店服务式公寓及国际品牌购物中心，具有商务办公、国际会议、商住、购物、餐饮休闲服务等复合商务商业功能。按五星级酒店的标准装修，户型设计豪华、舒适、气派，携手新加坡辉盛国际服务式公寓管理公司，为国际高端商务人士提供专业的个性化服务。

仁恒置地广场也是代表成都商业发展最高档次的超区域型品牌购物中心，汇聚 LV、欧米茄等国际一线品牌，使之成为成都首个超高档品牌购物中心，塑造成都高档零售业"制高点"。经过 10 余年的发展，目前仁恒置地广场写字楼平均出租率为 90%，已经引进 IBM、Shell、Bayer、MSD、德国大众、杜邦等世界 500 强企业近 40 家，外资企业占比达 78%；同时，吸引新加坡总领事馆、新西兰总领事馆、泰国国家旅游局、法国香槟阿登大区等政府办事机构落户，成为世界 500 强企业在成都地区聚集度最高的商务楼宇。众多外企高管选择这里作为自己和家人的常住公寓，因为这里不仅有五星酒店级别的设施，更有着家的氛围。同时，仁恒国际公寓堪称"小联合国"，其住户大多是国外高端人士，来自美国、法国、德国、日本、韩国等地，也有我国富裕阶层的人士。他们或是世界 500 强企业的高管，或是中国内地及港澳台地区大型企业的 CEO。仁恒国际公寓以独特的气质吸引着八方来客，成为锦江区高端写字楼的代表。图 7 - 4 为超甲级写字楼仁恒置业广场内独特的餐厅配置。

图 7 - 4 仁恒置业广场内独特的餐厅配置

7.5.4 "双创"平台建设有活力

猪八戒网四川省总部项目入驻锦江 CBD，共建成都"互联网＋"型创新创业综合示范区，旨在依托猪八戒网全生命周期企业服务体系，力争经过 3 年左右的产业培育期，打造一个线上线下相结合，立足锦江、服务成都、辐射全四川的现代服务业产业集群，最终实现"三个一、两个二"的目标，即建成一个基金（创新创业综合示范区专项生态基金)、一个平台(省级科技服务平台)、一个中心(国家级工业设计创新中心)、两个基地(国家级创业创新基地、国家级文化产业示范基地)和两个园区(国家级线上广告园区、国家级大学生创新创业示范园区)的总体建设目标。成都"互联网+"型创新创业综合示范区是猪八戒网依据成都市核心产业基础打造 4.0 版本的 O2O 创新型园区,具备开放性、订单集中推送、双店铺模式、提供与企业发展相匹配的资金支持等四大独特优势。项目涵盖高新技术产品研发、知识产权与专业转化、软件开发、产品创新设计、VR 创新设计、交互创新设计、品牌创新设计、市场渠道创新策划等,将进一步促进成都与锦江区现代服务业的发展。

四川省经济和信息化委员会、成都市锦江区政府、四川益企云科技服务有限公司在成都签署三方合作协议,共同建设"四川省互联网+中小微企业创新创业公共服务平台",标志着该平台正式落地。借助"互联网+"、云计算、大数据等新一代信息技术和手段,平台将采用"政府搭台扶持、社会力量投资运营、市场化运作"的方式,构建创新创业服务资源共同体和生态圈,面向广大中小微企业提供全要素、低成本、便利化的服务,优化四川省中小微企业发展环境,激发中小微企业创新创造活力。该平台建成后,将为中小微企业提供政务、创业孵化、金融、市场开拓、智能制造、人才、信息化、园区和大数据 9 大行业服务,有望在更大范围、更高层次、更深程度上助推四川省中小微企业沿政策链、产业链、创新链和资金链深度融合发展。

目前,成都市中小企业发展较快,锦江区及锦江 CBD 一方面打造"双创"平台,一方面增加"新三板"数量,对主板、创业板而言起到一个很好的基数作用;同时,政府给予一定的补助,帮助中小企业发展。在文创产业方面,大力实施支持计划,以有潜质的企业培育为重点，加快创新创业企业孵化成长，构建分层分类的企业支持体系。推进政、产、学、研、用协同创新，依托成都"互联网＋"型创新创业综合示范园区、成都战略新兴产业联动创新中心、洪泰智慧中心、离岸人才中心等示范性项目建设，加速一批新技术成果在锦江及 CBD 区域内转化落地，促进专利申请和市场主体大幅增长，努力建设"创新创业活力区"。

参考文献

［1］金俊,张静宇,范旭艳.城市开放街区步行环境质量评价初探——以南京河西CBD和日本品川国际城为例［J］.上海城市规划,2017(01):50-55.

［2］方永华.空间句法视角下南京河西CBD空间结构分析［A］.中国城市规划学会,沈阳市人民政府.规划60年:成就与挑战——2016中国城市规划年会论文集(04城市规划新技术应用)［C］.中国城市规划学会,沈阳市人民政府,2016:10.

［3］郭轩.基于土地利用动态分析的新城空间演化机制分析——以南京河西新城为例［A］.中国城市规划学会、沈阳市人民政府.规划60年:成就与挑战——2016中国城市规划年会论文集(12规划实施与管理)［C］.中国城市规划学会,沈阳市人民政府,2016:10.

［4］伍智平,赵福令,顾羽.南京河西CBD苏宁广场塔楼超限高层结构抗震设计［J］.江苏建筑,2016(03):30-34.

［5］鲁月,雷亮,郭梓,赵凤.南京河西生态公园植物群落特征及其多样性研究［J］.江苏林业科技,2016(03):20-24.

［6］查金忠.“五型经济”,增创南京发展新优势［N］.南京日报,2016-01-08(A01).

［7］南京河西新区——国际性人文绿都中心区［J］.建设科技,2015(17):46-48.

［8］胡嘉佩,张京祥．跨越零和:基于增长联盟的市－区府际治理创新——以南京河西新城为例［J］．现代城市研究,2015(02):40－45.

［9］林霆．南京河西 CBD 科技文化特色金融服务体系建设探讨［J］．江苏科技信息,2015(01):34－36.

［10］王春雯．南京河西城市公共自行车运营困境与对策［J］．现代经济信息,2015(01):498.

［11］刘文峰,尹力文．谈南京河西新区江东南路综合管廊设计［J］．山西建筑,2014(36):132－134.

［12］高少敏．南京河西 CBD 总部经济发展研究:基于与北京朝阳 CBD、上海陆家嘴 CBD 发展总部经济的对比分析［J］．时代金融,2014(21):64－65.

［13］孙中亚．信息技术对城市居住空间变化影响研究［D］．南京:南京大学,2014.

［14］袁娟．南京次新居住片区人居环境提升研究［D］．南京:南京工业大学,2014.

［15］徐如泉．关于我国城市地下空间的整体开发与利用研究［D］．南京:南京大学,2014.

［16］杨明．我国 CBD 现代生活服务业集聚与成长路径［D］．南京:南京财经大学,2014.

［17］郑晓华,陈韶龄．南京河西低碳生态城指标体系的构建与实践［J］．规划师,2013(09):71－76.

［18］戴翔．南京河西地区社区公共设施规划的思考与建议［A］．中国城市规划学会,南京市人民政府．转型与重构——2011 中国城市规划年会论文集［C］．中国城市规划学会,南京市人民政府,2011:11.

［19］戴翔,徐逸伦．南京河西地区社区中心规划建设的思考与建议

[J].山西建筑,2011(26):15 – 17.

[20]桂垚垚,朱喜钢.从国外城市建设经验探讨南京河西副中心发展[J].热带地理,2010(02):188 – 193.

[21]史云亘,康国定,华中,周秀慧.信息化时代 CBD 空间结构演变研究——以南京新街口为例[J].安徽农业科学,2010(03):1573 – 1576 + 1589.

[22]杨俊宴,吴明伟,张浩为.南京新街口 CBD 的量化研究[J].华中建筑,2009(11):69 – 72.

[23]Apple.南京商业圈之新街口篇(上)[J].中国服饰,2009(10):70 – 73.

[24]魏宗财.CBD 范围界定的量化研究——以南京市新街口 CBD 为例[A].中国城市规划学会.城市规划和科学发展——2009 中国城市规划年会论文集[C].中国城市规划学会,2009:07.

[25]黄理明.河西 CBD,改写南京只有单纯商贸区历史[N].南京日报,2008 – 09 – 16(A01).

[26]尹霄飞.南京河西 CBD 南扩[N].中国房地产报,2007 – 11 – 26(A17).

[27]张丽娅.南京河西 CBD 启动"保险创新试验区"建设[N].江苏经济报,2007 – 11 – 02(A02).

[28]戴伟.展南京水运优势 促区域经济发展[J].中国水运,2007(06):42.

[29]贺承瑶,王宏斌.南京河西打造物流集聚区[J].市场周刊(新物流),2007(05):11.

[30]徐斌,唐德才,程俊杰.南京河西 CBD 生态规划的思考[J].华中建筑,2007(03):115 – 118.

[31]吴姜.江苏南京:城市规划加减法河西造 CBD[N].中华建筑

报,2007 - 01 - 27(005).

[32]刘笑一. 南京城市规划加减法:河西造 CBD 老城限建住宅[N]. 中国房地产报,2007 - 01 - 15(002).

[33]蔡臻欣. 南京 118 亿打造河西新城金融 CBD[N]. 第一财经日报,2006 - 12 - 13(B02).

[34]唐德才,徐斌,程俊杰. 关于南京河西 CBD 规划建设的一些思考[J]. 南方建筑,2006(11):10 - 14.

[35]郝倩. 核心 CBD 变身住宅 南京河西奥体难圆商业构想[N]. 第一财经日报,2006 - 07 - 07(C07).

[36]赵斌. 南京河西新城 CBD 凸现集聚效应[N]. 中国房地产报, 2006 - 05 - 15(021).

[37]现代化新南京看河西[N]. 南京日报,2005 - 08 - 31(B02).

[38]孙剑平,李涛. 南京科技人才培育与队伍建设:问题与对策[J]. 江苏商论,2005(03):130 - 132.

[39]陈永战. 对南京河西新城建设的技术建议[A]. 中国土木工程学会市政工程分会城市道路与交通工程委员会. 第七次城市道路与交通工程学术会议论文集[C]. 中国土木工程学会市政工程分会城市道路与交通工程委员会,2002:04.

[40]吴树山,梁晓沐. 如何将科技优势迅速转化为地方经济优势——南京建设科技研发中心探析[J]. 科技进步与对策,2001(01):32 - 34.

[41]王武龙. 发挥科技优势 推动南京经济再上新台阶[J]. 科技与经济,1995(03):1 - 3.

[42]邹德慈,主编. 城市规划导论[M]. 北京. 中国建筑工业出版社,2006.

[43]杨宏烈,主编. 城市规划实录[M]. 北京. 机械工业出版

社.2008.

[44]吴良镛.世纪之交论中国城市规划发展[M].北京.中国建筑工业出版社,1999.

[45]万钢.畅想未来城市发展趋势[N].人民日报海外版,2010 - 07 - 19.

[46]林炳耀.知识经济与城市要素新特点[N].城市规划汇刊,1999,(02):10 - 11.

[47]王征,任飞翔.基于国内外发展经验的CBD建设模式探讨[J].西部经济管理论坛,2017(03):65 - 68 + 73.

[48]王征,赵阳.当前我国CBD构建方式探讨——基于国内外发展经验的思考[J].国网技术学院学报,2017(02):44 - 47.

[49]王征,王志霞.基于国内外发展经验的CBD构建方式探讨[J].决策咨询,2017(02):26 - 30.

[50]王征,张涌凯.论当代CBD的构建与模式选择[J].北京城市学院学报,2017(02):6 - 10.

[51]韩晓生.经济一体化背景下城市CBD网络体系的构建[J].武汉金融,2017(03):62 - 66.

[52]戴路.城市发展要寻找到特色[N].新华日报,2017 - 03 - 09(016).

[53]吴卫群.由CBD转型"中央活动区"[N].解放日报,2016 - 09 - 20(005).

[54]王烨.CBD特色品牌[J].商,2016(28):121.

[55]张欣.特大城市CBD金融政策研究[J].时代金融,2016(15):45 - 46 + 48.

[56]蒋三庚,刘建新.特大城市CBD老区与新区如何协调发展[J].

人民论坛,2015(32):62-65.

[57]晏聪.主城区 CBD 和商圈建设再提速[N].东莞日报,2015-11-05(A06).

[58]刘小林.建立 CBD 发展评价指标体系 提升中央商务区发展成熟度[J].世界电信,2015(09):74-80.

[59]高立志.我国 CBD 金融资源优化路径研究[D].北京:首都经济贸易大学,2015.

[60]锁永彦.管线共同沟应用于成都金融总部商务区的可行性探讨[J].广东科技,2014(14):240-241.

[61]雷霄雁.中央商务区的合理街廓尺度研究[D].广州:华南理工大学,2014.

[62]吴陆牧.重庆 CBD 打造西部金融高地[N].经济日报,2013-11-15(007).

[63]李娟.温江光华新城将成都 CBD 推向"3.0 时代"[N].成都日报,2013-02-25(003).

[64]查君.成都金融城城市设计:立体分流、多维造景[J].规划师,2013(02):68-71.

[65]许鑫,钱志鸿,陈龙."圈层结构"角度下成都大都市郊区化研究[J].中共成都市委党校学报,2012(05):24-29.

[66]何洛先.合力打造郊区 CBD[N].解放日报,2012-08-25(001).

[67]王修元,周波.谈区域性中心城市中央商务区规划建设[J].山西建筑,2012(09):8-9.

[68]关丽丽.成都商务服务业发展的 SWOT 分析及预测[J].西部经济管理论坛,2011(03):10-14.

[69]刘含,罗谦.论我国中央商务区建设发展——以成都为例[J].贵州大学学报(自然科学版),2011(02):122-126.

[70]宋捷.浅析历史街区更新型RBD与城市CBD的有机互动——以成都大慈寺历史街区更新规划为例[J].现代城市研究,2011(01):39-43.

[71]冯立.锦江中央商务区:打造国际化水准CBD[N].成都日报,2010-10-22(002).

[72]程嘉.基于跃移式CBD理论及产业分析的实证发展研究——以成都天府新城为例[A].中国城市规划学会,重庆市人民政府.规划创新:2010中国城市规划年会论文集[C].中国城市规划学会,重庆市人民政府,2010:11.

[73]刘林杰.深圳福田创新公共文化服务见成效[N].中国文化报,2017-04-13(009).

[74]刘丽.深圳福田:以改革创新立计生服务标杆[N].南方日报,2016-03-23(A08).

[75]颜冬生.福田区社区法治建设的现状、问题及对策研究[D].武汉:华中师范大学,2015.

[76]深圳市福田区社会工作委员会课题组.深圳福田:"五大建设"打造社会建设CBD[N].学习时报,2014-05-26(011).

[77]谭志平.深圳福田:创新公共图书馆服务模式[N].中国文化报,2014-04-23(006).

[78]陈志锋.中央商务区(CBD)开放空间的场所精神研究[D].福州:福建农林大学,2013.

[79]邓翔,陈建,袁丽珠.深圳福田:创新卫生服务　造福辖区居民[N].南方日报,2013-06-26(A09).

[80]姜月娟.浅析深圳CBD现状与发展策略[J].特区实践与理

论,2011(04):81 – 83.

[81]陈一新. 探讨深圳 CBD 规划建设的经验教训[J]. 现代城市研究,2011(03):89 – 96.

[82]李平. 创新发展中的深圳"环 CBD 高端产业带"[J]. 中国城市经济,2009(02):28 – 29.

[83]张孔娟,马龙. 深圳福田打造环 CBD 高端产业带[N]. 中国经济时报,2008 – 12 – 03(008).

[84]李江. 层次性与多元化:构建福田环 CBD 高端产业带的设想与建议[A]. 中国城市规划学会. 生态文明视角下的城乡规划——2008 中国城市规划年会论文集[C]. 中国城市规划学会,2008:09.

[85]刘伟,邱晶晶. 吸引更多高新技术企业进驻福田[N]. 深圳特区报,2007 – 06 – 18(A04).

[86]管亚东,黄青山. 福田:为深圳 CBD 创一流环境[N]. 深圳商报,2006 – 04 – 24(A07).

[87]新福田　新发展　新商机——写在深圳 CBD 暨福田投资环境(香港)推介会[J]. 大经贸,2005(04):81.

[88]李红,管亚东. CBD:深圳最适宜投资创业的商务区[N]. 深圳商报,2004 – 09 – 26.

[89]http://www. szft. gov. cn/深圳福田政府在线网站。

北京市哲学社会科学 CBD 发展研究基地 2017 年大事记

1. 研究基地获评北京市哲社研究基地建设验收优秀

北京市教育委员会、北京市哲学社会科学规划办公室对 24 个北京市哲社研究基地第四期建设情况进行了检查验收,CBD 发展研究基地获评优秀。在第四期建设过程中,研究基地在多个领域努力进取,取得了丰硕的成果。一是多方位打造科研"硬实力";二是做好高校智库服务政府决策。此次研究基地验收获得优秀,说明研究基地在立足北京、服务全国方面取得了很好的成绩,得到社会的认可。

2. 积极发挥智库作用

研究基地注重发挥智库作用,积极承担政府部门委托的研究任务,为政府决策提供智力支持。研究基地承担了政府部门《朝阳区如何把握一带一路机遇》、《促进服务贸易发展政策与措施研究》、《北京市高精尖制造业监测指标体系研究》、《产业经济运行研究分析》及《集体经营性建设用地入市调查及数据分析》等委托项目研究。这些研究项目为政府部门提供了良好的决策依据。

3. CBD 发展研究基地 2016、2017 年度报告等著作出版发行

2017 年 3 月,《CBD 发展研究基地 2016 年度报告》出版发行。其核心内容是中国特大城市中央商务区所在区域社会经济发展评价指数研究,并选取北京市朝阳区、上海市浦东新区、广州市天河区等 15 个特大城市中央商务区作为研究样本,对相关经验进行了归纳总结。

2017 年 11 月,《CBD 发展研究基地 2017 年度报告》出版发行。年度报告一直得到北京市教育委员会、北京市哲学社会科学规划办公室的指导和资助支持,是连续第十二本研究基地的年度报告。年度报告已经成为研究基地的品牌项目。

由蒋三庚、逢金玉等人撰写的《中国区域金融及发展研究(第 2 版)》于 5 月由经济科学出版社出版发行。该专著是在 2012 年 5 月出版的《中国区域金融及发展研究》的基础上,结合我国区域金融近两年来的发展变化,对相关内容的调整、完善与深化研究。该专著的出版发行,是研究基地在区域金融研究领域探索的结果,拓展了研究基地的学术领域。

4. 扩大研究基地的社会影响

2017 年研究基地研究人员应邀赴郑州市郑东 CBD、深圳市福田 CBD、北京市朝阳 CBD、南京市河西 CBD、成都市锦江 CBD 及温州等地进行考察调研、学术交流。在调研期间,研究人员与当地 CBD 机构领导深入交流,对特大城市 CBD 功能区的金融发展、楼宇经济发展及政府服务等情况进行考察调研,为进一步发挥智库作用,积累研究基地和特大城市研究院数据库数据具有积极意义并取得了良好效果。

5. 研究基地获批社科基金研究基地项目

研究基地获批三项北京社科基金研究基地项目立项:《城市空间经济——优化北京城市空间经济研究》、《北京市 CBD 现代服务业创新性发展研究》和《京津冀 CBD 金融资源优化模式研究》。这些项目不仅深入研究 CBD 领域的相关问题,而且还拓展了基地的研究领域,对基地研究起到积极的引导作用。

6. 基地社会服务成效显著

基地研究人员完成了国土资源部、郑州市郑东 CBD 管委会、北京市商务委员会、北京市经济和信息化委员会等部门《宏观及产业经济运行专题分析研究》、《郑东中央商务区"十三五"发展规划》和《服务贸易在国民经济中的作用》委托项目研究。此外，基地还完成结项《北京 CBD 发展指数研究》、《北京 CBD 定福庄传媒走廊产业集群升级研究》、《广州天河中央商务区发展特色研究》和《中国土地市场指数测算、体系优化和预警预报研究》等多项课题研究，取得了很好的社会效益，多项研究成果在北京市哲学社会科学规划办公室《成果要报》上刊登，被北京市商务委员会、北京 CBD 管委会、中国土地勘测规划院等相关管理部门采纳。基地研究人员完成的《中国土地市场发展研究：理论探源·政策调控·指数解析》专著获北京市第十四届哲学社会科学优秀成果二等奖。

后　记

　　本书与前几部年度报告不同,即在当年出版了本年度的研究报告,使这一年度报告增加了时效性和参考价值。

　　本书上篇对我国主要特大城市 CBD 区域的经济社会发展状况进行描述和分析,从各城市 CBD 发展的横向对比中可以看到,我国 CBD 发展各具特色;从 CBD 发展的纵向对比中可以看到,这些区域都是有所发展的,甚至发展很快。在全国经济下行压力比较大的背景下,特大城市CBD 都有很好的发展实属不易,人们可以从中解读出今后一段时期中国城市经济的走势。

　　CBD 发展研究基地学习调研团队今年上半年应邀赴郑州、深圳、南京、成都等地 CBD 进行调研,"实践总是走在理论的前面"是我们的切身感受。我们与当地相关负责人深入交流并现场考察,所见所闻,各地CBD 在精细化发展楼宇经济、打造高标准的商务环境、建设复合型 CBD、塑造政务服务品牌等方面都有诸多亮点和创新,这些重要的一手资料具有很高的参考价值。

　　蒋三庚主持和参加了本书的撰写及调研工作;李丰杉主要负责上篇编写,下篇主要由刘建新、张靓、崔洁、王子瑜、侯立荣撰写。参加本书资料收集整理和调研工作的除上述作者外,还有刘强、王莉娜、蒋雯、回晓曼、张鹏、李一田、张欣等,王曼怡、张弘、李丁、张杰、王晓红、常英伟、李晓艳、杨洁等为本书提出了重要的参考意见。研究基地为本书的撰写投入了较多的人力、精力和时间,希望这部年度报告对 CBD 社会经济发展有一定裨益。

本书在撰写中参考的文献资料、地方政府工作报告以及各级政府、各部门公开的文件,书中都做了标注,但还是难免有疏漏之处,恳请读者和同行给予批评指正,我们对选用的文献和政府相关部门参考资料的作者致谢。

我们非常感谢北京商务中心区管理委员会、郑州市郑东新区中央商务区管理委员会、西安市碑林区长安路中央商务区管理委员会、长沙市芙蓉区中央商务区管理办公室、深圳市福田区、南京市建邺区、成都市锦江区等相关管理部门对本书的大力支持。

我们对北京市哲学社会科学规划办公室、北京市教育委员会的指导和资助表示衷心感谢;对首都经济贸易大学出版社杨玲社长的帮助以及编辑的辛勤工作表示感谢。

张 杰

2017 年 7 月 30 日

于首都经济贸易大学博纳楼